广西壮族自治区“十四五”职业教育规划教材

新能源汽车动力电池构造与控制技术

主　编　陈惠武　卢　义　罗海英
主　审　彭朝晖　刘学军　车小平

電子工業出版社
Publishing House of Electronics Industry
北京 · BEIJING

内 容 简 介

本书以新能源汽车动力电池技术为主线，介绍了新能源汽车动力电池与管理系统认知，动力电池包的组成结构与检测，车辆充电、放电管理系统，动力电池管理系统故障检测与维修这 4 个项目，颠覆了以理论为主、以实践为辅的传统教学模式，将教学内容与实际车型相关联，使学生在实操的过程中迅速了解新能源汽车动力电池的相关内容，不仅满足了中职学生学习的需要，对新能源汽车感兴趣的人员亦可用于自学。

图书在版编目（CIP）数据

新能源汽车动力电池构造与控制技术 / 陈惠武，卢义，罗海英主编. —北京：电子工业出版社，2023.6
ISBN 978-7-121-45783-8

Ⅰ. ①新… Ⅱ. ①陈… ②卢… ③罗… Ⅲ. ①新能源—汽车—蓄电池—中等专业学校—教材 Ⅳ.①U469.720.3

中国国家版本馆 CIP 数据核字(2023)第 111478 号

责任编辑：张　豪
印　　刷：中国电影出版社印刷厂
装　　订：中国电影出版社印刷厂
出版发行：电子工业出版社
　　　　　北京市海淀区万寿路 173 信箱　邮编：100036
开　　本：787 × 1092　1/16　印张：11.25　字数：370 千字　插页：64
版　　次：2023 年 6 月第 1 版
印　　次：2024 年 11 月第 2 次印刷
定　　价：54.90 元

凡所购买电子工业出版社图书有缺损问题，请向购买书店调换。若书店售缺，请与本社发行部联系，联系及邮购电话：（010）88254888，88258888。
质量投诉请发邮件至 zlts@phei.com.cn，盗版侵权举报请发邮件至 dbqq@phei.com.cn。
本书咨询联系方式：qiyuqin@phei.com.cn。

《新能源汽车动力电池构造与控制技术》编委会

主　编　陈惠武（广西物资学校）
卢　义（广西理工职业技术学校）
罗海英（广西交通职业技术学院）

副主编　兰婷婷（广西物资学校）
黄达远（桂平市第一中等职业技术学校）
刘　杰（广西机电工程学校）
姚钧瀚（北部湾职业技术学校）
莫平凡（广西百色农业学校）
黄元韶（广西右江民族商业学校）
丁　成（广西第一工业学校）
黄颖乐（防城港市理工职业学校）
余　柳（广西物资学校）
黄凯华（广西机电工程学校）
黄睿德（广西机电工程学校）
何时宁（南宁市第四职业技术学校）
阮为平（广西物资学校）
李　存（广西物资学校）
韦　成（柳州市第二职业技术学校）

参　编　农科学（广西物资学校）
李文雄（南宁市第四职业技术学校）
郑　云（广西物资学校）
梁继昆（玉林机电工程学校）
陆仁超（广西物资学校）
谭文孝（北海市中等职业技术学校）
刘　健（广西物资学校）
姚　媛（广西物资学校）
甘文婷（广西物资学校）
韦　善（广西机电工程学校）
张玉真（上海景格科技股份有限公司）

主　审　彭朝晖（广西机电职业技术学院）
刘学军（广西交通职业技术学院）
车小平（广西物资学校）

前　言

时光荏苒，在2005年《国务院关于大力推进职业教育改革与发展的决定》颁布后，为了进一步深化职业教育改革，根据汽车行业企业岗位需要，不断更新教学内容，改进教学方法，编者有幸在车小平主任（广西物资学校机电工程系原主任）的带领下，奔赴广东等发达省份，寻求汽车专业提升教学质量之“妙方”。当时取回的“真经”便是“理实一体化教学”，由此，拉开了专业教学改革的帷幕。

多年来，编者与相关团队坚持汽车专业“理实一体化教学”方面的探索、研究和实践，不断更新教学内容和方法，出版了中职汽车专业理实一体化系列教材，此项专业教学改革在2014年获得了国家职业教育教学改革二等奖。随着教学改革的不断发展，专业课程思政、三全育人、评价考核、信息技术等要素融入课堂；同时，新能源汽车专业的新岗位、新技术、新知识不断出现，也为大汽车专业“理实一体化”教学内涵提出了新的要求与挑战。根据新能源汽车行业的发展需要，结合职业学校的教学特点，学校机电工程系教师开发出了一系列教材、工作页以及配套的教学资源。

本书以动力电池及其控制技术为核心，以岗位实际工作任务为引领，以产教融合为基础，设计了新能源汽车动力电池与管理系统认知，动力电池包的组成结构与检测，车辆充电、放电管理系统，动力电池管理系统故障检测与维修等4个学习项目，共10个学习任务，并为每一个学习任务配套开发了教学设计、教学课件、实训指导书、工作页、微课、试题库等教学资源，方便职业院校进行一体化教学，让学生更好地掌握纯电动汽车动力电池的相关技术。

本书注重实用性，体现先进性，保证科学性，突出实践性，贯穿可操作性，反映了新能源汽车领域的新知识、新技术和新方向。本书文字简洁，通俗易懂，图文并茂，形象直观，内容系统，实例丰富，教学资源多样，容易培养学生的学习兴趣，能提高学生的学习效果；书中充分体现了以学生为主的教学理念，注重理论和实践相结合，体现了教育贴近实际工作的理念。

本书可作为职业院校新能源汽车检测与维修、汽车维修等相关专业的教学用书，也可作为汽车销售或维修企业内部的培训用书，以及汽车维修技术人员和汽车4S店工作人员的参考用书。

在编写本书的过程中，编者参考了大量的国内外相关著作和文献资料，也得到了彭朝晖教授、刘学军教授、车小平主任、莫军教授等一批老师和专家的指导与帮助。同时也得到了上海景格股份有限公司、蜂巢传动系统（江苏）有限公司、长城汽车泰州分公司、深圳博天教育科技有限公司、北京物研科技有限公司等企业的大力支持与帮助，在此向有关作者、企业表示真诚的感谢。本书还得到了GXZC2021-J1-000926-GXZL项目、新能源汽车智能虚拟仿真实训基地建设项目的支持。

由于编者水平有限，书中难免存在不当之处，敬请广大读者及专家批评指正。

编者

2023 年 3 月

目　　录

项目一　新能源汽车动力电池与管理系统认知 1

任务1.1　动力电池的基本认知 1

任务1.2　电池管理系统的基本认知 12

项目二　动力电池包的组成结构与检测 25

任务2.1　动力电池包的组成和原理 25

任务2.2　动力电池包的检修 49

项目三　车辆充电、放电管理系统 83

任务3.1　车载充电系统结构与检测 83

任务3.2　交直流充电桩认知 112

任务3.3　DC-DC变换器的结构与检测 123

项目四　动力电池管理系统故障检测与维修 131

任务4.1　动力电池管理系统控制策略 131

任务4.2　电池热管理系统认知与检查 135

任务4.3　动力电池管理系统故障的检测与维修 148

项目一　新能源汽车动力电池与管理系统认知

任务1.1　动力电池的基本认知

一、任务导入

张先生最近打算换车，想买一辆新能源汽车作为日常的交通工具，经过一番咨询，了解到现在的新能源汽车品牌众多，核心部件动力电池也五花八门，一时间拿不准到底该如何选择。

正好他家旁边的一所中职学校开有新能源汽车专业，于是张先生希望向学校的学生求助，让他们给自己讲解一下各类动力电池的优缺点，以便在买车的时候能做出较好的选择。作为本专业的学生，你能利用自己的专业知识帮助张先生吗？如果不能，那么通过本任务的学习，希望你可以就张先生的问题，做出完美的解答。

二、任务目标

知识目标：

1．了解动力电池的发展及趋势。

2．熟悉动力电池的类型及特性。

3．掌握动力电池的基本参数。

技能目标：

1．能自主查阅新能源汽车的专业知识、技术参数。

2．能正确识读电池铭牌的技术参数。

素质目标：

1．通过制定工作计划，培养学生主动沟通、团队协作的工作意识。

2．通过规范进行动力电池铭牌识读，培养学生的信息识别与解读能力，树立崇尚劳动的意识，进而培养学生的大国工匠精神。

3．通过规范进行动力电池铭牌识读，培养学生求真务实、精益求精；爱岗敬业、认真严谨的工作态度。

三、知识链接

动力电池是电动汽车的心脏，是新能源汽车产业发展的关键。动力电池是指将化学能转化为电能的装置，是电动汽车的核心部件之一。动力电池的性能直接影响着电动汽车的续航里程、安全性、寿命等关键指标。

在汽车上，动力电池的意义在于提供动力源，使汽车能够行驶。由于其具有高效、环保等特点，因此在全球范围内得到了广泛应用。

（一）动力电池发展趋势

1. 新能源汽车的产业政策

（1）国际新能源汽车产业发展政策。

在2015年10—12月巴黎全球气候大会期间，由德国、荷兰、挪威、英国、美国等国家发起成立“零排放汽车联盟”，到2050年上述国家和地区全面禁止燃油车的生产与销售。荷兰、挪威已经宣布2025年停止销售燃油车，德国宣布2030年完全停止燃油车的生产与销售。

（2）中国新能源汽车产业发展政策。

① 2012—2020年节能与新能源汽车产业发展规划。

2012年国务院发布《节能与新能源汽车产业发展规划（2012—2020年）》，规划针对战略取向发展目标、研发布局、技术路线、产品定义等当时产业急需解决的重大问题作出了明确指示和全局部署。在规划的战略指引、政府的积极作为、科技的支撑引领、巨大的市场规模和创新的商业模式共同作用下，我国新能源汽车产业在研发、产业、市场、政策创新和基础设施建设方面奠定了明显的综合优势。

② 2021—2035年新能源汽车产业发展规划。

2021—2035年新能源汽车产业发展规划将以新能源汽车高质量发展为主线，从推动技术进步、降低资源消耗、改善生态环境等方面确定战略导向，技术路线的多元化发展将得到进一步体现，持续推进纯电动汽车、插电式混合动力汽车以及燃料电池汽车并行发展。尤其是当前市场规模较小的氢燃料电池汽车将率先在商用车领域落地，成为我国新能源汽车市场的新生力量。

2. 动力电池的现状和未来发展趋势

在能源制约、环保压力的大背景下，全球新能源汽车发展迅速。混合动力汽车已实现商业化，插电式混合动力汽车、纯电动汽车和氢燃料电池汽车处于规模化推广及示范应用阶段。鉴于动力电池在电动汽车产业中的重要作用，美国、日本、德国等国家均制定了车用动力电池发展的国家规划，对动力电池的研发及产业化予以大力支持，以推动动力电池技术的快速进步和市场推广应用。

当前，动力电池迎来了良好的发展机遇，我国动力电池的技术研发水平及产业规模位居世界第三位，有力地支撑了我国新能源汽车的研发、推广应用与产业化。图1-1-1所示为车用动力电池的发展趋势。

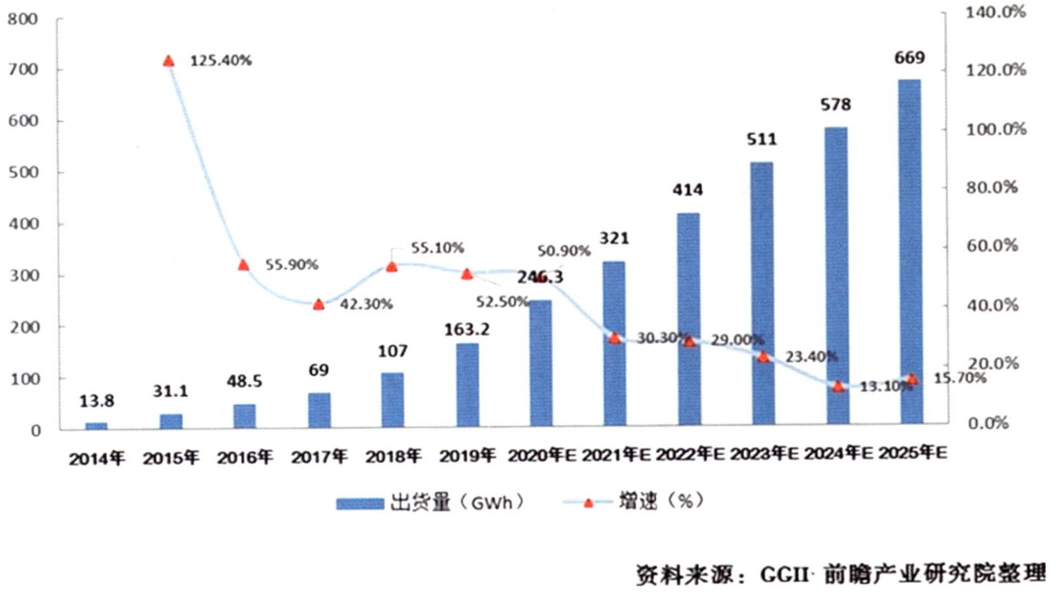

图 1-1-1　车用动力电池的发展趋势

（二）动力电池的分类

纯电动汽车及混合动力汽车的车用动力电池品种繁多，用途广泛，外形也相差很大，分类方法有很多种，这里我们就来了解以下几种动力电池。

1. 铅酸蓄电池

铅酸蓄电池是一种化学电池，通过化学反应将化学能转化为电能，并在需要时释放电能，其外观如图1-1-2所示。

结构：主要由正极板、负极板、电解液、隔膜和外壳等组成。正极板和负极板由铅和铅钙合金制成，电解液是硫酸溶液，隔膜用于隔离正、负极板。

优点：铅酸蓄电池成本低廉，是具有大电流输出能力的成熟技术。

缺点：其体积和重量较大，自放电率高以及寿命较短。

应用：铅酸蓄电池是一种常见的蓄电池类型，广泛应用于汽车、UPS电源等领域。

2. 镍镉电池

镍镉电池是一种碱性蓄电池，如图1-1-3所示。

图 1-1-2　铅酸蓄电池的外观

图 1-1-3　镍镉电池的外观

结构：主要包括正极、负极、电解液和隔膜组成。正极由氢氧化镍制成；负极由氢氧化镉制成；电解液是氢氧化钠和氢氧化钾的混合物，充当正极和负极之间的导电介质；隔膜位于正极和负极之间，防止它们直接接触并短路。隔膜通常由聚丙烯或其他材料制成。

优点：结实，价格便宜。

缺点：镉金属对环境有污染，电池容量小，寿命短，有记忆效应。

应用：大型袋式和开口式镍镉电池主要用于铁路机车、矿山、装甲车辆、飞机发动机等作为启动或应急电源。

3. 镍氢电池

镍氢电池是一种性能良好的蓄电池。

结构：主要由正极、负极、隔膜、电解液和外壳组成。

优点：能量密度更高，环保友好，对环境基本上没有污染。

缺点：制造成本高，安全性能较差。

应用：主要应用于混合动力汽车尤其是日系车型中，如丰田凯美瑞、丰田普锐斯混合动力汽车等，如图1-1-4所示。

4. 锂离子蓄电池

锂离子蓄电池是一种二次电池（充电电池），它主要依靠锂离子在正极和负极之间移动来工作。

结构：由正极、负极、壳体、绝缘体和安全阀等组成，如图1-1-5所示。

优点：重量轻，体积小，寿命长，没有记忆效应，具备良好的温度特性，同时由于没有重金属污染、没有毒性物质，是新一代绿色环保电池。

缺点：价格相对昂贵，发展时间短，制造工艺的成熟性不足。

应用：锂离子蓄电池也应用于航空航天、舰艇船舶、卫星导航、高能物理等特殊环境和有（特殊）要求的领域。

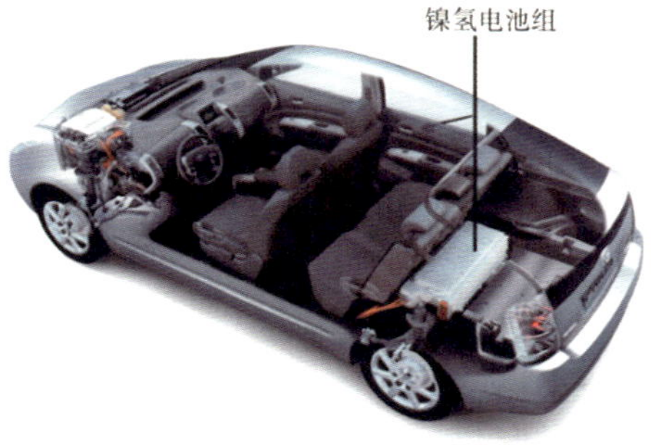

图 1-1-4　普瑞斯混合动力汽车的内部结构图

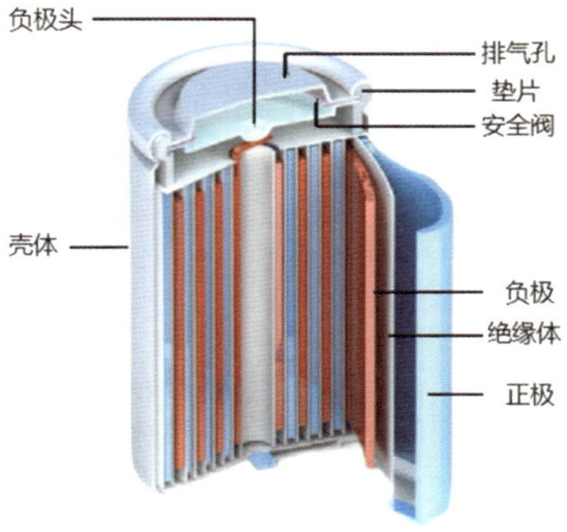

图 1-1-5　锂离子蓄电池结构

5. 燃料电池

燃料电池是一种把燃料所具有的化学能直接转化成电能的化学装置，又称电化学发电器。

结构：燃料电池结构主要可以分为电解质、阴极和阳极三个组成部分，和普通化学电池相比，燃料电池可以补充燃料，通常是补充氢气，如图1-1-6所示。

优点：发电效率高，环境污染小，比能量高，噪声低，可靠性高。

缺点：价格相对昂贵，对燃料的要求很高，维护比较专业。

应用：广泛应用于电动汽车、航天飞机、潜艇、通信系统、中小规模电站、家用电源，以及其他需要移动电源的场所。

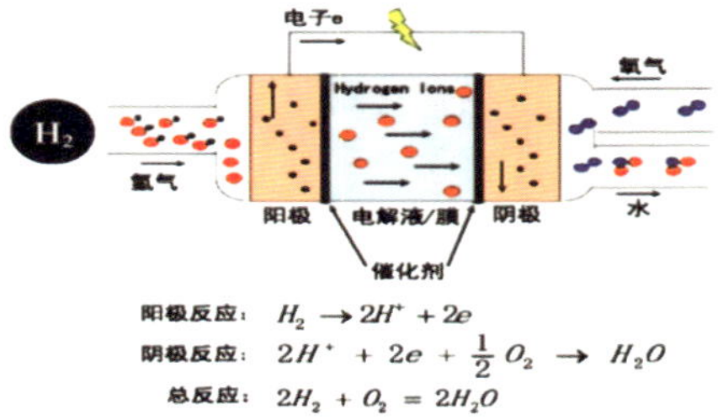

阳极反应：$H_2 \rightarrow 2H^+ + 2e$

阴极反应：$2H^+ + 2e + \frac{1}{2}O_2 \rightarrow H_2O$

总反应：$2H_2 + O_2 = 2H_2O$

图 1-1-6　燃料电池

6. 太阳能电池

太阳能电池又称为“太阳能芯片”或“光电池”，太阳能电池是通过光电效应或者光化学效应直接把光能转化成电能的装置。

结构：太阳能电池一般由前电极、防反光膜、P型硅、N型硅及后电极组成，如图1-1-7

所示。

优点：结构简单、体积小、质量轻，便于运输和安装，建设周期短。

缺点：太阳能电池的转换效率低。

应用：用于制造太阳能电池板，以供家庭、工业和商业用途。

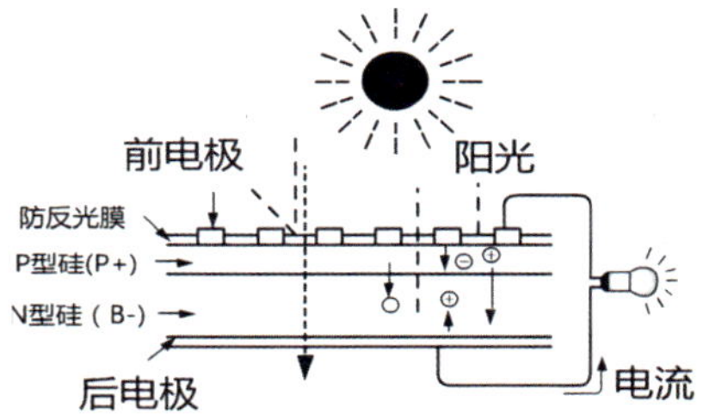

图 1-1-7　太阳能电池的工作原理

8．超级电容器

超级电容器是一种介于传统电容器与电池之间的电源元器件，如图1-1-8所示。

结构：超级电容器的结构包含一个正极、一个负极和两个孔隙，电解液填充这两个孔隙。

优点：高功率密度，循环寿命长，充电速度快，工作温度范围宽，简单方便，绿色环保。

缺点：线性放电，低能量密度，低电压，高自放电。

应用：应用于如港口吊机、石油设备、矿车、挖掘机等重型机械的能量回收系统。

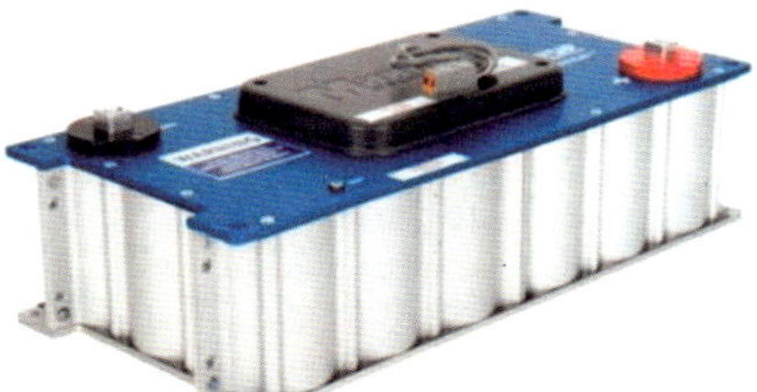

图 1-1-8　超级电容器的外观

（三）动力电池的主要性能参数

动力电池的品种很多，性能各异。电池的技术参数关系到整车的续驶里程、加速和爬坡等主要性能。表征动力电池性能的参数主要包括电压、容量和比容量、能量和比能量、荷电状态、功率和比功率及使用寿命等。

1．电压

电池两个电极之间的电位差称为电池电压。

电池电压的常用名称有理论电压、端电压、额定电压、开路电压、工作电压、终止电压和充电电压等。

（1）理论电压：又叫电池标准电压或电动势，是电池正极理论电动势与负极理论电动势之差。

（2）端电压：即电池正极与负极之间的电位差，如图1-1-9所示。

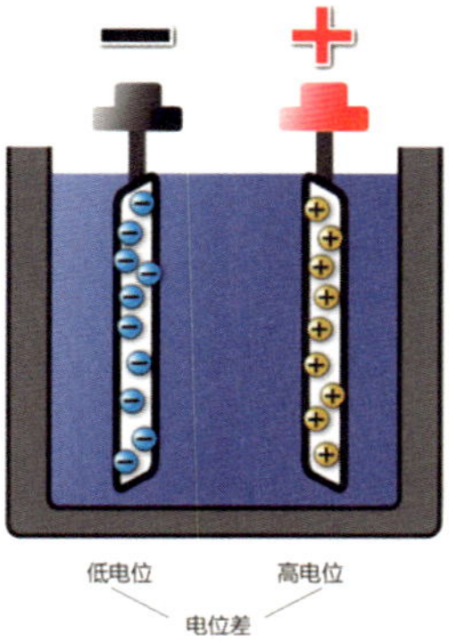

图 1-1-9　端电压

（3）额定电压：指该电池工作时公认的标准电压。常用电池单体的额定电压如表1-1-1所示。

表 1-1-1　常用电池单体的额定电压

单位：V

电池类型	单体额定电压
铅酸电池	2
镍镉电池	1.2
镍锌电池	1.6
镍氢电池	1.2
锌空气电池	1.2
铝空气电池	1.4
钠氯化镍电池	2.5
钠硫蓄电池	2
锰酸锂电池	3.7
磷酸铁锂电池	3.2

（4）开路电压：电池在开路条件下的端电压称为开路电压，即电池在没有负载情况下的端电压。

（5）工作电压：蓄电池在工作状态下（即电路中有电流流过时）蓄电池正、负极之间的电势差，又称为负载电压。

（6）终止电压：通常指放电终止电压，即电池放电终止时的规定电压。放电电流、环境温度等影响放电的终止电压，低于此电压电池就会出现过放电。

（7）充电电压：指外电源的直流电压对电池充电的电压。一般的充电电压要大于电池的开路电压，通常在一定的范围内。例如，镍镉电池的充电电压为1.45～1.5V，锂离子蓄电池的充电电压为4.1～4.2V，铅酸蓄电池的充电电压为2.25～2.7V。

2. 容量和比容量

（1）容量。

电池在一定放电条件下所能放出的电量称为电池容量，如图1-1-10所示。电池容量通常用符号*C*来表示，最常用的单位为安培・小时，简称安・时，符号为A・h。电池容量是衡量电池性能的重要性能指标之一。

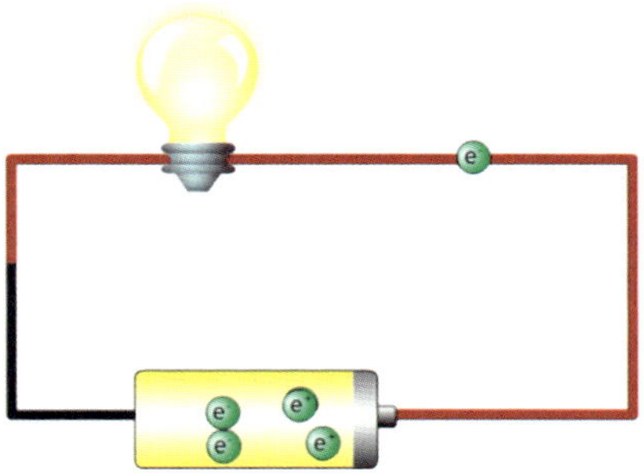

图 1-1-10 电池容量

电池容量可分为理论容量、额定容量、实际容量和标称容量。

① 理论容量：指活性物质全部参加电化学反应所放出的电量。理论容量是计算值而不是实际值。在实际的电池中，放出容量只是理论容量的一部分。

② 额定容量：指在规定条件下，电池所能提供的电量。额定容量的数值是由生产厂商标明的，是一种在规定条件下的保证容量或法定容量。当电池达不到额定容量时，可以认为是不合格产品，应由生产厂商更换或赔偿。额定容量的测试条件如充电方法、放电电流、测试环境温度、终止电压等受到严格限制。

③ 实际容量：指电池在实际负载条件下所能放出的电量。

④ 标称容量：又称为公称容量，是在指定放电条件时，以0.2*C*放电时的放电容量，只用来鉴别电池的近似容量。因此，标称容量只标明了电池容量范围的一般值，而没有标明电池容量的确切值。

（2）比容量。

比容量是指单位质量或单位体积的电池所能释放出的电量，相应地称为质量比容量或体积比容量。

3. 能量和比能量

电池能量是指在一定放电条件下，电池所能输出的电能，通常单位用瓦时（W・h）表示。电池能量反映了电池做功能力的大小，也是电池放电过程中能量转化的量度。对于电动汽车来说，电池能量的大小直接影响电动汽车的行驶距离。

（1）理论比能量。指1kg电池反应物质完全放电时理论上所能输出的能量。

（2）实际比能量。指质量1kg的电池在放电过程中实际输出的能量，表示为电池实际输出能量与整个电池质量之比，由于各种因素的影响，电池的实际比能量远小于理论比能量。

电池的比能量是综合性指标，它反映了电池的质量水平。电池的比能量影响电动汽车的整车质量和续驶里程，是评价电动汽车的动力电池是否满足预定的续驶里程的重要指标。

4. 荷电状态

电池荷电状态（State of Charge，SOC）用于描述电池的剩余电量，是电池使用过程中的重要参数，此参数与电池的充电、放电历史和充电、放电电流大小有关。

荷电状态值是个相对量，一般用百分比的方式来表示。SOC的取值范围为：0≤SOC≤100%。目前较统一的是从电量角度定义SOC，如美国先进电池联合会（USABC）在其《电动汽车电池实验手册》中定义SOC为：电池在一定放电倍率下，剩余电量与相同条件下额定容量的比值。SOC受充电、放电倍率、温度、自放电、老化等因素的影响。

5. 功率和比功率

电池的功率是指在一定放电条件下，单位时间内电池输出的能量，单位为W或kW。

单位质量或单位体积电池输出的功率称为比功率，单位为W/kg或W/L。比功率的大小表示电池所承受的工作电流的大小，如果电池的比功率较大，则表明在单位时间内，单位质量或单位体积中给出的能量较多，即表示此电池能用较大的电流放电。因此，电池的比功率也是评价电池性能优劣的重要指标之一。

6. 使用寿命（循环寿命）

（1）使用寿命的概念。

循环寿命是评价蓄电池寿命性能的一项重要的指标。蓄电池经历一次充电和放电，称为一次循环，或者一个周期。目前常用的蓄电池中，锌银蓄电池的循环寿命最短，一般只有30～100次；铅酸蓄电池的循环寿命为300～500次；锂离子蓄电池的使用周期较长，循环寿命可达1000次以上。

（2）电池使用寿命的影响因素。

影响动力电池寿命的因素主要包括充电、放电速率，充电、放电深度，环境温度，存储条件，电池维护过程，电流波纹，以及过充电量和过充频度等。在电池成组应用中，动力电池单体不一致性、单体所处温区不同、车辆的振动环境等都会对电池寿命产生影响。

过充电或过放电都会对电池造成额外的损伤，致使动力电池的容量衰减加剧，此时的动力电池组寿命降低更加明显。

认识动力电池的技术参数

四、任务实施

实训1　动力电池铭牌信息识读

（一）任务准备

1. 操作规范

（1）车间管理。

新能源汽车操作车间，除了普通车间的安全要求，必须放置安全警示标志，避免他人未经允许进入高电压工位而发生危险。

（2）操作人员要求。

新能源汽车操作人员必须经过规范培训才能进行操作，并要求持低压电工证上岗。

（3）佩戴个人防护用品。

实训操作前需严格按照规范穿戴安全防护装备，养成安全第一、生命至上的意识。

（4）操作规范要求。

新能源汽车操作前要检查车辆状况，操作过程中严格按照规范进行，操作后要进行复检，确保车辆恢复原样，逐步引导学生养成求真务实、严谨细致的操作习惯。

2. 实训准备

（1）实训分组。

分组进行实训，完成“动力电池铭牌信息识读”任务。

（2）工具准备。

绝缘工具套装、绝缘胶带、维修组合工具、万用表。

（3）设备准备。

比亚迪秦EV400KM整车。

（4）车辆防护用品。

车内三件套、车外三件套、底盘垫块、车轮挡块。

（5）人员防护用品。

绝缘手套、绝缘鞋、护目镜、安全帽。

（6）辅助资料。

比亚迪秦EV400KM维修手册。

（二）任务实施

1. 动力电池组的认知

比亚迪秦EV的动力电池组安装在车辆的底部，如图1-1-11所示。该电池组主要由电池单体、电池管理系统、冷却系统、电池壳体，以及连接器和电线等多个部件组成。这些部件共同协作，实现电能的存储、管理和输出，为电动汽车提供动力。

图 1-1-11　比亚迪秦 EV 动力电池组安装位置

2. 维修作业前的安全检查

请各位同学在实训任务开展前严格按照此步骤对防护装备、绝缘工具、高压危险指示牌等进行检查。

	检查方法：检查防护用具是否缺失、破损。 检查结果：
	检查方法：检查绝缘工具是否齐全，绝缘胶套是否破损。 检查结果：
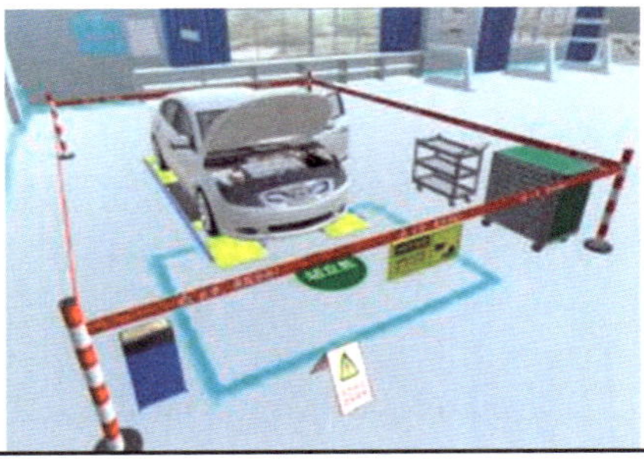	检查方法：检查实训现场是否摆放高压危险指示牌或其他高压警示标识。 检查结果：

（续表）

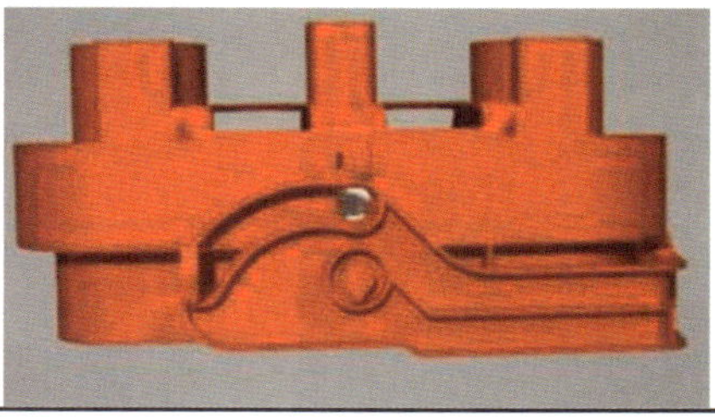	检查方法：如需拆卸维修开关，是否有专人进行保管或特定位置摆放。防止正在维修作业时，其他人员插上维修开关可能造成的安全事故。 检查结果：

3．读取宁德时代动力电池的铭牌，写下铭牌各参数所代表的含义

参数	含义
350V	额定电压
177Ah	额定容量
356kg	质量
BE10	装置型号

任务1.2　电池管理系统的基本认知

一、任务导入

某中职院校新能源汽车技术专业的学生，通过前面的学习了解到动力电池系统组成包括动力电池包、电池管理系统和电池热管理系统。现班级要开始学习电池管理系统相关知识，老师提出两个问题：一是电池管理系统的功能有哪些？二是电池管理系统有哪几种类型？要求班级同学通过对电池管理系统基本认知的学习，整理出这两个问题的答案。

二、任务目标

知识目标：

1. 了解动力电池管理系统的功能。
2. 理解电池管理系统的类型。
3. 掌握电池管理系统的结构组成。

电池管理系统知多少

技能目标：

1. 能正确辨识电池管理系统各零部件。
2. 能指出电池管理系统各零部件位置，并阐述各部件的作用。

动力电池系统认知

素质目标：

1. 通过制定工作计划，培养学生主动沟通、团队协作的工作意识。

2. 通过电池管理系统认知任务，让学生了解不同车型电池管理系统的组成和布置的不同，培养学生的逻辑思维能力，树立崇尚劳动的意识，进而培养学生的工匠精神。

3. 通过规范进行电池管理系统认知，培养学生求真务实、精益求精、认真严谨的工作精神。

三、知识链接

电池管理系统（BMS）俗称动力电池的保姆或管家，如图1-2-1所示，是用来对动力电池进行安全监控、有效管理、实时控制的装置。电池管理系统（BMS）可以智能化管理及维护各个电池单元，防止动力电池出现过充电和过放电，延长动力电池的使用寿命，监控动力电池的状态。为此，它需要采集数据、评估数据、诊断故障并进行控制，还要报告车主，所以它具有电池参数监测、SOC和SOH估算、安全管理、热管理、均衡管理、通信管理、故障检测等功能。

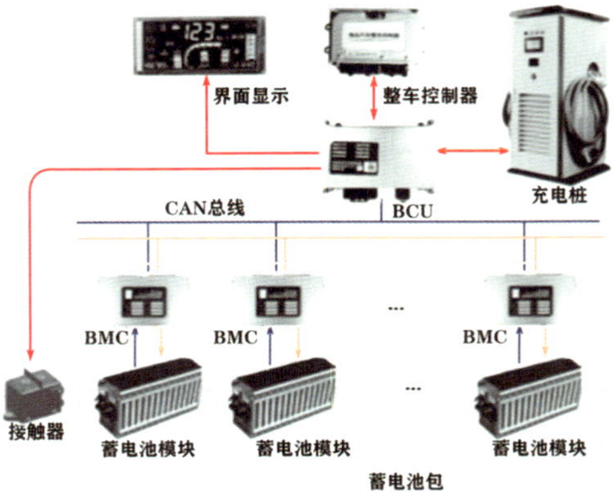

图 1-2-1　电池管理系统

电池管理系统（BMS）根据不同的项目需求分为集中式和分布式两类，集中式电池管理系统一般常见于容量低、总压低、电池系统体积小的场景中，如电动叉车、电动低速车等，而分布式架构的电池管理系统（BMS）在一般的纯电动汽车上备受青睐。

（一）动力电池管理系统作用

电池管理系统作为电池系统的核心部分，承担着动力电池的全面管理，与电机控制系统、整车控制系统共同构成电动汽车的三大核心技术。

1. 基本作用

电池管理系统（BMS）通过监测动力电池包的温度信息、各单体电池的电压信号及电流信号，确定动力电池包的工作是否正常，从而确定电池系统的状态。

2. 异常监测作用

当出现异常信息时，电池管理系统（BMS）控制电池热管理系统器件或动力电池包内高压继电器的工作状态改变，从而确保动力电池系统的安全稳定运行。

（二）动力电池管理系统功能

电池管理系统的功能可分为电池状态监测、SOC和SOH估算、安全管理、热管理、均衡管理、通信管理、故障检测等。

1. 电池状态监测

电池管理系统（BMS）中的电池管理单元（BMU）根据接收到的电压信号、电流信号、温度信号等信息，从而对动力电池包进行电压监测、电流监测、温度监测、内阻监测，除此之外还进行绝缘监测、互锁监测、继电器状态监测。

2. SOC和SOH估算

电池状态计算包括电池荷电状态（State of Charge，SOC）和电池健康状态（State of Health，SOH）两方面。SOC用来提示动力电池组剩余电量，是计算和估计电动汽车续驶里程的基础。SOH用来提示电池技术状态，预计可用寿命等健康状态的参数。

3. 安全管理

新能源汽车的BMS主要负责电池的保护、监测、信息传输，监测电池的外部特性，如电压、电流、温度等信息，起到保护作用。SOC依据监测的外部特性信息计算出当前电量的同时，也让汽车了解自身电量，防止过充电或过放电，提高均衡一致性，提高输出功率，减少额外冗余。

4. 热管理

热管理系统具有冷却管理功能和加热管理功能。在动力电池工作温度超高时进行冷却，在低于适宜工作温度下限时进行加热，使动力电池处于适宜的工作温度范围内，并在动力电池工作过程中总保持动力电池单体间的温度均衡，如图1-2-2所示。

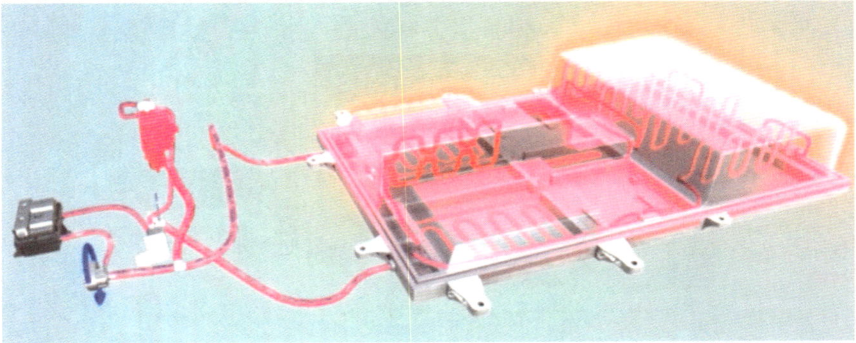

图 1-2-2　热管理系统

5. 均衡管理

由于电池制作工艺、使用方式等差异，电池性能不可能完全一致，而使用中充电、放电的不同又加剧了电池的不一致性，这就需要对电池进行有效的均衡，从而有效地改善电池包的使用性能、延长电池包的使用寿命。

电池均衡管理主要分为能量耗散型均衡和非能量耗散型均衡，现又分别称之为被动均衡和主动均衡，如图1-2-3所示。

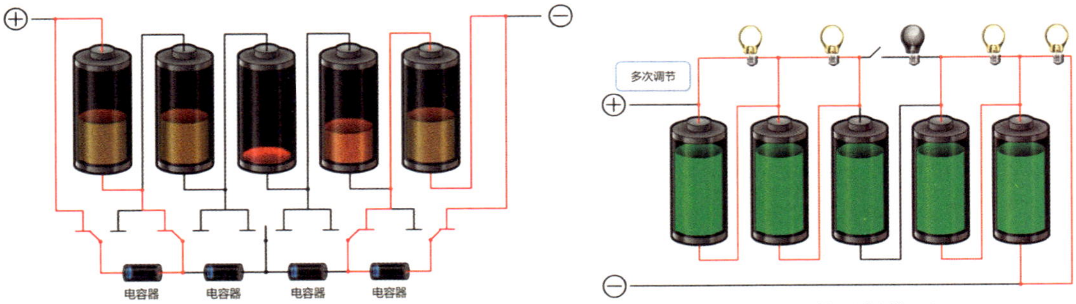

（a）非能量耗散型　　（b）能量耗散型

图 1-2-3　非能量耗散型和能量耗散型

6. 通信管理

通过电池管理系统实现电池参数和信息与车载设备或非车载设备的通信，为充电、放电控制、整车控制提供数据依据是电池管理系统的重要功能之一。根据应用需要，数据交换可采用不同的通信接口，如模拟信号、PWM信号、CAN总线或C串行接口。人机接口根据设计的需要设置显示信息以及控制按键、旋钮等，如图1-2-4所示。

动力电池管理系统的功能

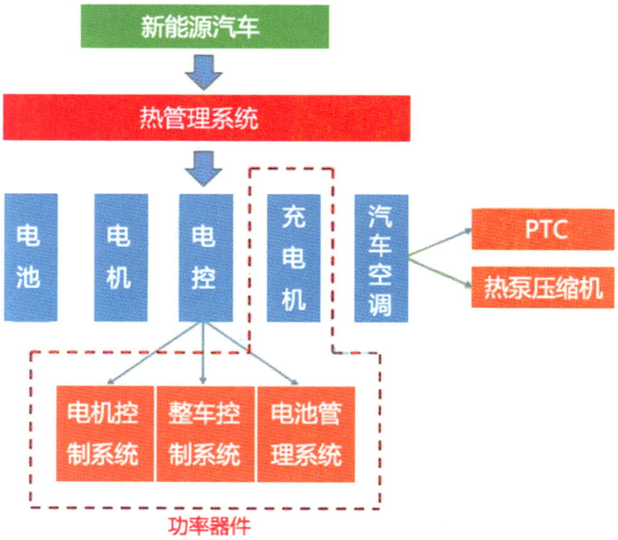

图 1-2-4　通信管理系统图

7. 故障检测

电池管理系统具备自检功能，系统每次运行时首先完成初始化检测，如果发现问题，则自动做出相应的处理，并通过液晶显示屏或总线接口上报告警。电池包在工作过程中，管理系统定时巡检，及时发现可能出现的问题，自动做出相应的安全处理，并告警显示。针对电池的不同表现情况，区分为不同的故障等级，并且在不同的故障等级情况下BMS和VCU都会采取不同的处理措施，如警告、限功率或直接切断高压。

（三）动力电池管理系统结构类型

电池管理系统在新能源汽车上实时采集动力电池内的温度、电压、电流等信息，并经过分析处理，判定动力电池的状态信息，通过CAN通信系统与车辆控制单元进行信息交换。根据采集模块和主控模块在实体上的分配不同，从拓扑架构上看，电池管理系统主要分为分布式管理系统和集中式管理系统两类。

1. 分布式管理系统

分布式管理系统是将电池模组的信息采集功能独立分离。分布式电池管理系统（BMS）架构能较好地实现模块级（CSC Module）和系统级的分级管理。分布式管理系统一般包括一个主控板（即主控模块）、多个从控板（即采集模块）。

常见的分布式电池管理系统由1个主控制器、1个高压控制器、若干个从控制器、一个绝缘监测模块及相关采样控制线束组成，通过CAN总线实现各控制器间的信息交互，如图1-2-5所示。这个管理系统主要由电池模组管理单元（BCU或CSC）、动力电池管理控制器（BMU）、S-Box继电器控制器（IVU）和绝缘监测模块构成，是一种典型的两层管理架构。

新能源汽车动力电池构造与控制技术

实训任务-练习题-工作页

目　　录

任务 1.1　动力电池的基本认知 3

任务 1.2　电池管理系统的基本认知 7

任务 2.1　动力电池包的组成和原理 11

任务 2.2　动力电池包的检修 22

任务 3.1　车载充电系统结构与检测 37

任务 3.2　交流、直流充电桩认知 44

任务 3.3　DC-DC 变换器的结构与检测 50

任务 4.1　动力电池管理系统控制策略 53

任务 4.2　电池热管理系统认知与检查 55

任务 4.3　动力电池管理系统故障的检测与维修 59

任务 1.1　动力电池的基本认知

一、理论知识练习题

（一）填空题

1.《新能源汽车产业发展规划(2021—2035年)》文件提出要持续推进 ______________、______________________、__________________并行发展。

2. 燃料电池结构主要由___________、___________和_________三个组成部分。

3. 太阳能电池是通过光电效应或者光化学效应直接把________能转化成_______能的装置。

4. 电池在一定放电条件下所能放出的电量称为电池的________，其物理符号是________。

5. 在一定放电条件下电池所能输出的________称为电池的能量，用物理符号_______表示。

6. 电池的________反映了电池质量水平，影响电动汽车的整车质量和续航里程。

7. 电池的__________用于描述电池的剩余电量，是电池使用过程中的重要参数，其英文缩写是________。

8. 电池的_______是指在一定放电条件下单位时间内电池输出的能量，用物理符号___表示。

（二）判断题

1. 动力电池是指将电能转化为化学能的装置。(　　)

2. 铅酸蓄电池具有成本低廉、大电流输出能力的优点。(　　)

3. 铅酸蓄电池体积和重量较大，自放电率高、寿命长。(　　)

4. 镍镉电池的结构组成和铅酸蓄电池的结构组成是一样的。(　　)

5. 镍镉电池可以用作飞机发动机的起动或应急电源。(　　)

6. 现阶段我国对锂离子电池的制造工艺已经掌握得很成熟，其造价也相对更便宜。(　　)

7. 燃料电池和其他化学电池一样不需要补充燃料。(　　)

8. 太阳能电池的转换效率低。(　　)

（三）选择题

1. 镍镉电池对环境____污染，电池容量____，寿命____，____记忆效应。(　　)

A. 有、大、短、有　　　　B. 有、小、短、有

C．无、大、短、无　　　　　　D．有、小、长、有

2．下列关于镍氢电池的说法错误的是（　　）。

A．镍氢电池是一种化学电池

B．镍氢蓄电池的结构主要由正极、负极、隔膜、电解液和外壳组成

C．镍氢蓄电池制造成本低，安全性能好

D．镍氢蓄电池能量密度更高，环保友好，对环境基本没有污染

3．下列关于锂离子电池的说法错误的是（　　）。

A．锂离子电池重量轻、体积小、寿命长，有记忆效应，具备良好的温度特性

B．锂离子电池依靠锂离子在正极和负极之间移动来工作

C．锂离子电池由正极、负极、隔板、电解液和安全阀等组成

D．锂离子电池没有重金属污染、没有毒性物质，是新一代环保型绿色电池

4．燃料电池发电效率____，环境污染____，比能量____。（　　）

A．低、小、高　　　　　　B．低、大、高

C．高、小、高　　　　　　D．高、大、低

5．比容量是指单位质量或单位体积的电池所能释放出的（　　）。

A．电量　　　B．电流　　　C．电子　　　D．电能

（四）简答题

1．用于表征动力电池性能的参数有哪些？

____

____

____

2．动力电池使用寿命的影响因素有哪些？

____

____

____

二、实操部分：实训 1　动力电池铭牌信息识读

（一）作业工单

动力电池铭牌信息识读

姓名：　　　　班级：　　　　考号：　　　　总分：100 分　　　　得分：

车辆信息	车辆型号	
	车辆识别码	

<table>
<tr><th>项目</th><th colspan="4">作业记录</th></tr>
<tr><td>前期准备</td><td colspan="4">□车内三件套铺设
□车外三件套铺设
□安装车轮挡块
车辆停放：□正常
□异常，异常的处理措施：________________</td></tr>
<tr><td rowspan="8">安全检查</td><td colspan="2">检查内容</td><td>检查结果</td><td>处理措施</td></tr>
<tr><td rowspan="4">人员防护装备</td><td>绝缘手套</td><td>□正常，□缺失，□破损</td><td>□补充，□更换</td></tr>
<tr><td>绝缘鞋</td><td>□正常，□缺失，□破损</td><td>□补充，□更换</td></tr>
<tr><td>护目镜</td><td>□正常，□缺失，□破损</td><td>□补充，□更换</td></tr>
<tr><td>安全帽</td><td>□正常，□缺失，□破损</td><td>□补充，□更换</td></tr>
<tr><td colspan="2">绝缘工具套装</td><td>□正常，□缺失，□破损</td><td>□补充，□更换</td></tr>
<tr><td colspan="2">高压危险指示牌</td><td>□正常，□缺失，□破损</td><td>□补充，□更换</td></tr>
<tr><td colspan="2">维修开关</td><td>□不需要拆卸，□已拆卸</td><td>□已放至指定位置放置保管</td></tr>
<tr><td rowspan="6">动力电池</td><td colspan="2">检查内容</td><td colspan="2">数据记录</td></tr>
<tr><td colspan="2" rowspan="5">动力电池铭牌信息</td><td colspan="2">电池种类：</td></tr>
<tr><td colspan="2">装置型号：</td></tr>
<tr><td colspan="2">额定电压：</td></tr>
<tr><td colspan="2">额定容量：</td></tr>
<tr><td colspan="2">重　　量：</td></tr>
</table>

（二）考核评价

动力电池铭牌信息识读

姓名： 班级： 考号： 总分：100 分 得分：

车辆信息	车辆型号	
	车辆识别码	

评分项目	考核内容及配分	评分标准	配分	得分
前期准备与整理归位	1.7S 管理 □1.1 整理、整顿（1 分） □1.2 清扫、清洁（1 分） □1.3 安全、素养、节约（3 分）	未做不得分；不按照规范做，扣赋分的一半	5	
	2.实训准备 □2.1 正确安装车辆绝缘翼子板布和格栅垫（1 分） □2.2 正确安装车内三件套（1 分） □2.3 正确安装车轮挡块（1 分） □2.4 规范穿戴工作服，做好个人防护（1 分）	未做不得分；不按照规范做，扣赋分的一半	5	
	3.安全检查 □3.1 车辆停放检查（5 分） □3.2 绝缘手套检查（5 分） □3.3 绝缘鞋检查（5 分） □3.4 护目镜检查（5 分） □3.5 安全帽检查（5 分） □3.6 绝缘工具套装检查（5 分） □3.7 高压危险指示牌放置的检查（5 分） □3.8 拆卸维修开关（5 分） □3.9 维修开关放置及保管（5 分）	未做不得分；不按照规范做，扣赋分的一半	45	
识读动力电池的铭牌	1.铭牌信息识读 □1.1 电池种类（8 分） □1.2 装置型号（8 分） □1.3 额定电压（8 分） □1.4 额定容量（8 分） □1.5 重量（8 分）	未做不得分；不按照规范做，扣赋分的一半	40	
工单填写	1.能正确填写作业表，记录维修信息 □2.1 能根据操作正确记录工单（1 分） □2.2 能正确记录检测步骤及检测数据（2 分） □2.3 能正确判定检测结果（2 分）	不记录不得分；不能规范记录得赋分的一半	5	

任务 1.2　电池管理系统的基本认知

一、理论知识练习题

（一）填空题

1．动力电池管理系统是用来对动力电池进行__________、__________、__________的装置。

2．电池管理系统具有____________、_____________、___________、______________、_______________、_______________、______________功能。

3．电池状态监测包括___________、_____________、___________、____________、_____________、____________、____________________。

4．分布式电池管理系统一般由一个_____________、一个________________、若干个____________、一个____________________及相关____________线束组成。

5．动力电池管理系统主要由_______________、________________、______________、_______________传感器、_________________传感器等组成。

6．电池管理系统的控制主要包含____________、_____________及______________。

（二）判断题

1．电池管理系统通过监测动力电池包温度、电压信号以及电流信号，确定动力电池包的工作是否正常，从而确定电池系统的状态。（　　）

2．当电池管理系统监测到异常时，电池管理系统只能通过控制动力电池包内高压继电器的工作状态改变，从而确保动力电池系统的安全稳定。（　　）

3．SOC表示电池健康状态，SOH表示电池荷电状态。（　　）

4．动力电池的热管理系统具有冷却管理功能和加热管理功能。（　　）

5．分布式电池管理系统因为电池模组与从控板之间的线束距离均匀，不存在压降不一致的问题。（　　）

6．BMS控制车辆下电是指动力电池高压电路断开的过程。（　　）

7．电池均衡管理主要分为能量耗散型均衡和非能量耗散型均衡，非能量耗散型均衡又被称为被动均衡。（　　）

（三）选择题

1．电池管理系统会对电池包工作状态进行定时巡检，发现异常后的处理措施不包括（　　）。

A．警告　　B．限功率　　C．切断高压　　D．制动车辆

2．集中式电池管理系统的高压区域负责的不包括（　　）。

A．给总控制盒提供工作电压　　B．采集单体电池电压信息

C．采集系统总电压信息　　D．检测绝缘电阻

3．有关电池管理单元的描述不正确的是（　　）。

A．电池管理单元可以根据检测到的信息进行分析处理，并控制电池进行充电和供电工作

B．动力电池工作过程中，BMU实时向BMS提供电压、温度、监控报警信号，并在必要时自动均衡单体电池

C．电池管理单元是电池管理系统的关键组成部件

D．电池管理单元用于采集单体电池电压和电池模组温度等信号

4．BMS保护控制不包含（　　）。

A．过充过放保护控制　　B．过载保护控制

C．过流保护控制　　D．过温保护控制

（四）简答题

1．简述电池管理系统的作用。

____

____

____

2．简述电池管理系统控制车辆上电、下电的过程。

____

____

____

二、实操部分：实训 1　电池管理系统认知

（一）作业工单

电池管理系统认知

姓名：　　班级：　　考号：　　总分：100 分　　得分：

设备信息	电池种类		装置型号	
	额定电压		额定容量	

项目	作业记录
动力电池控制管理器	安装位置： 作用：

（续表）

项目	作业记录
电池信息采集器	安装位置： 作用：
电池采样线	安装位置： 作用：
电流传感器	安装位置： 作用：
温度传感器	安装位置： 作用：
主正接触器	安装位置： 作用：
主负接触器	安装位置： 作用：
预充接触器	安装位置： 作用：
预充电阻	安装位置： 作用：

（二）考核评价

电池管理系统认知

姓名：　　　　班级：　　　　考号：　　　　总分：100 分　　　　得分：

评分项目	考核内容及配分	评分标准	配分	得分
前期准备与整理归位	1.7S 管理 □1.1 整理、整顿（1 分） □1.2 清扫、清洁（1 分） □1.3 安全、素养、节约（3 分）	未做不得分；不按照规范做，扣赋分的一半	5	
	2.实训准备 □2.1 规范穿戴工作服，做好个人防护（2 分）	未做不得分；不按照规范做，扣赋分的一半	2	

（续表）

评分项目	考核内容及配分	评分标准	配分	得分
	3.安全检查 □3.1 绝缘手套检查（2 分） □3.2 绝缘鞋检查（2 分） □3.3 护目镜检查（2 分） □3.4 安全帽检查（2 分） □3.5 绝缘工具套装检查（1 分） □3.6 高压危险指示牌放置的检查（1 分） □3.7 拆卸维修开关（1 分） □3.8 维修开关放置及保管（1 分）	未做不得分；不按照规范做，扣赋分的一半	8	
电池管理系统认知	1. 动力电池控制管理器（9 分） □1.1 动力电池控制管理器的安装位置（4 分） □1.2 动力电池控制管理器的作用（5 分）	未做不得分；不按照规范做，扣赋分的一半	9	
	2.电池信息采集器（9 分） □2.1 电池信息采集器的安装位置（4 分） □2.2 电池信息采集器的作用（5 分）	未做不得分；不按照规范做，扣赋分的一半	9	
	3.电池采样线（9 分） □3.1 电池采样线的安装位置（4 分） □3.2 电池采样线的作用（5 分）	未做不得分；不按照规范做，扣赋分的一半	9	
	4.电流传感器（9 分） □4.1 电流传感器的安装位置（4 分） □4.2 电流传感器的作用（5 分）	未做不得分；不按照规范做，扣赋分的一半	9	
	5.温度传感器（9 分） □5.1 温度传感器的安装位置（4 分） □5.2 温度传感器的作用（5 分）	未做不得分；不按照规范做，扣赋分的一半	9	
	6.正极继电器（9 分） □6.1 正极继电器的安装位置（4 分） □6.2 正极继电器的作用（5 分）	未做不得分；不按照规范做，扣赋分的一半	9	
	7.负极继电器（9 分） □7.1 负极继电器的安装位置（4 分） □7.2 负极继电器的作用（5 分）	未做不得分；不按照规范做，扣赋分的一半	9	
	8.预充接触器（9 分） □8.1 预充接触器的安装位置（4 分） □8.2 预充接触器的作用（5 分）	未做不得分；不按照规范做，扣赋分的一半	9	
	9. 预充电阻（9 分） □9.1 预充电阻的安装位置（4 分） □9.2 预充电阻的作用（5 分）	未做不得分；不按照规范做，扣赋分的一半	9	
工单填写	1.能正确填写作业表，记录维修信息 □2.1 能根据操作正确记录工单（1 分） □2.2 能正确记录检测步骤及检测数据（1 分） □2.3 能正确判定检测结果（2 分）	不记录不得分；不能规范记录得赋分的一半	4	

任务 2.1　动力电池包的组成和原理

一、理论知识练习题

（一）填空题

1．动力电池包主要由__________或__________、__________、__________、__________、__________、__________等组成。

2．锂离子动力电池的单体电池主要由__________、__________、__________、__________和__________等部件组成。

3．电池模组主要由__________、__________、__________、__________、__________组成。

4．锂离子电池是指以锂合金金属氧化物为______极材料，石墨为______极材料。

5．三元锂电池的正极材料是以______盐、______盐、______盐为原料的。

6．锂离子电池充电过程中______极失去电子发生氧化反应，______极得到电子发生还原反应。

7．高压连接线束一般采用______色护套，低压线束一般为______色线束。

8．有些车型里是没有安装维修开关的，这类车是通过断开蓄电池_______极来实现动力电池包的________________断电，进而让电池包断电，保证维修人员的安全。

（二）判断题

1．锂离子电池中是有金属锂存在的。(　　)

2．锂离子电池工作时锂离子能可逆地在正极、负极之间嵌入和脱嵌。(　　)

3．磷酸铁锂电池低温性能差，但具有良好的安全性和环保性，循环性能好。(　　)

4．锰酸锂电池具有明显的成本优势，但低温性能差、循环性能差、衰减快。(　　)

5．钴酸锂电池的结构稳定、成本低、综合性能突出，但是其安全性差。(　　)

6．锂离子电池在放电过程中，负极失去电子，正极得到电子。(　　)

7．电池模组只能由几颗到数十颗电池单体串联组成。(　　)

8．动力电池包内部的热管理组件主要是动力电池散热板，它负责输送冷却液将动力电池包的温度控制在合理范围以内。(　　)

9．高压维修开关与在整个动力电池系统并联，起到接通或断开动力电池包内部高压电路的作用。(　　)

（三）选择题

1．有关锂离子电池的特点不包括（　　）。

A．工作电压高　　B．比容量大　　C．有记忆效应　　D．循环寿命长

2．锂离子电池根据电池正极所用材料不同进行分类，不包括以下哪一类（　　）。

A．磷酸铁锂（$LiFePO_4$）电池

B．聚合物锂离子电池

C．锰酸锂（$LiMn_2O_4$）电池

D．三元锂电池（正极材料为$Li(NiCoMn)O_2$或$Li(NiCoAl)O_2$）

3．以下有关锂离子电池的隔膜描述不正确的是（　　）。

A．隔膜用来隔离正极、负极以防止在发生电离反应时正极、负极反应造成短路

B．隔膜性能、质量的好坏直接决定电池充放电效率、循环使用寿命、电池容量以及安全性能

C．隔膜要能够使锂离子正常通过

D．隔膜是一层无孔的薄膜

4．以下有关单体电池描述不正确的是（　　）。

A．圆柱体构型的单体电池能量密度最好

B．单体电池是电池系统的最小储能单元

C．单体电池构型方式有圆柱形、方形和软包三种

D．单体电池都是由电极、电解质、隔膜和外壳组成的

5．以下有关动力电池包内的高压盒描述不正确的是（　　）。

A．高压盒主要由高压继电器、电流传感器、预充电阻等组成

B．高压继电器根据电池管理系统的指令控制动力电池包高压电路的接通与断开，从而控制动力电池的放电与充电

C．电流传感器在动力电池包工作过程中只监测动力电池包的输出电流

D．预充电阻主要起分压限流的作用，防止过大的充电电流损坏电芯或电气元器件

（四）简答题

1．简述三元锂电池的充电过程和放电过程。

____

____

2．简述动力电池包的形成过程。

____

____

3．简述动力电池包的供电原理。

____

____

4．简述动力电池包的充电原理。

____

____

二、实操部分：实训 1　动力电池上位机检测

（一）作业工单

动力电池上位机检测

姓名：　　　　　班级：　　　　　考号：　　　　　总分：100 分　　　　得分：

<table>
<tr><th>项目</th><th colspan="2">检查内容</th><th colspan="2">检查结果</th><th>处理措施</th></tr>
<tr><td rowspan="7">安全检查</td><td rowspan="4">人员防护装备</td><td>绝缘手套</td><td colspan="2">□正常，□缺失，□破损</td><td>□补充，□更换</td></tr>
<tr><td>绝缘鞋</td><td colspan="2">□正常，□缺失，□破损</td><td>□补充，□更换</td></tr>
<tr><td>护目镜</td><td colspan="2">□正常，□缺失，□破损</td><td>□补充，□更换</td></tr>
<tr><td>安全帽</td><td colspan="2">□正常，□缺失，□破损</td><td>□补充，□更换</td></tr>
<tr><td colspan="2">绝缘工具套装</td><td colspan="2">□正常，□缺失，□破损</td><td>□补充，□更换</td></tr>
<tr><td colspan="2">高压危险指示牌</td><td colspan="2">□正常，□缺失，□破损</td><td>□补充，□更换</td></tr>
<tr><td colspan="2">维修开关</td><td colspan="2">□不需要拆卸，□已拆卸</td><td>□已放至指定位置放置保管</td></tr>
<tr><td>连接设备</td><td colspan="2">BMS 连接</td><td colspan="3">端口：________________
波特率：________________</td></tr>
<tr><td rowspan="27">检查动力电池组状态</td><td colspan="2">剩余电量</td><td colspan="3">________%</td></tr>
<tr><td colspan="2" rowspan="2">总电压电流</td><td>总电压</td><td colspan="2">__________V</td></tr>
<tr><td>总电流</td><td colspan="2">_________mA</td></tr>
<tr><td colspan="2" rowspan="2">绝缘电阻检测</td><td>正极线</td><td colspan="2">_________kΩ</td></tr>
<tr><td>负极线</td><td colspan="2">_________kΩ</td></tr>
<tr><td colspan="2" rowspan="2">继电器粘连检测</td><td>正极继电器</td><td colspan="2"></td></tr>
<tr><td>充电继电器</td><td colspan="2"></td></tr>
<tr><td rowspan="10">开关状态</td><td>检查项</td><td colspan="3">状态</td></tr>
<tr><td>控制开关</td><td colspan="3">□自动 □开 □关</td></tr>
<tr><td>总正继电器</td><td colspan="3">□开 □关</td></tr>
<tr><td>总负继电器</td><td colspan="3">□开 □关</td></tr>
<tr><td>预充继电器</td><td colspan="3">□开 □关</td></tr>
<tr><td>交流充电继电器</td><td colspan="3">□开 □关</td></tr>
<tr><td>直流充电继电器</td><td colspan="3">□开 □关</td></tr>
<tr><td>采集板供电</td><td colspan="3">□开 □关</td></tr>
<tr><td>充电枪状态</td><td colspan="3">□未连接 □已连接</td></tr>
<tr><td>高压互锁状态</td><td colspan="3">□断开 □连接</td></tr>
<tr><td rowspan="6">电池组 1 状态</td><td>检查项</td><td colspan="2">检测值</td><td>结果判定</td></tr>
<tr><td>TEMP1</td><td colspan="2"></td><td>□正常 □异常</td></tr>
<tr><td>TEMP2</td><td colspan="2"></td><td>□正常 □异常</td></tr>
<tr><td>B1 电压值</td><td colspan="2"></td><td>□正常 □异常</td></tr>
<tr><td>B2 电压值</td><td colspan="2"></td><td>□正常 □异常</td></tr>
<tr><td>B3 电压值</td><td colspan="2"></td><td>□正常 □异常</td></tr>
</table>

（续表）

项目	检查内容		检查结果	处理措施
		B4 电压值		□正常 □异常
		B5 电压值		□正常 □异常
		B6 电压值		□正常 □异常
		B7 电压值		□正常 □异常
		B8 电压值		□正常 □异常
		B9 电压值		□正常 □异常
		B10 电压值		□正常 □异常
		B11 电压值		□正常 □异常
		B12 电压值		□正常 □异常
	电池组 2 状态	TEMP3		□正常 □异常
		TEMP4		□正常 □异常
		B13 电压值		□正常 □异常
		B14 电压值		□正常 □异常
		B15 电压值		□正常 □异常
		B16 电压值		□正常 □异常
		B17 电压值		□正常 □异常
		B18 电压值		□正常 □异常
		B19 电压值		□正常 □异常
		B20 电压值		□正常 □异常
		B21 电压值		□正常 □异常
		B22 电压值		□正常 □异常
		B23 电压值		□正常 □异常
		B24 电压值		□正常 □异常

（二）考核评价

动力电池上位机检测

姓名：　　　　班级：　　　　考号：　　　　总分：100 分　　　　得分：

评分项目	考核内容及配分	评分标准	配分	得分
前期准备与整理归位	1.7S 管理 □1.1 整理、整顿（1 分） □1.2 清扫、清洁（1 分） □1.3 安全、素养、节约（3 分）	未做不得分；不按照规范做，扣赋分的一半	5	
	2.实训准备 □2.1 规范穿戴工作服，做好个人防护（2 分）	未做不得分；不按照规范做，扣赋分的一半	2	
	3.安全检查 □3.1 绝缘手套检查（1 分） □3.2 绝缘鞋检查（1 分）	未做不得分；不按照规范做，扣	8	

（续表）

评分项目	考核内容及配分	评分标准	配分	得分
	□3.3 护目镜检查（1 分） □3.4 安全帽检查（1 分） □3.5 绝缘工具套装检查（1 分） □3.6 高压危险指示牌放置的检查（1 分） □3.7 拆卸维修开关（1 分） □3.8 维修开关放置及保管（1 分）	赋分的一半		
连接设备	1. BMS 连接 □1.1 选择正确的端口号（1 分） □1.2 选择正确的波特率（1 分）	未做不得分；不按照规范做，扣赋分的一半	2	
检查动力电池组状态	□1.检查并记录剩余电量（2 分） □2.检查并记录总电压电流（2 分） □3.检查并记录绝缘电阻检测（2 分） □4.检查并记录继电器粘连情况（2 分）	未做不得分；不按照规范做，扣赋分的一半	8	
	5. 检查开关状态 □5.1 记录控制开关状态（2 分） □5.2 记录总正继电器状态（2 分） □5.3 记录总负继电器状态（2 分） □5.4 记录预充继电器状态（2 分） □5.5 记录交流充电继电器状态（2 分） □5.6 记录直流充电继电器状态（2 分） □5.7 记录采集板供电状态（2 分） □5.8 记录充电枪状态（2 分） □5.9 记录高压互锁状态（2 分）	未做不得分；不按照规范做，扣赋分的一半	18	
	6. 检查电池组 1 状态 □6.1 记录 TEMP1（1 分） □6.2 记录 TEMP2（1 分） □6.3 记录 B1 电压值并判断单体电池是否正常（2 分） □6.4 记录 B2 电压值并判断单体电池是否正常（2 分） □6.5 记录 B3 电压值并判断单体电池是否正常（2 分） □6.6 记录 B4 电压值并判断单体电池是否正常（2 分） □6.7 记录 B5 电压值并判断单体电池是否正常（2 分） □6.8 记录 B6 电压值并判断单体电池是否正常（2 分） □6.9 记录 B7 电压值并判断单体电池是否正常（2 分） □6.10 记录 B8 电压值并判断单体电池是否正常（2 分） □6.11 记录 B9 电压值并判断单体电池是否正常（2 分） □6.12 记录 B10 电压值并判断单体电池是否正常（2 分） □6.13 记录 B11 电压值并判断单体电池是否正常（2 分） □6.14 记录 B12 电压值并判断单体电池是否正常（2 分）	未做不得分；不按照规范做，扣赋分的一半	26	
	7. 检查电池组 2 状态 □7.1 记录 TEMP3（1 分）	未做不得分；不按照	26	

（续表）

评分项目	考核内容及配分	评分标准	配分	得分
	□7.2 记录 TEMP4（1 分） □7.3 记录 B13 电压值并判断单体电池是否正常（2 分） □7.4 记录 B14 电压值并判断单体电池是否正常（2 分） □7.5 记录 B15 电压值并判断单体电池是否正常（2 分） □7.6 记录 B16 电压值并判断单体电池是否正常（2 分） □7.7 记录 B17 电压值并判断单体电池是否正常（2 分） □7.8 记录 B18 电压值并判断单体电池是否正常（2 分） □7.9 记录 B19 电压值并判断单体电池是否正常（2 分） □7.10 记录 B20 电压值并判断单体电池是否正常（2 分） □7.11 记录 B21 电压值并判断单体电池是否正常（2 分） □7.12 记录 B22 电压值并判断单体电池是否正常（2 分） □7.13 记录 B23 电压值并判断单体电池是否正常（2 分） □7.14 记录 B24 电压值并判断单体电池是否正常（2 分）	规范做，扣赋分的一半		
工单填写	1.能正确填写作业表，记录维修信息 □1.1 能根据操作正确记录工单（1 分） □1.2 能正确记录检测步骤及检测数据（2 分） □1.3 能正确判定检测结果（2 分）	不记录不得分；不能规范记录得赋分的一半	5	

实训 2　电池模组与单体电池检测

（二）作业工单

电池模组与单体电池检测

姓名：　　　　班级：　　　　考号：　　　　总分：100 分　　　　得分：

设备信息	电池种类		装置型号	
	额定电压		额定容量	

项目	检查内容		检查结果	处理措施
安全检查	人员防护装备	绝缘手套	□正常，□缺失，□破损	□补充，□更换
		绝缘鞋	□正常，□缺失，□破损	□补充，□更换
		护目镜	□正常，□缺失，□破损	□补充，□更换
		安全帽	□正常，□缺失，□破损	□补充，□更换
	绝缘工具套装		□正常，□缺失，□破损	□补充，□更换
	高压危险指示牌		□正常，□缺失，□破损	□补充，□更换
	维修开关		□不需要拆卸，□已拆卸	□已放至指定位置放置保管
电池模组	动力电池组外观检查	检查内容	检查情况	结果判定
		电池模组密封盖	□完好，□变形，□破损	□正常　□异常
		电池模组外观	□完好，□锈蚀，□油污	□正常　□异常
		强电指示标识	□有，□无	□正常　□异常

（续表）

项目	检查内容		检查结果		处理措施
		铭牌	□有，□无		□正常 □异常
	动力电池模组电压检测	检测内容	检测值	标准值	结果判定
		13 号电池模组的内部电压		高于额定电压的 80%	□正常 □异常
	动力电池模组解体检测	检测内容	检测值	标准值	结果判定
		13 号电池模组单体电池电压 L1-R1			□正常 □异常
		13 号电池模组单体电池电压 L2-R2			□正常 □异常
		13 号电池模组单体电池电压 L3-R3			□正常 □异常
		13 号电池模组单体电池电压 L4-R4			□正常 □异常
	温度传感器的检测	检测内容	检测值	标准值	结果判定
		检测 13 号电池模组正极处温度传感器的电阻		不小于 10KΩ	□正常 □异常
		检测 13 号电池模组负极处温度传感器的电阻		不小于 7KΩ	□正常 □异常
单体电池检测	单体电池基本检查	检测内容	检查情况		结果判定
		蓝色绝缘膜	□完好，□开裂，□破损		□正常 □异常
		正极、负极柱	□完好，□破损，□漏液		□正常 □异常
		单体电池壳体	□完好，□破损，□漏液		□正常 □异常
	单体电池电压检测	检测内容	检测值	标准值	结果判定
		单体电池的开路电压		3.2 ± 0.1V	□正常 □异常
				3.2 ± 0.1V	□正常 □异常
		按要求测量一次并记录测量值，若检测值不在正常范围内，需要按照规范补充电能后静置半个小时左右，进行第二次测量			
	单体电池绝缘检测	检测内容	检测值	标准值	结果判定
		单体电池的正极柱与壳体的上部的绝缘层之间		≥20MΩ	□正常 □异常
		单体电池的正极柱与壳体的前部的绝缘层之间		≥20MΩ	□正常 □异常
		单体电池的正极柱与壳体的后部的绝缘层之间		≥20MΩ	□正常 □异常
		单体电池的正极柱与壳体的左侧绝缘层之间		≥20MΩ	□正常 □异常
		单体电池的正极柱与壳体的右侧绝缘层之间		≥20MΩ	□正常 □异常
		单体电池的负极柱与壳体的上部的绝缘层之间		≥20MΩ	□正常 □异常
		单体电池的负极柱与壳体的前部的绝缘层之间		≥20MΩ	□正常 □异常
		单体电池的负极柱与壳体的后部的绝缘层之间		≥20MΩ	□正常 □异常

（续表）

项目	检查内容		检查结果		处理措施
		单体电池的负极柱与壳体的左侧绝缘层之间		≥20MΩ	□正常 □异常
		单体电池的负极柱与壳体的右侧绝缘层之间		≥20MΩ	□正常 □异常
	单体电池内阻检测	检测内容	检测值	标准值	结果判定
		内阻测试仪短接调零		0	□正常 □异常
		检测单体电池的内阻		0.3~0.4MΩ之间	□正常 □异常
		检测单体电池的电压		3.2 ± 0.1V	□正常 □异常

（二）考核评价

电池模组与单体电池检测

姓名：　　　　班级：　　　　考号：　　　　总分：100 分　　　　得分：

评分项目	考核内容及配分	评分标准	配分	得分
前期准备与整理归位	1.7S 管理 □1.1 整理、整顿（1 分） □1.2 清扫、清洁（1 分） □1.3 安全、素养、节约（3 分）	未做不得分；不按照规范做，扣赋分的一半	5	
	2.实训准备 □2.1 规范穿戴工作服，做好个人防护（2 分）	未做不得分；不按照规范做，扣赋分的一半	2	
	3.安全检查 □3.1 绝缘手套检查（1 分） □3.2 绝缘鞋检查（1 分） □3.3 护目镜检查（1 分） □3.4 安全帽检查（1 分） □3.5 绝缘工具套装检查（1 分） □3.6 高压危险指示牌放置的检查（1 分） □3.7 拆卸维修开关（1 分） □3.8 维修开关放置及保管（1 分）	未做不得分；不按照规范做，扣赋分的一半	8	
电池模组检测	1. 动力电池组外观检查（6 分） □1.1 电池模组密封盖（2 分） □1.2 电池模组外观（2 分） □1.3 强电指示标识（1 分） □1.4 铭牌（1 分）	未做不得分；不按照规范做，扣赋分的一半	6	
	2. 动力电池模组电压检测（4 分） □2.1 13 号电池模组的内部电压（4 分）	未做不得分；不按照规范做，扣	4	

（续表）

评分项目	考核内容及配分	评分标准	配分	得分
		赋分的一半		
	3. 动力电池模组解体检测（22 分） □3.1 动力电池模组解体拆卸（6 分） □3.2 13 号电池模组单体电池电压 L1-R1（4 分） □3.3 13 号电池模组单体电池电压 L2-R2（4 分） □3.4 13 号电池模组单体电池电压 L3-R3（4 分） □3.5 13 号电池模组单体电池电压 L4-R4（4 分）	未做不得分；不按照规范做，扣赋分的一半	22	
	4. 温度传感器的检测（8 分） □4.1 检测 13 号电池模组正极处温度传感器的电阻（4 分） □4.2 检测 13 号电池模组负极处温度传感器的电阻（4 分）	未做不得分；不按照规范做，扣赋分的一半	8	
单体电池检测	1. 单体电池基本检查（6 分） □1.1 蓝色绝缘膜（2 分） □1.2 正极、负极柱（2 分） □1.3 单体电池壳体（2 分）	未做不得分；不按照规范做，扣赋分的一半	6	
	2. 单体电池电压检测（4 分） □2.1 单体电池的开路电压（4 分）	未做不得分；不按照规范做，扣赋分的一半	4	
	3. 单体电池绝缘检测（10 分） □3.1 单体电池的正极柱与壳体的上部的绝缘层之间(1 分) □3.2 单体电池的正极柱与壳体的前部的绝缘层之间(1 分) □3.3 单体电池的正极柱与壳体的后部的绝缘层之间(1 分) □3.4 单体电池的正极柱与壳体的左侧绝缘层之间（1 分） □3.5 单体电池的正极柱与壳体的右侧绝缘层之间（1 分） □3.6 单体电池的负极柱与壳体的上部的绝缘层之间(1 分) □3.7 单体电池的负极柱与壳体的前部的绝缘层之间(1 分) □3.8 单体电池的负极柱与壳体的后部的绝缘层之间(1 分) □3.9 单体电池的负极柱与壳体的左侧绝缘层之间（1 分） □3.10 单体电池的负极柱与壳体的右侧绝缘层之间（1 分）	未做不得分；不按照规范做，扣赋分的一半	10	
	4. 单体电池内阻检测（20 分） □4.1 内阻测试仪校准电阻（4 分） □4.2 内阻测试仪校准电压（4 分） □4.3 内阻测试仪短接调零（4 分） □4.4 检测单体电池的内阻（4 分） □4.5 检测单体电池的电压（4 分）	未做不得分；不按照规范做，扣赋分的一半	20	
工单填写	1.能正确填写作业表，记录维修信息 □2.1 能根据操作正确记录工单（1 分） □2.2 能正确记录检测步骤及检测数据（2 分） □2.3 能正确判定检测结果（2 分）	不记录不得分；不能规范记录得赋分的一半	5	

实训 3　高压继电器检测

（一）作业工单

高压继电器检测

姓名：　　　　班级：　　　　考号：　　　　总分：100 分　　　　得分：

<table>
<tr><th>项目</th><th colspan="2">检查内容</th><th colspan="2">检查结果</th><th>处理措施</th></tr>
<tr><td rowspan="7">安全检查</td><td rowspan="4">人员防护装备</td><td>绝缘手套</td><td colspan="2">□正常，□缺失，□破损</td><td>□补充，□更换</td></tr>
<tr><td>绝缘鞋</td><td colspan="2">□正常，□缺失，□破损</td><td>□补充，□更换</td></tr>
<tr><td>护目镜</td><td colspan="2">□正常，□缺失，□破损</td><td>□补充，□更换</td></tr>
<tr><td>安全帽</td><td colspan="2">□正常，□缺失，□破损</td><td>□补充，□更换</td></tr>
<tr><td colspan="2">绝缘工具套装</td><td colspan="2">□正常，□缺失，□破损</td><td>□补充，□更换</td></tr>
<tr><td colspan="2">高压危险指示牌</td><td colspan="2">□正常，□缺失，□破损</td><td>□补充，□更换</td></tr>
<tr><td colspan="2">维修开关</td><td colspan="2">□不需要拆卸，□已拆卸</td><td>□已放至指定位置放置保管</td></tr>
<tr><td rowspan="8">正极继电器检测</td><td rowspan="6">正极继电器静态检测</td><td>检查内容</td><td colspan="2">检查情况</td><td>结果判定</td></tr>
<tr><td>正极继电器的外观</td><td colspan="2">□完好，□烧结，□破损</td><td>□正常　□异常</td></tr>
<tr><td>正极继电器控制模块外观</td><td colspan="2">□完好，□烧结，□老化，□脱焊</td><td>□正常　□异常</td></tr>
<tr><td>检测内容</td><td>检测值</td><td>标准值</td><td>结果判定</td></tr>
<tr><td>正极继电器电磁线圈的电阻值</td><td></td><td>3.5 ± 0.5Ω</td><td>□正常　□异常</td></tr>
<tr><td>高压触点之间的电阻值</td><td></td><td>MΩ级以上</td><td>□正常　□异常</td></tr>
<tr><td rowspan="2">正极继电器动态检测</td><td>检测内容</td><td>检测值</td><td>标准值</td><td>结果判定</td></tr>
<tr><td>高压触点之间的电阻值</td><td></td><td><1Ω</td><td>□正常　□异常</td></tr>
<tr><td rowspan="7">预充继电器检测</td><td rowspan="5">预充继电器静态检测</td><td>检测内容</td><td colspan="2">检查情况</td><td>结果判定</td></tr>
<tr><td>预充继电器的外观</td><td colspan="2">□完好，□烧结，□破损</td><td>□正常　□异常</td></tr>
<tr><td>检测内容</td><td>检测值</td><td>标准值</td><td>结果判定</td></tr>
<tr><td>预充继电器电磁线圈的电阻值</td><td></td><td>25 ± 1Ω</td><td>□正常　□异常</td></tr>
<tr><td>高压触点之间的电阻值</td><td></td><td>MΩ级以上</td><td>□正常　□异常</td></tr>
<tr><td rowspan="2">预充继电器动态检测</td><td>检测内容</td><td>检测值</td><td>标准值</td><td>结果判定</td></tr>
<tr><td>高压触点之间的电阻值</td><td></td><td><1Ω</td><td>□正常　□异常</td></tr>
</table>

（二）考核评价

高压继电器检测

姓名：　　　　班级：　　　　考号：　　　　总分：100 分　　　　得分：

评分项目	考核内容及配分	评分标准	配分	得分
前期准备与整理归位	1.7S 管理 □1.1 整理、整顿（1 分） □1.2 清扫、清洁（1 分） □1.3 安全、素养、节约（3 分）	未做不得分;不按照规范做,扣赋分的一半	5	
	2.实训准备 □2.1 规范穿戴工作服，做好个人防护（2 分）	未做不得分;不按照规范做,扣赋分的一半	2	
	3.安全检查 □3.1 绝缘手套检查（1 分） □3.2 绝缘鞋检查（1 分） □3.3 护目镜检查（1 分） □3.4 安全帽检查（1 分） □3.5 绝缘工具套装检查（1 分） □3.6 高压危险指示牌放置的检查（1 分） □3.7 拆卸维修开关（1 分） □3.8 维修开关放置及保管（1 分）	未做不得分;不按照规范做,扣赋分的一半	8	
正极继电器检测	1. 正极继电器静态检测（32 分） □1.1 正极继电器的外观（4 分） □1.2 拆卸正极继电器控制模块绝缘保护盖（5 分） □1.3 正极继电器控制模块外观（4 分） □1.4 正极继电器电磁线圈的电阻值（6 分） □1.5 安装正极继电器控制模块绝缘保护盖（5 分） □1.6 高压触点之间的电阻值（8 分）	未做不得分;不按照规范做,扣赋分的一半	32	
	2. 正极继电器动态检测（15 分） □2.1 给正极继电器的电磁线圈进行通电（7 分） □2.2 高压触点之间的电阻值（8 分）	未做不得分;不按照规范做,扣赋分的一半	15	
预充继电器检测	1. 预充继电器静态检测（18 分） □1.1 预充继电器的外观（4 分） □1.2 预充继电器电磁线圈的电阻值（6 分） □1.3 高压触点之间的电阻值（8 分）	未做不得分;不按照规范做,扣赋分的一半	18	
	2. 预充继电器动态检测（15 分） □2.1 给预充继电器的电磁线圈进行通电（7 分） □2.2 高压触点之间的电阻值（8 分）	未做不得分;不按照规范做,扣赋分的一半	15	
工单填写	1.能正确填写作业表，记录维修信息 □2.1 能根据操作正确记录工单（1 分） □2.2 能正确记录检测步骤及检测数据（2 分） □2.3 能正确判定检测结果（2 分）	不记录不得分;不能规范记录得赋分的一半	5	

任务 2.2　动力电池包的检修

一、理论知识练习题

（一）填空题

1．使用绝缘检测仪测量动力电池包的绝缘电阻时，测量时间宜________秒以上。

2．锂电池参数的不一致主要是指________、________、___________的不一致。

3．锂电池模组不一致性的表现就是电池单体之间存在___________。

4．主动均衡是将能量______的单体电池中的能量转移到能量______的单体电池，保证电池组电压的一致性。

5．采用被动均衡的动力电池，整个系统的电量受制于容量最______的电池。

（二）判断题

1．在动力电池的生命周期内，其高压电气系统的输出端与动力电池箱体间的绝缘阻值应大于5000Ω/V。（　　）

2．动力电池包绝缘电阻测量只需要使用绝缘检测仪直接测量动力电池包正极端子对电平台绝缘阻值。（　　）

3．将能量高的电池中的能量通过发热的方式消耗掉，实现整组电池的电压平衡，称为主动均衡。（　　）

4．在主动均衡中，当电池电压出现大于30mv以上的静态压差时，就会启动均衡措施。（　　）

5．被动均衡触发条件是锂电池充电至恒压充电阶段时。（　　）

6．只要电池处于不均衡状态，主动均衡就会启动。（　　）

（三）选择题

1．GB 18384—2020《电动汽车安全要求》中对B级电压电路的定义是指（　　）。

A．交流电压大于60V且小于等于1500V，直流电压大于30V且小于等于1000V

B．交流电压大于30V且小于等于1500V，直流电压大于60V且小于等于1000V

C．交流电压大于30V且小于等于1000V，直流电压大于60V且小于等于1500V

D．交流电压大于60V且小于等于1000V，直流电压大于30V且小于等于1500V

2．BMS检测到动力电池漏电为“一般漏电”状态，则会（　　）。

A．无论车辆处于什么状态：仪表盘上灯亮，报动力系统故障

B．行车中：仪表盘上灯亮，立即断开主接触器

C．停车中：禁止上电；仪表盘上灯亮，报动力系统故障

D．充电中：断开交流充电接触器；仪表盘上灯亮，报动力系统故障

3．以下有关测量动力电池绝缘电阻描述不正确的是（　　）。

A．若动力电池的电流接合开关集成在动力电池内部，则测量时接合开关应全部闭合

B．若车辆有动力电池绝缘电阻监测系统时，则应将其关闭，以免影响测量值

C．宜在动力电池50%电量状态时进行电池绝缘电阻检测

D．宜在动力电池处于环境温度为22℃±5℃，湿度为15%～90%的环境中检测动力电池绝缘电阻

4．有关锂电池模组的不一致性描述不正确的是（　　）。

A．随着电池在使用过程中连续的充放电循环，锂电池模组的不一致性会因累计而产生更大的差异

B．由于电池在电芯的设计上存在一致性的误差，在使用过程中电池的自放电等原因造成单体电池之间存在容量差

C．锂电池模组的不一致性会降低电池组的能量利用率

D．在电池组的充放电过程中使用均衡电路可以完全解决锂电池模组的不一致性的问题

5．以下关于主动均衡的描述不正确的是（　　）。

A．主动均衡又称无损均衡

B．采用主动均衡的动力电池一般一个单体电芯对应一个DC-DC模块

C．当电池电压出现大于30mv以上的静态压差时，就会启动均衡措施

D．主动均衡的系统结构复杂，无法完全集成进专用IC

6．以下关于被动均衡的描述不正确的是（　　）。

A．被动均衡又称有损均衡

B．被动均衡的电路架构简单、实现成本低廉

C．被动均衡通过功率电阻消耗电量实现均衡，均衡效率高

D．采用被动均衡的动力电池电量受制于容量最少的单体电池

（四）简答题

1．简述动力电池包绝缘电阻测量的具体步骤。

____

____

____

2．简述主动均衡的工作原理。

____

____

____

3．简述被动均衡的工作原理。

____

____

____

二、实操部分：实训 1　动力电池包拆解与检测

（一）作业工单

动力电池包拆解与检测

姓名：　　　　班级：　　　　考号：　　　　总分：100 分　　　　得分：

设备信息	电池种类		装置型号	
	额定电压		额定容量	

项目	检查内容		检查结果		处理措施
安全检查	人员防护装备	绝缘手套	□正常，□缺失，□破损		□补充，□更换
		绝缘鞋	□正常，□缺失，□破损		□补充，□更换
		护目镜	□正常，□缺失，□破损		□补充，□更换
		安全帽	□正常，□缺失，□破损		□补充，□更换
	绝缘工具套装		□正常，□缺失，□破损		□补充，□更换
	高压危险指示牌		□正常，□缺失，□破损		□补充，□更换
	维修开关		□不需要拆卸，□已拆卸		□已放至指定位置放置保管
动力电池包附件拆卸	动力电池包外观检查	检查内容	检查情况		结果判定
		上壳体	□完好，□变形，□破损		□正常　□异常
		维修塞	□完好，□变形，□破损		□正常　□异常
		底座	□完好，□变形，□破损		□正常　□异常
		高压线束接插器总成	□完好，□变形，□破损		□正常　□异常
		高压线束接插件线束	□完好，□破损		□正常　□异常
		低压线束接插器总成	□完好，□变形，□破损		□正常　□异常
		低压线束接插件线束	□完好，□破损		□正常　□异常
	动力电池包高压维修开关拆检	检测内容	检查情况		结果判定
		高压维修开关的两触点	□完好，□烧结，□破损		□正常　□异常
		检测内容	检测值	标准值	结果判定
		高压维修开关的通断		小于 1Ω	□正常　□异常
	动力电池包绝缘检测	检测内容	检测值	标准值	结果判定
		高压线束接插器正极输出端子的绝缘电阻		大于 20MΩ	□正常　□异常
		高压线束接插器负极输出端子的绝缘电阻		大于 20MΩ	□正常　□异常

（续表）

项目	检查内容		检查结果	处理措施
	动力电池包上壳体拆卸	依次需拆卸的部件名称		工具及规格
		1		
		2		
		3		
		4		
		5		
		6		
		7		
	动力电池包冷却管路拆检	检查内容	检查情况	结果判定
		左侧冷却系统的六通阀	□完好，□破损，□渗漏	□正常　□异常
		左侧冷却系统的冷却管路	□完好，□破损，□渗漏	□正常　□异常
		前端冷却系统的冷却管路	□完好，□破损，□渗漏	□正常　□异常
		右侧冷却系统的六通阀	□完好，□破损，□渗漏	□正常　□异常
		右侧冷却系统的冷却管路	□完好，□破损，□渗漏	□正常　□异常
		冷却管路拆检 依次需拆卸的部件名称		工具及规格
		1		
		2	依次拆卸左侧冷却管路的编号：	
		3		
		4		
		5	依次拆卸右侧冷却管路的编号：	
		6		
		检查内容	检查情况	结果判定
		6-L 冷却管路	□完好，□破损，□堵塞	□正常　□异常
		4-L 冷却管路	□完好，□破损，□堵塞	□正常　□异常
		3-L 冷却管路	□完好，□破损，□堵塞	□正常　□异常
		2-L 冷却管路	□完好，□破损，□堵塞	□正常　□异常
		1-L 冷却管路	□完好，□破损，□堵塞	□正常　□异常
		5-L 冷却管路	□完好，□破损，□堵塞	□正常　□异常
		6-R 冷却管路	□完好，□破损，□堵塞	□正常　□异常
		4-R 冷却管路	□完好，□破损，□堵塞	□正常　□异常
		3-R 冷却管路	□完好，□破损，□堵塞	□正常　□异常
		2-R 冷却管路	□完好，□破损，□堵塞	□正常　□异常
		1-R 冷却管路	□完好，□破损，□堵塞	□正常　□异常
		5-R 冷却管路	□完好，□破损，□堵塞	□正常　□异常
	维修塞底座拆卸	依次需拆卸的部件名称		工具及规格
		1		
		2		
		3		

（续表）

项目	检查内容			检查结果		处理措施
动力电池高压、低压输出接口及分压接触器拆检		4				
		5				
		6				
		7				
		8				
	动力电池高压、低压输出接口拆检	动力电池高压、低压输出接口总成拆卸依次需拆卸的部件名称				工具及规格
		1				
		2				
		3				
		4				
		5				
		6				
		7				
		8				
		9				
		10				
		11				
		12				
		13				
		检查内容		检查情况		结果判定
		动力电池高压、低压输出接口总成壳体		□完好，□老化，□破损		□正常 □异常
		采样线束		□完好，□烧蚀，□破损		□正常 □异常
		线束插接器		□完好，□异物，□破损		□正常 □异常
		动力电池高压、低压输出接口总成解体依次需拆卸的部件名称				工具及规格
		1				
		2				
		3				
		4				
		5				
		6				
		7				
		检查内容		检查情况		结果判定
		高压、低压线束接插器		□完好，□异物，□变形		□正常 □异常
		高压、低压输出接口总成上的高压正极柱		□完好，□烧蚀，□破损		□正常 □异常
		高压、低压输出接口总成上的高压负极柱		□完好，□烧蚀，□破损		□正常 □异常
		检测内容		检测值	标准值	结果判定
		负极接触器内部导通线束的电阻值			2600Ω左右	□正常 □异常
		负极接触器触点两端的电			无穷大	□正常 □异常

（续表）

<table>
<tr><th>项目</th><th colspan="3">检查内容</th><th colspan="2">检查结果</th><th>处理措施</th></tr>
<tr><td rowspan="37"></td><td></td><td colspan="2">阻值</td><td></td><td></td><td></td></tr>
<tr><td rowspan="36">分压接触器总成拆检</td><td colspan="4">分压接触器总成拆卸
依次需拆卸的部件名称</td><td>工具及规格</td></tr>
<tr><td>1</td><td colspan="3"></td><td></td></tr>
<tr><td>2</td><td colspan="3"></td><td></td></tr>
<tr><td>3</td><td colspan="3"></td><td></td></tr>
<tr><td>4</td><td colspan="3"></td><td></td></tr>
<tr><td>5</td><td colspan="3"></td><td></td></tr>
<tr><td>6</td><td colspan="3"></td><td></td></tr>
<tr><td>7</td><td colspan="3"></td><td></td></tr>
<tr><td>8</td><td colspan="3"></td><td></td></tr>
<tr><td colspan="2">检查内容</td><td colspan="2">检查情况</td><td>结果判定</td></tr>
<tr><td colspan="2">右侧分压接触器总成</td><td colspan="2">□完好，□老化，□破损</td><td>□正常 □异常</td></tr>
<tr><td colspan="2">左侧分压接触器总成</td><td colspan="2">□完好，□老化，□破损</td><td>□正常 □异常</td></tr>
<tr><td colspan="2">正极高压连接片固定螺栓</td><td colspan="2">□完好，□烧蚀</td><td>□正常 □异常</td></tr>
<tr><td colspan="2">负极高压连接片固定螺栓</td><td colspan="2">□完好，□烧蚀</td><td>□正常 □异常</td></tr>
<tr><td colspan="4">右侧分压接触器总成拆解
依次需拆卸的部件名称</td><td>工具及规格</td></tr>
<tr><td>1</td><td colspan="3"></td><td></td></tr>
<tr><td>2</td><td colspan="3"></td><td></td></tr>
<tr><td>3</td><td colspan="3"></td><td></td></tr>
<tr><td>4</td><td colspan="3"></td><td></td></tr>
<tr><td>5</td><td colspan="3"></td><td></td></tr>
<tr><td>6</td><td colspan="3"></td><td></td></tr>
<tr><td>7</td><td colspan="3"></td><td></td></tr>
<tr><td>8</td><td colspan="3"></td><td></td></tr>
<tr><td>9</td><td colspan="3"></td><td></td></tr>
<tr><td colspan="2">检测内容</td><td>检测值</td><td>标准值</td><td>结果判定</td></tr>
<tr><td colspan="2">右侧分压接触器总成保险丝的导通情况</td><td></td><td></td><td>□正常 □异常</td></tr>
<tr><td colspan="2">右侧分压接触器总成负极接触器内部导通线束的电阻值</td><td></td><td>2600Ω左右</td><td>□正常 □异常</td></tr>
<tr><td colspan="2">右侧分压接触器总成负极接触器触点两端的电阻值</td><td></td><td>无穷大</td><td>□正常 □异常</td></tr>
<tr><td colspan="4">左侧分压接触器总成拆解
依次需拆卸的部件名称</td><td>工具及规格</td></tr>
<tr><td>1</td><td colspan="3"></td><td></td></tr>
<tr><td>2</td><td colspan="3"></td><td></td></tr>
<tr><td>3</td><td colspan="3"></td><td></td></tr>
<tr><td>4</td><td colspan="3"></td><td></td></tr>
<tr><td>5</td><td colspan="3"></td><td></td></tr>
<tr><td>6</td><td colspan="3"></td><td></td></tr>
<tr><td>7</td><td colspan="3"></td><td></td></tr>
</table>

（续表）

<table>
<tr><th>项目</th><th colspan="3">检查内容</th><th colspan="2">检查结果</th><th>处理措施</th></tr>
<tr><td rowspan="7"></td><td rowspan="7"></td><td>8</td><td colspan="3"></td><td></td></tr>
<tr><td>9</td><td colspan="3"></td><td></td></tr>
<tr><td colspan="2">检测内容</td><td>检测值</td><td>标准值</td><td>结果判定</td></tr>
<tr><td colspan="2">左侧分压接触器总成保险丝的导通情况</td><td></td><td></td><td>□正常 □异常</td></tr>
<tr><td colspan="2">左侧分压接触器总成负极接触器内部导通线束的电阻值</td><td></td><td>2600Ω左右</td><td>□正常 □异常</td></tr>
<tr><td colspan="2">左侧分压接触器总成负极接触器触点两端的电阻值</td><td></td><td>无穷大</td><td>□正常 □异常</td></tr>
</table>

（二）考核评价

动力电池包拆解与检测

姓名： 班级： 考号： 总分：100 分 得分：

评分项目	考核内容及配分	评分标准	配分	得分
前期准备与整理归位	1.7S 管理 □1.1 整理、整顿（1 分） □1.2 清扫、清洁（1 分） □1.3 安全、素养、节约（3 分）	未做不得分；不按照规范做，扣赋分的一半	5	
	2.实训准备 □2.1 规范穿戴工作服，做好个人防护（2 分）	未做不得分；不按照规范做，扣赋分的一半	2	
	3.安全检查 □3.1 绝缘手套检查（1 分） □3.2 绝缘鞋检查（1 分） □3.3 护目镜检查（1 分） □3.4 安全帽检查（1 分） □3.5 绝缘工具套装检查（1 分） □3.6 高压危险指示牌放置的检查（1 分） □3.7 拆卸维修开关（1 分） □3.8 维修开关放置及保管（1 分）	未做不得分；不按照规范做，扣赋分的一半	8	
动力电池包附件拆卸	1. 动力电池包外观检查（7 分） □1.1 上壳体（1 分） □1.2 维修塞（1 分） □1.3 底座（1 分） □1.4 高压线束接插器总成（1 分） □1.5 高压线束接插件线束（1 分） □1.6 低压线束接插器总成（1 分）	未做不得分；不按照规范做，扣赋分的一半	7	

（续表）

评分项目	考核内容及配分	评分标准	配分	得分
	□1.7 低压线束接插件线束（1 分）			
	2. 动力电池包高压维修开关拆检（4 分） □2.1 检查高压维修开关的两触点（1 分） □2.2 检测高压维修开关的通断（3 分）	未做不得分；不按照规范做，扣赋分的一半	4	
	3. 动力电池包绝缘检测（6 分） □3.1 高压线束接插器正极输出端子的绝缘电阻（3 分） □3.2 高压线束接插器负极输出端子的绝缘电阻（3 分）	未做不得分；不按照规范做，扣赋分的一半	6	
	□4. 动力电池包上壳体拆卸（2 分）	未做不得分；不按照规范做，扣赋分的一半	2	
	5. 动力电池包冷却管路拆检（19 分） □5.1 检查左侧冷却系统的六通阀（1 分） □5.2 检查左侧冷却系统的冷却管路（1 分） □5.3 检查前端冷却系统的冷却管路（1 分） □5.4 检查右侧冷却系统的六通阀（1 分） □5.5 检查右侧冷却系统的冷却管路（1 分） □5.6 冷却管路拆解（2 分） □5.7 检查 6-L 冷却管路（1 分） □5.8 检查 4-L 冷却管路（1 分） □5.9 检查 3-L 冷却管路（1 分） □5.10 检查 2-L 冷却管路（1 分） □5.11 检查 1-L 冷却管路（1 分） □5.12 检查 5-L 冷却管路（1 分） □5.13 检查 6-R 冷却管路（1 分） □5.14 检查 4-R 冷却管路（1 分） □5.15 检查 3-R 冷却管路（1 分） □5.16 检查 2-R 冷却管路（1 分） □5.17 检查 1-R 冷却管路（1 分） □5.18 检查 5-R 冷却管路（1 分）	未做不得分；不按照规范做，扣赋分的一半	19	
动力电池高压、低压输出接口及分压接触器拆检	□1. 维修塞底座拆卸（2 分）	未做不得分；不按照规范做，扣赋分的一半	2	
	2. 动力电池高压、低压输出接口拆检（16 分） □2.1 动力电池高压、低压输出接口总成拆卸（2 分） □2.2 检查动力电池高压、低压输出接口总成壳体（1 分） □2.3 检查采样线束（1 分） □2.4 检查线束插接器（1 分）	未做不得分；不按照规范做，扣赋分的一半	16	

（续表）

评分项目	考核内容及配分	评分标准	配分	得分
	□2.5 动力电池高压、低压输出接口总成解体（2 分） □2.6 检查高压、低压线束接插器（1 分） □2.7 检查高压、低压输出接口总成上的高压正极柱（1 分） □2.8 检查高压、低压输出接口总成上的高压负极柱（1 分） □2.9 检测负极接触器内部导通线束的电阻值（3 分） □2.10 检测负极接触器触点两端的电阻值（3 分）			
	3. 分压接触器总成拆检（24 分） □3.1 分压接触器总成拆卸（2 分） □3.2 检查右侧分压接触器总成（1 分） □3.3 检查左侧分压接触器总成（1 分） □3.4 检查正极高压连接片固定螺栓（1 分） □3.5 检查负极高压连接片固定螺栓（1 分） □3.6 右侧分压接触器总成拆解（1 分） □3.7 检测右侧分压接触器总成保险丝的导通情况（2 分） □3.8 检测右侧分压接触器总成负极接触器内部导通线束的电阻值（3 分） □3.9 检测右侧分压接触器总成负极接触器触点两端的电阻值（3 分） □3.10 左侧分压接触器总成拆解（1 分） □3.11 检测左侧分压接触器总成保险丝的导通情况（2 分） □3.12 检测左侧分压接触器总成负极接触器内部导通线束的电阻值（3 分） □3.13 检测左侧分压接触器总成负极接触器触点两端的电阻值（3 分）	未做不得分；不按照规范做，扣赋分的一半	24	
工单填写	1.能正确填写作业表，记录维修信息 □2.1 能根据操作正确记录工单（1 分） □2.2 能正确记录检测步骤及检测数据（2 分） □2.3 能正确判定检测结果（2 分）	不记录不得分；不能规范记录得赋分的一半	5	

实训 2　电池模组均衡作业

（一）作业工单

电池模组均衡作业

姓名：　　　　班级：　　　　考号：　　　　总分：100 分　　　　得分：

项目	检查内容		检查结果	处理措施
安全检查	人员防护装备	绝缘手套	□正常，□缺失，□破损	□补充，□更换
		绝缘鞋	□正常，□缺失，□破损	□补充，□更换
		防护背心	□正常，□缺失，□破损	□补充，□更换
		护目镜	□正常，□缺失，□破损	□补充，□更换

（续表）

项目	检查内容		检查结果	处理措施
		安全帽	□正常，□缺失，□破损	□补充，□更换
	绝缘工具套装		□正常，□缺失，□破损	□补充，□更换
	高压危险指示牌		□正常，□缺失，□破损	□补充，□更换
	均衡机		□正常，□缺失，□破损	□补充，□更换
均衡连接	硬线均衡连接	检查内容	检查情况	结果判定
		待均衡的电池模组	□完好，□破损	□正常　□异常
		上部温度检测传感器	□完好，□缺失，□破损	□正常　□异常
		采样线	□完好，□缺失，□破损	□正常　□异常
		连线：将需要连接的线束通过划线连起来		
		均衡测试线缆的绿色转接头		均衡专用线束的绿色转接头
		均衡测试线缆的 16pin 航空插头		均衡机 16 pin 口
		均衡测试线缆的 24pin 航空插头		均衡机 24 pin 口
		电池模组极端铜巴（从万用表读数判断此为：□正极，□负极）		万用表红表笔
		电池模组极端铜巴（从万用表读数判断此为：□正极，□负极）		万用表黑表笔
	采样线均衡连接	检查内容	检查情况	结果判定
		待均衡的电池模组	□完好，□破损	□正常　□异常
		上部温度检测传感器	□完好，□缺失，□破损	□正常　□异常
		采样线	□完好，□缺失，□破损	□正常　□异常
		连线：将需要连接的线束通过划线连起来		
		均衡测试线缆的绿色转接头		均衡专用线束的绿色转接头
		均衡测试线缆的 16pin 航空插头		均衡机 16 pin 口
		均衡测试线缆的 24pin 航空插头		均衡机 24 pin 口
		电池模组专用采样线的插接器		电池模组的低压采样口
电池模组均衡作业	参数设置	设置项		设置数值
		电池温度保护	铁锂电池温度	_____<T<______
			三元锂电池温度	_____<T<______
			钛酸锂电池温度	_____<T<______
			锰酸锂电池温度	_____<T<______
			散热器最大温度	85
		电池节数调整	模组编号	
			工作模式	
			电池类型	
			电池串数	
			测试电池	
			电压阈值（V）	

（续表）

<table>
<tr><th>项目</th><th colspan="2">检查内容</th><th>检查结果</th><th>处理措施</th></tr>
<tr><td rowspan="2"></td><td></td><td></td><td>工作电流（A）</td><td></td></tr>
<tr><td>均衡操作</td><td colspan="3">记录工作概况界面所有单体电池状态显示“完成”后的信息：
<table><tr><th>编号</th><th>电压 V</th><th>电流 A</th><th>状态</th><th>容量 AH</th></tr><tr><td>1#</td><td></td><td></td><td></td><td></td></tr><tr><td>2#</td><td></td><td></td><td></td><td></td></tr><tr><td>3#</td><td></td><td></td><td></td><td></td></tr><tr><td>4#</td><td></td><td></td><td></td><td></td></tr><tr><td>5#</td><td></td><td></td><td></td><td></td></tr><tr><td>6#</td><td></td><td></td><td></td><td></td></tr></table></td><td></td></tr>
</table>

（二）考核评价

电池模组均衡作业

姓名：　　　　班级：　　　　考号：　　　　总分：100 分　　　　得分：

评分项目	考核内容及配分	评分标准	配分	得分
前期准备与整理归位	1.7S 管理 □1.1 整理、整顿（1 分） □1.2 清扫、清洁（1 分） □1.3 安全、素养、节约（3 分）	未做不得分；不按照规范做，扣赋分的一半	5	
	2.实训准备 □2.1 规范穿戴工作服，做好个人防护（2 分）	未做不得分；不按照规范做，扣赋分的一半	2	
	3.安全检查 □3.1 绝缘手套检查（1 分） □3.2 绝缘鞋检查（1 分） □3.3 护目镜检查（1 分） □3.4 安全帽检查（1 分） □3.5 绝缘工具套装检查（1 分） □3.6 高压危险指示牌放置的检查（1 分） □3.7 防护背心检查（1 分） □3.8 均衡机检查（1 分）	未做不得分；不按照规范做，扣赋分的一半	8	
均衡连接	1. 硬线均衡连接 □1.1 检查待均衡的电池模组（1 分） □1.2 检查上部温度检测传感器（1 分） □1.3 检查采样线（1 分） □1.4 正确连接均衡测试线缆的绿色转接头与均衡专用线束的绿色转接头（4 分） □1.5 正确连接均衡测试线缆的 16pin 航空插头与均衡机 16 pin 口（4 分） □1.6 正确连接均衡测试线缆的 24pin 航空插头与均	未做不得分；不按照规范做，扣赋分的一半	34	

（续表）

评分项目	考核内容及配分	评分标准	配分	得分
	衡机 24 pin 口（4 分） □1.7 正确判断电池模组的正极、负极（4 分） □1.8 正确安装均衡专用夹具（5 分） □1.9 正确判断单体电芯的正极、负极（5 分） □1.10 正确将均衡专用线束的 6 根正极线依次连接至电池模组上两个夹具连接头的背面（5 分）			
	2. 采样线均衡连接 □2.1 检查待均衡的电池模组（1 分） □2.2 检查上部温度检测传感器（1 分） □2.3 检查采样线（1 分） □2.4 正确连接均衡测试线缆的绿色转接头与均衡专用线束的绿色转接头（4 分） □2.5 正确连接均衡测试线缆的 16pin 航空插头与均衡机 16 pin 口（4 分） □2.6 正确连接均衡测试线缆的 24pin 航空插头与均衡机 24 pin 口（4 分） □2.7 正确连接电池模组专用采样线的插接器与电池模组的低压采样口（5 分）	未做不得分；不按照规范做，扣赋分的一半	20	
电池模组均衡作业	1. 参数设置 □1.1 正确设置三元锂电池温度（6 分） □1.2 正确设置电池节数调整的参数（10 分）	未做不得分；不按照规范做，扣赋分的一半	16	
	2. 均衡操作 □2.1 记录信息（5 分） □2.2 记录信息和单体电池均衡操作完成的情况相符（5 分）	未做不得分；不按照规范做，扣赋分的一半	10	
工单填写	1.能正确填写作业表，记录维修信息 □2.1 能根据操作正确记录工单（1 分） □2.2 能正确记录检测步骤及检测数据（2 分） □2.3 能正确判定检测结果（2 分）	不记录不得分；不能规范记录得赋分的一半	5	

实训 3　电池气密性检测

（一）作业工单

电池气密性检测

姓名：　　　　班级：　　　　考号：　　　　总分：100 分　　　　得分：

项目	检查内容		检查结果	处理措施
安全检查	人员防护装备	绝缘手套	□正常，□缺失，□破损	□补充，□更换
		绝缘鞋	□正常，□缺失，□破损	□补充，□更换

（续表）

项目	检查内容		检查结果	处理措施
		防护背心	□正常，□缺失，□破损	□补充，□更换
		护目镜	□正常，□缺失，□破损	□补充，□更换
		安全帽	□正常，□缺失，□破损	□补充，□更换
	绝缘工具套装		□正常，□缺失，□破损	□补充，□更换
	高压危险指示牌		□正常，□缺失，□破损	□补充，□更换
	维修开关		□不需要拆卸，□已拆卸	□已放至指定位置放置保管
电箱气密工装连接	检查内容		检查结果	处理措施
	气密仪自检校准		□显示 OK，□未显示 OK	□更换 □检修
	检查箱体平衡阀气密工装	箱体平衡阀气密工装外观	□完好，□缺失，□破损	□更换 □检修
		密封胶垫	□完好，□老化，□破损	□更换 □检修
		气管	□完好，□老化，□破损	□更换 □检修
		转换接头	□完好，□老化，□破损	□更换 □检修
		复位弹簧	□可正常复位， □不能正常复位	□更换 □检修
		用手向外拔动堵头	□可拔出， □不可拔出	□更换 □检修
	检查高压气密工装	高压气密工装的外观	□完好，□缺失，□破损	□更换 □检修
		气管	□完好，□老化，□破损	□更换 □检修
		转换接头	□完好，□老化，□破损	□更换 □检修
		各针脚插孔	□堵塞，□未堵塞	□更换 □检修
		用手向外拔动堵头	□可拔出， □不可拔出	□更换 □检修
	检查低压通信气密工装	低压通信气密工装外观	□完好，□缺失，□破损	□更换 □检修
		各针脚插孔	□堵塞，□未堵塞	□更换 □检修
	安装组件		安装检查	检查结果
	安装箱体平衡阀气密工装 1		向外拔动箱体平衡阀气密工装 1	□可拔出， □不可拔出
	安装箱体平衡阀气密工装 2		向外拔动箱体平衡阀气密工装 2	□可拔出， □不可拔出
电箱气密性检测操作业	参数设置	设置项		设置数值
		气密仪调压阀	压力值	
		低压模式下	充气时间	
			充气压力值	
			充气压力最小值	
			充气压力最大值	
			稳压时间	
			稳压压力最小值	

（续表）

项目	检查内容		检查结果	处理措施
			稳压压力最大值	
			测试时间	
			测试模式	
			排气时间	
			泄露压力最小值	
			泄露压力最大值	
	检查内容		检查结果	结果判定
	测试结果		□显示 OK，□未显示 OK	□正常 □异常

（二）考核评价

电池气密性检测

姓名：　　　　　班级：　　　　　考号：　　　　　总分：100 分　　　　得分：

评分项目	考核内容及配分	评分标准	配分	得分
前期准备与整理归位	1.7S 管理 □1.1 整理、整顿（1 分） □1.2 清扫、清洁（1 分） □1.3 安全、素养、节约（3 分）	未做不得分；不按照规范做，扣赋分的一半	5	
	2.实训准备 □2.1 规范穿戴工作服，做好个人防护（2 分）	未做不得分；不按照规范做，扣赋分的一半	2	
	3.安全检查 □3.1 绝缘手套检查（1 分） □3.2 绝缘鞋检查（1 分） □3.3 护目镜检查（1 分） □3.4 安全帽检查（1 分） □3.5 绝缘工具套装检查（1 分） □3.6 高压危险指示牌放置的检查（1 分） □3.7 防护背心检查（1 分） □3.8 维修开关检查（1 分）	未做不得分；不按照规范做，扣赋分的一半	8	
电箱气密工装连接	1. 气密仪自检校准 □1.1 连接气密仪和空调压缩机（2 分） □1.2 对气密仪进行自检校准（4 分）	未做不得分；不按照规范做，扣赋分的一半	6	
	2. 检查箱体平衡阀气密工装 □2.1 检查待箱体平衡阀气密工装外观（1 分） □2.2 检查密封胶垫（1 分） □2.3 检查气管（1 分） □2.4 检查转换接头（1 分） □2.5 检查复位弹簧的复位情况（2 分） □2.6 用手向外拔动堵头的结果情况（2 分）	未做不得分；不按照规范做，扣赋分的一半	8	

（续表）

评分项目	考核内容及配分	评分标准	配分	得分
	3. 检查高压气密工装 □3.1 检查高压气密工装的外观（1 分） □3.2 检查气管（1 分） □3.3 检查转换接头（1 分） □3.4 检查各针脚插孔（1 分） □3.5 用手向外拔动堵头的结果情况（2 分）	未做不得分；不按照规范做，扣赋分的一半	6	
	4. 检查低压通信气密工装 □4.1 检查低压通信气密工装外观（1 分） □4.2 检查各针脚插孔（1 分）	未做不得分；不按照规范做，扣赋分的一半	2	
	5. 安装箱体平衡阀气密工装 1 □5.1 正确将箱体平衡阀气密工装 1 安装至箱体平衡防爆阀孔位（2 分） □5.2 向外拔动箱体平衡阀气密工装 1 的结果情况(3 分）	未做不得分；不按照规范做，扣赋分的一半	5	
	6. 安装箱体平衡阀气密工装 2 □6.1 正确将箱体平衡阀气密工装 2 安装至箱体平衡防爆阀孔位（2 分） □6.2 向外拔动箱体平衡阀气密工装 2 的结果情况(3 分）	未做不得分；不按照规范做，扣赋分的一半	5	
	7. 拆卸低压通信接插件保护盖 □7.1 正确拆卸低压通信 A 接插件保护盖（2 分） □7.2 正确拆卸低压通信 B 接插件保护盖（2 分）	未做不得分；不按照规范做，扣赋分的一半	4	
	8. 安装低压通信气密工装 □8.1 正确低压通信 B 接插器气密工装（4 分） □8.2 正确低压通信 A 接插器气密工装（4 分） □8.3 正确堵塞高压快充接插件（4 分） □8.4 正确堵塞高压输出接插件（4 分） □8.5 正确将检测气管安装至高压快充密工装气管转接头上（4 分）	未做不得分；不按照规范做，扣赋分的一半	20	
电箱气密性检测操作业	1. 调压阀压力值设置 □1.1 正确完成对气密仪的加压操作（4 分） □1.2 正确设置气密仪调压阀压力值（4 分）	未做不得分；不按照规范做，扣赋分的一半	8	
	2. 低压模式下参数设置 □2.1 正确设置参数并保存设置（12 分） □2.2 记录气密性检测结果（4 分）	未做不得分；不按照规范做，扣赋分的一半	16	
工单填写	1.能正确填写作业表，记录维修信息 □1.1 能根据操作正确记录工单（1 分） □1.2 能正确记录检测步骤及检测数据（2 分） □1.3 能正确判定检测结果（2 分）	不记录不得分；不能规范记录得赋分的一半	5	

任务 3.1　车载充电系统结构与检测

一、理论知识练习题

（一）填空题

1．新能源汽车充电系统主要由____________、____________、_____________、____________、________________、_____________以及各种高压线束和_____________线束等组成。

2．___________充电桩给新能源汽车充电时，需要通过车载充电机将交流电转换为直流电，再用于新能源汽车动力电池充电。

3．交流充电桩接口采用的是______个端子的结构，直流充电桩接口采用的是______个端子的结构。

4．车载充电系统主要由____________、____________、________________、_____________、____________和____________________________等部件组成。

5．车载充电机的内部主要分为____________、____________、________________________三部分组成。

6．车载充电机的功能是将单相220V、50Hz交流电变成____流电，再进行____流转____流，_____流电再____压到车载动力电池的电压水平，再______、______输出给动力电池充电。

（二）判断题

1．直流充电桩的功率远大于车载充电机，且输出电压、电流可调范围较大，可实现快速充电。（　　）

2．车载充电机是一种将直流电转换为交流电的车载装置。（　　）

3．交流充电可以分为单相交流充电和三相交流充电两种，其充电接口也是不同的。（　　）

4．慢充方式是采用恒压、恒流对电动汽车进行充电，由220V/16A规格的标准电网电源供电。（　　）

5．高速充电是基于电化学模型，通过恒电位闭环控制快速充电算法将最大充电控制在析锂之前，这种充电方式不影响电池寿命。（　　）

6．交流充电枪插入车辆交流充电口后，充电机控制管理单元接收来自充电桩的充电确认等通信信号，交流电即从交流充电口输入车载充电机。（　　）

7．充电指示灯由BMS信号提供给BCM，BCM控制指示灯状态。（　　）

（三）选择题

1．新能源汽车对充电系统的基本要求不包括（　　）。

A．充电系统需要确保安全性，防止电压误差导致安全隐患

B．充电系统需根据不同品牌车型使用不同的充电设施和接口

C．充电系统应具备简单智能的操作模式，方便用户操作

D．充电系统需要满足快速充电需求，同时考虑电网和电池的承受能力

2．有关交流充电口的说法错误的是（　　）。

A．三相交流充电接口采用单相供电时，电流不大于32A

B．在接插过程中，PE端子最先连接，确保充电系统有个稳定的接地平台

C．在接插过程中，CC端子和CP端子是最后连接的，类似于高压互锁确认功能

D．交流充电口中的CC端子为充电导引引脚，CP端子为充电连接确认引脚

3．以下关于不同的充电模式描述不正确的是（　　）。

A．在充电模式2中，车载充电机的主要功能是将交流220V电压转换成高压直流电源所用的电压

B．在充电模式3中，充电桩端的充电接口直接与车辆充电接口相连接

C．充电模式4通过充电枪线缆只能直接与直流电网侧的专用直流供电设备相连

D．充电模式4充电时电流电压较高，不通过车载充电机而直接到达高压控制盒

4．[多选]新能源汽车采用直流充电方式无法充电时，可以优先检查（　　）。

A．直流充电口总成高压线束　　B．直流充电口总成低压线束

C．高压电控总成　　D．车载充电器

5．[多选]新能源汽车采用交流充电方式无法充电时，可以优先检查（　　）。

A．交流充电口总成高压线束　　B．交流充电口总成低压线束

C．高压电控总成　　D．DC-DC变换器

（四）简答题

1．简述直流充电过程中充电口引脚连接顺序和充电完成需脱开时引脚断开顺序。

____

____

____

2．简述车载充电系统转换电路原理。

____

____

____

二、实操部分：实训 1　充电枪检测

（一）作业工单

充电枪检测

姓名：　　　　　班级：　　　　　考号：　　　　　总分：100 分　　　　得分：

<table>
<tr><th>项目</th><th colspan="2">检查内容</th><th colspan="2">检查结果</th><th>处理措施</th></tr>
<tr><td rowspan="7">安全检查</td><td rowspan="4">人员防护装备</td><td>绝缘手套</td><td colspan="2">□正常，□缺失，□破损</td><td>□补充，□更换</td></tr>
<tr><td>绝缘鞋</td><td colspan="2">□正常，□缺失，□破损</td><td>□补充，□更换</td></tr>
<tr><td>护目镜</td><td colspan="2">□正常，□缺失，□破损</td><td>□补充，□更换</td></tr>
<tr><td>安全帽</td><td colspan="2">□正常，□缺失，□破损</td><td>□补充，□更换</td></tr>
<tr><td colspan="2">绝缘工具套装</td><td colspan="2">□正常，□缺失，□破损</td><td>□补充，□更换</td></tr>
<tr><td colspan="2">高压危险指示牌</td><td colspan="2">□正常，□缺失，□破损</td><td>□补充，□更换</td></tr>
<tr><td colspan="2">维修开关</td><td colspan="2">□不需要拆卸，□已拆卸</td><td>□已放至指定位置放置保管</td></tr>
<tr><td rowspan="11">充电枪检测</td><td rowspan="5">充电枪基本检查</td><td>检查内容</td><td colspan="2">检查情况</td><td>结果判定</td></tr>
<tr><td>交流充电桩控制面板</td><td colspan="2">□完好，□变形，□破损</td><td>□正常　□异常</td></tr>
<tr><td>充电枪插头</td><td colspan="2">□完好，□变形，□破损</td><td>□正常　□异常</td></tr>
<tr><td>充电枪插头针脚</td><td colspan="2">□完好，□变形，□破损</td><td>□正常　□异常</td></tr>
<tr><td>充电枪上的锁止按钮</td><td colspan="2">□完好，□卡滞</td><td>□正常　□异常</td></tr>
<tr><td rowspan="3">充电枪电阻检查</td><td>检测内容</td><td>检测值</td><td>标准值</td><td>结果判定</td></tr>
<tr><td>充电枪上 CC 端子与 PE 端子之间电阻</td><td></td><td>680Ω</td><td>□正常　□异常</td></tr>
<tr><td>按下充电枪上的锁止按钮时 CC 端子与 PE 端子之间电阻</td><td></td><td>无穷大</td><td>□正常　□异常</td></tr>
<tr><td rowspan="3">充电枪电压检查</td><td>检测内容</td><td>检测值</td><td>标准值</td><td>结果判定</td></tr>
<tr><td>充电枪上 CP 端子与 PE 端子之间电压</td><td></td><td>11-14V</td><td>□正常　□异常</td></tr>
<tr><td>充电枪上 CC 端子与 PE 端子之间电压</td><td></td><td>11-14V</td><td>□正常　□异常</td></tr>
</table>

（二）考核评价

充电枪检测

姓名：　　　　班级：　　　　考号：　　　　总分：100 分　　　　得分：

评分项目	考核内容及配分	评分标准	配分	得分
前期准备与整理归位	1.7S 管理 □1.1 整理、整顿（1 分） □1.2 清扫、清洁（1 分） □1.3 安全、素养、节约（3 分）	未做不得分；不按照规范做，扣赋分的一半	5	
	2.实训准备 □2.1 规范穿戴工作服，做好个人防护（2 分）	未做不得分；不按照规范做，扣赋分的一半	2	
	3.安全检查 □3.1 绝缘手套检查（1 分） □3.2 绝缘鞋检查（1 分） □3.3 护目镜检查（1 分） □3.4 安全帽检查（1 分） □3.5 绝缘工具套装检查（1 分） □3.6 高压危险指示牌放置的检查（1 分） □3.7 拆卸维修开关（1 分） □3.8 维修开关放置及保管（1 分）	未做不得分；不按照规范做，扣赋分的一半	8	
充电枪检测	1. 充电枪基本检查 □1.1 检查交流充电桩控制面板（5 分） □1.2 检查充电枪插头（5 分） □1.3 检查充电枪插头针脚（5 分） □1.4 检查充电枪上的锁止按钮（5 分）	未做不得分；不按照规范做，扣赋分的一半	20	
	2. 充电枪电阻检查 □2.1 检测充电枪上 CC 端子与 PE 端子之间电阻（15 分） □2.2 检测按下充电枪上的锁止按钮时 CC 端子与 PE 端子之间电阻（15 分）	未做不得分；不按照规范做，扣赋分的一半	30	
	3. 充电枪电压检查 □3.1 检测充电枪上 CP 端子与 PE 端子之间电压（15 分） □3.2 检测充电枪上 CC 端子与 PE 端子之间电压（15 分）	未做不得分；不按照规范做，扣赋分的一半	30	
工单填写	1.能正确填写作业表，记录维修信息 □2.1 能根据操作正确记录工单（1 分） □2.2 能正确记录检测步骤及检测数据（2 分） □2.3 能正确判定检测结果（2 分）	不记录不得分；不能规范记录得赋分的一半	5	

实训 2　交流充电口检测

（一）作业工单

交流充电口检测

姓名：　　　　班级：　　　　考号：　　　　总分：100 分　　　　得分：

<table>
<tr><th>项目</th><th colspan="3">检查内容</th><th colspan="2">检查结果</th><th>处理措施</th></tr>
<tr><td rowspan="6">安全检查</td><td rowspan="4">人员防护装备</td><td colspan="2">绝缘手套</td><td colspan="2">□正常，□缺失，□破损</td><td>□补充，□更换</td></tr>
<tr><td colspan="2">绝缘鞋</td><td colspan="2">□正常，□缺失，□破损</td><td>□补充，□更换</td></tr>
<tr><td colspan="2">护目镜</td><td colspan="2">□正常，□缺失，□破损</td><td>□补充，□更换</td></tr>
<tr><td colspan="2">安全帽</td><td colspan="2">□正常，□缺失，□破损</td><td>□补充，□更换</td></tr>
<tr><td colspan="3">绝缘工具套装</td><td colspan="2">□正常，□缺失，□破损</td><td>□补充，□更换</td></tr>
<tr><td colspan="3">高压危险指示牌</td><td colspan="2">□正常，□缺失，□破损</td><td>□补充，□更换</td></tr>
<tr><td rowspan="3">交流充电口基本检查</td><td rowspan="3">交流充电口基本检查</td><td colspan="2">检查内容</td><td colspan="2">检查情况</td><td>结果判定</td></tr>
<tr><td colspan="2">交流充电口连接孔</td><td colspan="2">□完好，□变形，□破损</td><td>□正常 □异常</td></tr>
<tr><td colspan="2">交流充电口保护盖</td><td colspan="2">□完好，□卡滞，□破损</td><td>□正常 □异常</td></tr>
<tr><td rowspan="11">交流充电口低压电路检测</td><td rowspan="9">交流充电口分析</td><td colspan="5">在图中标识出每个端子的编码
</td></tr>
<tr><td colspan="3">端子编码</td><td colspan="2">功能定义</td></tr>
<tr><td colspan="3">L</td><td colspan="2"></td></tr>
<tr><td colspan="3">NC1</td><td colspan="2"></td></tr>
<tr><td colspan="3">NC2</td><td colspan="2"></td></tr>
<tr><td colspan="3">N</td><td colspan="2"></td></tr>
<tr><td colspan="3">PE</td><td colspan="2"></td></tr>
<tr><td colspan="3">CC</td><td colspan="2"></td></tr>
<tr><td colspan="3">CP</td><td colspan="2"></td></tr>
<tr><td rowspan="2">交流充电口低压电路检测</td><td colspan="2">检测内容</td><td>检测值</td><td>标准值</td><td>结果判定</td></tr>
<tr><td colspan="2">交流充电口上 CC 端子与 PE 端子之间电压</td><td></td><td>11～14V</td><td>□正常 □异常</td></tr>
<tr><td rowspan="2">拆卸高压维修</td><td rowspan="2">拆卸高压维修开关</td><td colspan="4">依次需拆卸的部件名称</td><td>工具及规格</td></tr>
<tr><td>1</td><td colspan="3"></td><td></td></tr>
</table>

（续表）

项目	检查内容		检查结果		处理措施
开关		2			
		3			
		4			
		5			
		6			
交流充电口及高压线束绝缘检测	交流充电线束接插器拆卸	依次需拆卸的部件名称			工具及规格
		1			
		2			
	交流充电口及高压线束绝缘检测	检测内容	检测值	标准值	结果判定
		交流电源火线 L 孔		>20MΩ	□正常 □异常
		交流电源零线 N 孔		>20MΩ	□正常 □异常
	交流充电高压线束接插器安装	依次需安装的部件名称			工具及规格
		1			
		2			
安装高压维修开关	安装高压维修开关	依次需安装的部件名称			工具及规格
		1			
		2			
		3			
		4			
		5			

（二）考核评价

交流充电口检测

姓名：　　　　班级：　　　　考号：　　　　总分：100 分　　　　得分：

评分项目	考核内容及配分	评分标准	配分	得分
前期准备与整理归位	1.7S 管理 □1.1 整理、整顿（1 分） □1.2 清扫、清洁（1 分） □1.3 安全、素养、节约（3 分）	未做不得分；不按照规范做，扣赋分的一半	5	
	2.实训准备 □2.1 规范穿戴工作服，做好个人防护（2 分）	未做不得分；不按照规范做，扣赋分的一半	2	
	3.安全检查 □3.1 绝缘手套检查（2 分） □3.2 绝缘鞋检查（1 分） □3.3 护目镜检查（1 分）	未做不得分；不按照规范做，扣赋分的一半	8	

（续表）

评分项目	考核内容及配分	评分标准	配分	得分
	□3.4 安全帽检查（1 分） □3.5 绝缘工具套装检查（2 分） □3.6 高压危险指示牌放置的检查（1 分）			
交流充电口基本检查	1. 交流充电口基本检查 □1.1 检查交流充电口连接孔（2 分） □1.2 交流充电口保护盖（2 分）	未做不得分；不按照规范做，扣赋分的一半	4	
交流充电口低压电路检测	1. 交流充电口分析 □1.1 在图中标识出每个端子的编码（14 分） □1.2 填写端子编码功能定义（14 分）	未做不得分；不按照规范做，扣赋分的一半	28	
	2. 交流充电口低压电路检测 □2.1 检测交流充电口上 CC 端子与 PE 端子之间电压（5 分）	未做不得分；不按照规范做，扣赋分的一半	5	
拆卸高压维修开关	1. 拆卸高压维修开关 □1.1 断开低压蓄电池负极并等待 15 分钟（5 分） □1.2 拆下中控台储物格自攻螺钉（1 分） □1.3 断开储物格线束接插器（1 分） □1.4 拆下中控台储物格（1 分） □1.5 松开高压维修塞保险器（1 分） □1.6 拆下高压维修开关（5 分）	未做不得分；不按照规范做，扣赋分的一半	14	
交流充电口及高压线束绝缘检测	1. 交流充电线束接插器拆卸 □1.1 松开高压线束接插器的保险器（2 分） □1.2 拆下高压线束接插器（2 分）	未做不得分；不按照规范做，扣赋分的一半	4	
	2. 交流充电口及高压线束绝缘检测 □2.1 检测交流电源火线 L 孔阻值（5 分） □2.2 检测交流电源零线 N 孔阻值（5 分）	未做不得分；不按照规范做，扣赋分的一半	10	
	3. 交流充电高压线束接插器安装 □3.1 安装高压线束接插器（2 分） □3.2 锁止高压线束接插器保险器（3 分）	未做不得分；不按照规范做，扣赋分的一半	5	
安装高压维修开关	1. 安装高压维修开关 □1.1 安装动力电池高压维修开关（5 分） □1.2 安装储物格线束接插器（1 分） □1.3 安装中控台储物格自攻螺钉（1 分） □1.4 关闭中控储物盒盖板（1 分） □1.5 安装低压蓄电池负极（3 分）	未做不得分；不按照规范做，扣赋分的一半	10	
工单填写	1.能正确填写作业表，记录维修信息 □2.1 能根据操作正确记录工单（1 分） □2.2 能正确记录检测步骤及检测数据（2 分） □2.3 能正确判定检测结果（2 分）	不记录不得分；不能规范记录得赋分的一半	5	

任务 3.2　交流、直流充电桩认知

一、理论知识练习题

（一）填空题

1．根据电流种类的不同，充电桩可分为______流充电桩和______流充电桩。

2. 交流接触器的作用主要把____________输过来的220V通过______________控制闭合后对__________输出220V的交流电。

3．交流充电桩只提供电力输出，没有_____________功能，需连接车载充电机为电动汽车充电。

4．直流充电桩为电动汽车的____________直接提供可控的直流电。

5．直流充电桩中整流器的作用主要是把交流380V电转变成________流高压电。

（二）判断题

1．交流充电桩为电动汽车车载充电机提供交流电源的供电。（　　）

2．直流充电桩具有充电机功能。（　　）

3. 使用交流充电桩的辅助电源时，当打开充电桩电源后“电源”指示灯即被点亮。（　　）

4．交流充电桩的辅助电源给读卡器提供5V工作电源以及给继电器模块提供12V工作电源。（　　）

5．电源浪涌保护器通常串联在交流充电桩的电路系统中。（　　）

（三）选择题

1．有关交流充电桩的主控模块的说法错误的是（　　）。

A．主控板需要与触摸屏LED通信，接收来自用户的操作指令和参数配置指令

B．主控板需要与汽车车载充电机进行通信，获得汽车充电的参数配置后开始充电

C．主控板需要与读卡器通信，用户刷卡后充电桩可以以无线方式读取用户账号信息

D．主控模块不接收充电枪CP信号

2．有关交流充电桩的单相断路器的说法错误的是（　　）。

A．单相断路器是一种只要电路中电流超过额定电流就会自动断开的开关

B．单相断路器的下游与浪涌防护器串联，与智能电表并联

C．单相断路器能对电路或电气设备发生的短路、严重过载及欠电压等进行保护

D．单相断路器又名空气断路器，集控制和多种保护功能于一身

3．以下不是直流充电桩的常见充电功率。（　　）

A．15KW　　B．30KW　　C．60KW　　D．120KW

4．关于直流充电桩的主控板描述错误的是（　　）。

A．由主控板完成与BMS的充电交互

B．主控板收集动力电池的运行数据，异常状态下自动停机

C．主控板不参与人机交互过程

D．主控板带有充电枪电锁控制及温度检测

5．直流充电桩在车辆接口连接确认阶段，检测到电平变化为（　　），充电桩会确认充电枪插入成功，车辆接口完全连接，并锁定电子锁，防止枪头脱落。

A．4V　　B．12V　　C．220V　　D．380V

（四）简答题

1．简述交流充电桩的工作原理。

2．简述直流充电桩车辆接口连接确认阶段的工作过程。

3．简述直流充电桩自检的工作过程。

4．简述直流充电桩充电准备就绪阶段的工作过程。

二、实操部分：实训 1　交流充电操作

（一）作业工单

交流充电操作

姓名：　　班级：　　考号：　　总分：100 分　　得分：

项目	作业内容		
壁挂式三相交	壁挂式三相交流充电盒	记录项	记录内容
		车辆的电源挡挡位	

（续表）

<table>
<tr><th>项目</th><th colspan="4">作业内容</th></tr>
<tr><td rowspan="29">流充电盒充电</td><td rowspan="11">即时充电</td><td rowspan="2">将充电插头与充电插座对齐，插入交流充电插座之后</td><td colspan="2">组合仪表盘上中充电指示灯：
☐亮，☐不亮</td></tr>
<tr><td colspan="2">充电机上的指示灯：
☐常亮，☐闪亮，☐不亮</td></tr>
<tr><td rowspan="3">刚开始充电时组合仪表盘上显示的充电参数</td><td>当前电量</td><td></td></tr>
<tr><td>充电功率</td><td></td></tr>
<tr><td>预计充满时间</td><td></td></tr>
<tr><td rowspan="3">充电 10 分钟后组合仪表盘上显示的充电参数</td><td>当前电量</td><td></td></tr>
<tr><td>充电功率</td><td></td></tr>
<tr><td>预计充满时间</td><td></td></tr>
<tr><td rowspan="3">充电 20 分钟后组合仪表盘上显示的充电参数</td><td>当前电量</td><td></td></tr>
<tr><td>充电功率</td><td></td></tr>
<tr><td>预计充满时间</td><td></td></tr>
<tr><td rowspan="18">壁挂式单相交流充电盒预约充电</td><td>记录项</td><td colspan="2">记录内容</td></tr>
<tr><td>车辆的电源挡挡位</td><td colspan="2"></td></tr>
<tr><td rowspan="2">将充电插头与充电插座对齐，插入交流充电插座之后</td><td colspan="2">组合仪表盘上中充电指示灯：
☐亮，☐不亮</td></tr>
<tr><td colspan="2">充电机上的指示灯：
☐常亮，☐闪亮，☐不亮</td></tr>
<tr><td rowspan="3">刚开始充电时组合仪表盘上显示的充电参数</td><td>当前电量</td><td></td></tr>
<tr><td>充电功率</td><td></td></tr>
<tr><td>预计充满时间</td><td></td></tr>
<tr><td>预约充电时间为此操作时刻之后的 5 分钟</td><td colspan="2">预约时间为________________</td></tr>
<tr><td>预约充电时间到了之后的充电情况</td><td colspan="2">☐开始充电，☐未开始充电</td></tr>
<tr><td rowspan="3">充电 10 分钟后组合仪表盘上显示的充电参数</td><td>当前电量</td><td></td></tr>
<tr><td>充电功率</td><td></td></tr>
<tr><td>预计充满时间</td><td></td></tr>
<tr><td rowspan="3">充电 20 分钟后组合仪表盘上显示的充电参数</td><td>当前电量</td><td></td></tr>
<tr><td>充电功率</td><td></td></tr>
<tr><td>预计充满时间</td><td></td></tr>
</table>

（二）考核评价

交流充电操作

姓名：　　　　　班级：　　　　　考号：　　　　　总分：100 分　　　　得分：

评分项目	考核内容及配分	评分标准	配分	得分
前期准备与整理归位	1.7S 管理 □1.1 整理、整顿（3 分） □1.2 清扫、清洁（3 分） □1.3 安全、素养、节约（4 分）	未做不得分；不按照规范做，扣赋分的一半	10	
	2.实训准备 □2.1 规范穿戴工作服，做好个人防护（3 分）	未做不得分；不按照规范做，扣赋分的一半	3	
	3.安全检查 □3.1 高压危险指示牌放置的检查（2 分）	未做不得分；不按照规范做，扣赋分的一半	2	
壁挂式三相交流充电盒充电	1.壁挂式三相交流充电盒即时充电 □1.1 记录车辆的电源挡挡位（4 分） □1.2 记录将充电插头与充电插座对齐，插入交流充电插座之后组合仪表盘上中充电指示灯状态（5 分） □1.3 记录将充电插头与充电插座对齐，插入交流充电插座之后充电机上的充电指示灯状态（5 分） □1.4 记录刚开始充电时组合仪表盘上显示的充电参数（5 分） □1.5 记录充电 10 分钟后组合仪表盘上显示的充电参数（8 分） □1.6 记录充电 20 分钟后组合仪表盘上显示的充电参数（8 分）	未做不得分；不按照规范做，扣赋分的一半	35	
	2.壁挂式单相交流充电盒预约充电 □2.1 记录车辆的电源挡挡位（4 分） □2.2 记录将充电插头与充电插座对齐，插入交流充电插座之后组合仪表盘上中充电指示灯状态（5 分） □2.3 记录将充电插头与充电插座对齐，插入交流充电插座之后充电机上的充电指示灯状态（5 分） □2.4 记录刚开始充电时组合仪表盘上显示的充电参数（5 分） □2.5 记录预约充电时间（5 分） □2.6 记录预约充电时间到之后的充电情况（5 分） □2.7 记录充电 10 分钟后组合仪表盘上显示的充电参数（8 分） □2.8 记录充电 20 分钟后组合仪表盘上显示的充电参数（8 分）	未做不得分；不按照规范做，扣赋分的一半	45	
工单填写	1.能正确填写作业表，记录维修信息 □2.1 能根据操作正确记录工单（1 分） □2.2 能正确记录检测步骤及检测数据（2 分） □2.3 能正确判定检测结果（2 分）	不记录不得分；不能规范记录得赋分的一半	5	

实训 2 直流充电操作

（一）作业工单

直流充电操作

姓名：　　　　　班级：　　　　　考号：　　　　　总分：100 分　　　　得分：

<table>
<tr><th>项目</th><th colspan="3">作业内容</th></tr>
<tr><td rowspan="14">直流充电柜的充电操作</td><td>记录项</td><td colspan="2">记录内容</td></tr>
<tr><td>车辆的电源挡挡位</td><td colspan="2"></td></tr>
<tr><td>将充电插头与充电插座对齐，插入充电插座之后</td><td colspan="2">组合仪表盘上中充电指示灯：
□亮，□不亮</td></tr>
<tr><td rowspan="3">刚开始充电时组合仪表盘上显示的充电参数</td><td>当前电量</td><td></td></tr>
<tr><td>充电功率</td><td></td></tr>
<tr><td>预计充满时间</td><td></td></tr>
<tr><td rowspan="3">充电 10 分钟后组合仪表盘上显示的充电参数</td><td>当前电量</td><td></td></tr>
<tr><td>充电功率</td><td></td></tr>
<tr><td>预计充满时间</td><td></td></tr>
<tr><td rowspan="5">充电 20 分钟后组合仪表盘上显示的充电参数</td><td>当前电量</td><td></td></tr>
<tr><td>充电功率</td><td></td></tr>
<tr><td>预计充满时间</td><td></td></tr>
<tr><td>充电功率</td><td></td></tr>
<tr><td>预计充满时间</td><td></td></tr>
</table>

（二）考核评价

直流充电操作

姓名：　　　　　班级：　　　　　考号：　　　　　总分：100 分　　　　得分：

评分项目	考核内容及配分	评分标准	配分	得分
前期准备与整理归位	1.7S 管理 □1.1 整理、整顿（3 分） □1.2 清扫、清洁（3 分） □1.3 安全、素养、节约（4 分）	未做不得分；不按照规范做，扣赋分的一半	10	
	2.实训准备 □2.1 规范穿戴工作服，做好个人防护（3 分）	未做不得分；不按照规范做，扣赋分的一半	3	
	3.安全检查 □3.1 高压危险指示牌放置的检查（2 分）	未做不得分；不按照规范做，扣赋分	2	

（续表）

评分项目	考核内容及配分	评分标准	配分	得分
		的一半		
直流充电柜的充电操作	1. 直流充电柜的充电操作 □1.1 记录车辆的电源挡挡位（10 分） □1.2 记录将充电插头与充电插座对齐，插入交流充电插座之后组合仪表盘上中充电指示灯状态 10 分） □1.3 记录刚开始充电时组合仪表盘上显示的充电参数（10 分） □1.4 记录充电 10 分钟后组合仪表盘上显示的充电参数（15 分） □1.5 记录充电 20 分钟后组合仪表盘上显示的充电参数（15 分）	未做不得分；不按照规范做，扣赋分的一半	60	
直流充电桩充电插座的拔插	1. 直流充电桩充电插座的拔插 □1.1 从直流充电桩上取下时按下插头上的锁止按钮（10 分） □1.2 从车辆直流充电插座上取下时按下插头上的锁止按钮（10 分）	未做不得分；不按照规范做，扣赋分的一半	20	
工单填写	1.能正确填写作业表，记录维修信息 □2.1 能根据操作正确记录工单（1 分） □2.2 能正确记录检测步骤及检测数据（2 分） □2.3 能正确判定检测结果（2 分）	不记录不得分；不能规范记录得赋分的一半	5	

任务 3.3　DC-DC 变换器的结构与检测

一、理论知识练习题

（一）填空题

1．DC-DC变换器的作用是完成________________转换。

2．DC-DC变换器电路面板上的线口分别为__________、__________、____________和____________。

3．DC-DC变换器主要由____________、____________等部件组成。

（二）判断题

1．新能源汽车全车低压用电设备都是由DC-DC变换器将动力电池的高压直流电转换为低压直流电后进行供电的。（　）

2．车辆正常启动后，DC-DC变换器低压接插件A脚电压为12V。（　）

（三）选择题

1．以下DC-DC变换器日常维护中属于B类保养级别的是（　　）。

A．检查DC-DC变换器各连接导线应无破损、碰擦、良好连接

B．散热齿上尽可能减少杂物，保证散热时通风畅通，必要时清洁外表面

C．高压、低压接线端子连接牢靠、无松动

D．检测DC-DC变换器绝缘电阻

2．DC-DC变换器绝缘电阻范围是（　　）。

A．大于20MΩ　　B．大于200MΩ　　C．大于200Ω　　D．大于20Ω

3．以下不属于DC-DC变换器在车辆行驶过程中出现故障的主要原因是（　　）。

A．接插件链接不正常

B．动力电池高压熔断器熔断导致动力电池高压无法输出

C．DC-DC使能信号输入不正常

D．DC-DC变换器的散热齿上杂物较多

（四）简答题

1．简述DC-DC变换器的工作原理。

____

____

____

2．简述DC-DC变换器故障排除思路。

____

____

____

二、实操部分：实训 1 检测 DC-DC 变换器

（一）作业工单

检测 DC-DC 变换器

姓名：　　　　班级：　　　　考号：　　　　总分：100 分　　　　得分：

<table>
<tr><th>项目</th><th colspan="2">检查内容</th><th colspan="2">检查结果</th><th>处理措施</th></tr>
<tr><td rowspan="8">安全检查</td><td rowspan="5">人员防护装备</td><td>绝缘手套</td><td colspan="2">□正常，□缺失，□破损</td><td>□补充，□更换</td></tr>
<tr><td>绝缘鞋</td><td colspan="2">□正常，□缺失，□破损</td><td>□补充，□更换</td></tr>
<tr><td>防护背心</td><td colspan="2">□正常，□缺失，□破损</td><td>□补充，□更换</td></tr>
<tr><td>护目镜</td><td colspan="2">□正常，□缺失，□破损</td><td>□补充，□更换</td></tr>
<tr><td>安全帽</td><td colspan="2">□正常，□缺失，□破损</td><td>□补充，□更换</td></tr>
<tr><td colspan="2">绝缘工具套装</td><td colspan="2">□正常，□缺失，□破损</td><td>□补充，□更换</td></tr>
<tr><td colspan="2">高压危险指示牌</td><td colspan="2">□正常，□缺失，□破损</td><td>□补充，□更换</td></tr>
<tr><td colspan="2">均衡机</td><td colspan="2">□正常，□缺失，□破损</td><td>□补充，□更换</td></tr>
<tr><td rowspan="5">DC-DC 变换器结构认知及输出电压检测</td><td colspan="2">检查内容</td><td colspan="2">检查情况</td><td>结果判定</td></tr>
<tr><td colspan="2">DC-DC 变换器外观</td><td colspan="2">□完好，□破损</td><td>□正常 □异常</td></tr>
<tr><td colspan="2">DC-DC 变换器附属线束</td><td colspan="2">□完好，□缺失，□破损</td><td>□正常 □异常</td></tr>
<tr><td colspan="2">检测内容</td><td>测量值</td><td></td><td></td></tr>
<tr><td colspan="2">DC-DC 变换器输出电压</td><td></td><td></td><td></td></tr>
<tr><td rowspan="2">检测 DC-DC 变换器与低压蓄电池负极的连接线束</td><td colspan="2">检测内容</td><td>测量值</td><td>标准值</td><td>结果判定</td></tr>
<tr><td colspan="2">H1d 接插器至蓄电池负极的电阻值</td><td></td><td>小于 1Ω</td><td>□正常 □异常</td></tr>
<tr><td rowspan="2">检测 DC-DC 变换器与低压蓄电池正极的连接线束</td><td colspan="2">检测内容</td><td>测量值</td><td>标准值</td><td>结果判定</td></tr>
<tr><td colspan="2">H1c 接插器至蓄电池正极的电阻值</td><td></td><td>小于 1Ω</td><td>□正常 □异常</td></tr>
<tr><td rowspan="2">检测 DC-DC 变换器与高压控制盒负极线束</td><td colspan="2">检测内容</td><td>测量值</td><td>标准值</td><td>结果判定</td></tr>
<tr><td colspan="2">HT4 接插器至 HT4a 的 G 端子之间的电阻值</td><td></td><td>小于 1Ω</td><td></td></tr>
</table>

（二）考核评价

检测 DC-DC 变换器

姓名： 班级： 考号： 总分：100 分 得分：

评分项目	考核内容及配分	评分标准	配分	得分
前期准备 与 整理归位	1.7S 管理 □1.1 整理、整顿（1 分） □1.2 清扫、清洁（1 分） □1.3 安全、素养、节约（3 分）	未做不得分；不按照规范做，扣赋分的一半	5	
	2.实训准备 □2.1 规范穿戴工作服，做好个人防护（2 分）	未做不得分；不按照规范做，扣赋分的一半	2	
	3.安全检查 □3.1 绝缘手套检查（1 分） □3.2 绝缘鞋检查（1 分） □3.3 护目镜检查（1 分） □3.4 安全帽检查（1 分） □3.5 绝缘工具套装检查（1 分） □3.6 高压危险指示牌放置的检查（1 分） □3.7 拆卸维修开关（1 分） □3.8 维修开关放置及保管（1 分）	未做不得分；不按照规范做，扣赋分的一半	8	
DC-DC 变换器结构认知及输出电压检测	1. DC-DC 变换器结构认知 □1.1 检查 DC-DC 变换器外观（5 分） □1.2 检查 DC-DC 变换器附属线束（5 分）	未做不得分；不按照规范做，扣赋分的一半	10	
	2. 检测 DC-DC 变换器输出电压	未做不得分；不按照规范做，扣赋分的一半	10	
检测 DC-DC 变换器与低压蓄电池负极的连接线束	1. 检测 DC-DC 变换器与低压蓄电池负极的连接线束 □1.1 检测 H1d 接插器至蓄电池负极的电阻值（20 分）	未做不得分；不按照规范做，扣赋分的一半	20	
检测 DC-DC 变换器与低压蓄电池正极的连接线束	1. 检测 DC-DC 变换器与低压蓄电池正极的连接线束 □1.1 检测 H1c 接插器至蓄电池正极的电阻值（20 分）	未做不得分；不按照规范做，扣赋分的一半	20	
检测 DC-DC 变换器与高压控制盒负极线束	1. 检测 DC-DC 变换器与高压控制盒负极线束） □1.1 检测 HT4 接插器至 HT4a 的 G 端子之间的电阻值（20 分）	未做不得分；不按照规范做，扣赋分的一半	20	
工单填写	1.能正确填写作业表，记录维修信息 □2.1 能根据操作正确记录工单（1 分） □2.2 能正确记录检测步骤及检测数据（2 分） □2.3 能正确判定检测结果（2 分）	不记录不得分；不能规范记录得赋分的一半	5	

任务 4.1　动力电池管理系统控制策略

一、理论知识练习题

（一）填空题

1．____________________与电机控制系统（MCU）、____________________共同构成电动汽车三大核心控制技术。

2．动力电池管理系统的组成主要包括__________________、____________________、____________、_______________、______________、_______________和___________等。

3．电池监测单元除了负责对电池系统的各项参数进行实时监测，还负责将采集到的数据传输至______________________________进行处理。

4．电池控制器能实现电池的_________________、_______________、_______________、_________________以及________________等功能。

5．动力电池管理系统的软件主要构成包括______________、________________、________________、________________以及________________。

6．充电终止条件包括____________、_________________、_______________等。

（二）判断题

1．电池控制器负责对电池系统的各项参数进行实时监测。（　　）

2．BMS控制器应对抗干扰能力和故障容错性没有特殊要求。（　　）

3．电池均衡模块负责实现电池单体间的能量均衡。（　　）

4．通信接口模块负责实现BMS内各模块之间的数据交换。（　　）

5．控制策略实现模块通常采用模型预测控制、模糊控制、神经网络控制等先进的控制算法，以实现对电池系统的精确控制。（　　）

6．恒流充电通常会完成电池容量的约90%左右的充电。（　　）

（三）选择题

1．动力电池管理系统在新能源汽车中的作用描述错误的是（　　）。

A．动力电池管理系统是用来对动力电池进行安全监控、有效管理、实时控制的装置

B．动力电池管理系统通过对电池的充放电、温度、均衡等方面的控制，为新能源汽车提供稳定可靠的能源

C．动力电池管理系统为新能源汽车的能量管理提供了关键信息，有助于实现能源的永续和提高车辆的综合性能

D．动力电池管理系统通过实时监测电池各项参数，能够及时发现潜在的安全隐患，并通过相应的保护措施，确保电池及整车的安全运行

2．以下有关电池监测单元（BMU）说法错误的是（　　）。

A．电池监测单元主要负责对电池系统的各项参数进行实时监测

B．电池监测单元可以监测动力电池的电压、电流、温度等信息

C．电池监测单元负责将采集到的数据传输至电池控制器进行处理

D．电池监测单元可以进行状态估计与预测

3．以下有关充电控制策略说法错误的是（　　）。

A．充电控制策略的目的是确保电池在安全、高效的条件下进行充电，提高充电效率并延长电池寿命

B．恒流充电时，电池的电压会逐渐上升，直至达到设定的充电电压

C．恒压充电主要用于电池的充电阶段，以保证电池充电循环的寿命

D．充电控制策略需要实时温度控制，包括监测电池温度、调整充电电流和启动热管理系统等

4．以下有关放电控制策略说法错误的是（　　）。

A．最大功率输出控制策略根据系统的能量需求，不考虑电池自身性能特点，调整电池放电电流和电压以实现最大功率输出

B．温度补偿放电策略针对电池在不同温度下的性能变化进行调整

C．容量补偿放电策略主要考虑电池在不同容量状态下的性能变化

D．电流限制放电策略通过设置放电电流的上限，保护电池免受过大电流的损害

5．状态估计与预测不会涉及的内容是（　　）。

A．荷电状态估计（SOC）

B．电池健康估计（SOH）

C．电池充放电次数估计（Cycle Count）

D．电池温度估计（SOT）

（四）简答题

1．简述动力电池管理系统的主要功能。

____

____

____

2．简述动力电池管理系统的控制策略有哪些。

____

____

____

任务 4.2　电池热管理系统认知与检查

一、理论知识练习题

（一）填空题

1．动力电池热管理系统的核心任务是在各种工况和环境条件下对电池进行有效的_______控制。

2．电池过热会使电池内部的化学反应加速，导致____________。

3．在_________温下充电时，由于电池内阻增大，可能导致锂离子在电池________极表面沉积，从而形成____________，它有可能刺穿电池的隔膜，引发电池内部短路。

4．电池热管理系统的组成主要包括：________________、____________与循环系统、散热器与____________、____________与执行器。

5．常见的温度传感器有___________、___________和____________。

（二）判断题

1．电池放电工作温度在0℃～30℃范围电解液的导电性好，蓄电池放电量增多。（　　）

2．在寒冷环境下，虽然电池的充放电效率降低，但电池的续航里程不受影响。（　　）

3．动力电池最好不要在低温环境下进行充电。（　　）

4．因为电池在高温条件下使用可能导致电池极板的腐蚀加剧、隔膜老化，所以尽量在低温环境下使用动力电池。（　　）

5．电池热管理系统的首要任务是确保电池在一个合适的温度范围内工作。（　　）

6．电池组内部可能因温度梯度过大导致局部电池单体过度充放电现象。（　　）

（三）选择题

1．温度对动力电池性能的影响不包括（　　）。

A．对电池的电化学性能的影响

B．对电池的安全性能的影响

C．对电池的体积的影响

D．对电池寿命的影响

2．以下有关温度对动力电池电化学性能的影响说法错误的是（　　）。

A．在0℃～30℃环境温度下放电，电池的内阻随温度升高而降低，反之电池温度降低时，电池的内阻逐渐增大

B．电池内阻与温度呈直线变化关系

C．在较低的温度下，可能导致电池过早达到放电截至电压

D．在较低的温度下，电池的可用容量增加

3．各种类型的电池热管理系统中成本较低的类型是（　　）。

A．空气冷却式电池热管理系统

B．液体冷却式电池热管理系统

C．相变材料冷却式电池热管理系统

D．热电偶冷却式电池热管理系统

（四）简答题

1．简述电池热管理系统的功能。

2．简述电池热管理系统的工作原理。

二、实操部分：实训 1　电池热管理系统检测

（一）作业工单

电池热管理系统检测

姓名：　　班级：　　考号：　　总分：100 分　　得分：

<table>
<tr><th>项目</th><th colspan="2">检查内容</th><th>检查结果</th><th>处理措施</th></tr>
<tr><td rowspan="7">安全检查</td><td rowspan="4">人员防护装备</td><td>绝缘手套</td><td>□正常，□缺失，□破损</td><td>□补充，□更换</td></tr>
<tr><td>绝缘鞋</td><td>□正常，□缺失，□破损</td><td>□补充，□更换</td></tr>
<tr><td>护目镜</td><td>□正常，□缺失，□破损</td><td>□补充，□更换</td></tr>
<tr><td>安全帽</td><td>□正常，□缺失，□破损</td><td>□补充，□更换</td></tr>
<tr><td colspan="2">绝缘工具套装</td><td>□正常，□缺失，□破损</td><td>□补充，□更换</td></tr>
<tr><td colspan="2">高压危险指示牌</td><td>□正常，□缺失，□破损</td><td>□补充，□更换</td></tr>
<tr><td colspan="2">维修开关</td><td>□不需要拆卸，□已拆卸</td><td>□已放至指定位置放置保管</td></tr>
<tr><td rowspan="4">电池热管理系统在线检测</td><td colspan="2">主要操作步骤</td><td colspan="2">记录</td></tr>
<tr><td colspan="2">车辆电源所处挡位</td><td colspan="2"></td></tr>
<tr><td colspan="2">打开诊断仪，进入“电池管理器”界面</td><td colspan="2">进入界面该界面需依次点击的菜单是：________</td></tr>
<tr><td colspan="2">读取电池管理系统相关故障码</td><td colspan="2">读取到的故障码是：________</td></tr>
</table>

（续表）

项目	检查内容	检查结果		处理措施
		______________________		
	清除故障码后再次读取故障码	读取到的故障码是：______________________ ______________________		
	读取电池管理系统数据流	名称	当前值	结果判定
		电池电压		□正常 □异常
		电流		□正常 □异常
		绝缘		□正常 □异常
		温度		□正常 □异常
电池热管理系统基本检查	检查内容	检查结果		处理措施
	冷却液壶中冷却液液位	□正常，□异常		□维修，□更换
	冷却系统相关管路	□正常，□破损		□维修，□更换
	冷却水泵及连接管路	□正常，□破损，□泄露		□维修，□更换
冷却液冰点测试	检测内容	检查结果	标准值	处理措施
	冰点测试仪校准		0℃	□维修，□更换
	冷却液的冰点		−25℃	□维修，□更换
冷却循环系统压力测试	检查内容	检查结果		处理措施
	保压检验	□指针未回落，□指针回落		□维修，□更换
	冷却循环系统压力测试	□指针未回落，□指针回落		□维修，□更换

（二）考核评价

电池热管理系统检测

姓名：　　　　班级：　　　　考号：　　　　总分：100 分　　　　得分：

评分项目	考核内容及配分	评分标准	配分	得分
前期准备与整理归位	1.7S 管理 □1.1 整理、整顿（1 分） □1.2 清扫、清洁（1 分） □1.3 安全、素养、节约（3 分）	未做不得分；不按照规范做，扣赋分的一半	5	
	2.实训准备 □2.1 规范穿戴工作服，做好个人防护（2 分）	未做不得分；不按照规范做，扣赋分的一半	2	
	3.安全检查 □3.1 绝缘手套检查（1 分）	未做不得分；不按照规范	8	

（续表）

评分项目	考核内容及配分	评分标准	配分	得分
	□3.2 绝缘鞋检查（1 分） □3.3 护目镜检查（1 分） □3.4 安全帽检查（1 分） □3.5 绝缘工具套装检查（1 分） □3.6 高压危险指示牌放置的检查（1 分） □3.7 拆卸维修开关（1 分） □3.8 维修开关放置及保管（1 分）	做，扣赋分的一半		
电池管理系统在线检测	1. 诊断仪准备与连接（5 分） 2. 进入“电池管理器”界面（5 分） 3. 首次读取电池管理系统相关故障码 □3.1 记录诊断仪读到的故障码（5 分） 4. 清除故障码（5 分） 5. 再次读取电池管理系统相关故障码 □5.1 记录诊断仪读到的故障码（5 分） 6. 读取电池管理系统数据流 □1.1 记录数据值（5 分） □1.2 根据数据给出结果判定（5 分）	未做不得分；不按照规范做，扣赋分的一半	35	
电池热管理系统基本检查	1. 电池热管理系统基本检查 □1.1 检查冷却液壶中冷却液液位（5 分） □1.2 检查冷却系统相关管路（5 分） □1.3 检查冷却水泵及连接管路（5 分）	未做不得分；不按照规范做，扣赋分的一半	15	
冷却液冰点测试	1. 冷却液冰点测试 □1.1 冰点测试仪使用规范（5 分） □1.2 冰点测试仪校准（5 分） □1.3 冷却液冰点检测（5 分）	未做不得分；不按照规范做，扣赋分的一半	15	
冷却循环系统压力测试	1. 冷却液冰点测试 □1.1 手压泵使用规范（5 分） □1.2 保压检验（5 分） □1.3 冷却循环系统压力测试（5 分）	未做不得分；不按照规范做，扣赋分的一半	15	
工单填写	1.能正确填写作业表，记录维修信息 □2.1 能根据操作正确记录工单（1 分） □2.2 能正确记录检测步骤及检测数据（2 分） □2.3 能正确判定检测结果（2 分）	不记录不得分；不能规范记录得赋分的一半	5	

任务 4.3　动力电池管理系统故障的检测与维修

一、理论部分：

（一）填空题

1. 动力电池管理系统是新能源汽车中负责________、________和________动力电池的关键系统。

2. 常见的动力电池管理系统故障类型有：____________、______________、____________、______________、______________、______________。

3. 高压互锁系统的故障会导致车辆__________或__________。

4. 电池状态监测错误会导致电池管理系统误判电池状态，从而影响充电过程，导致电池出现__________的故障。

5. 对动力电池管理系统进行故障诊断时故障代码无法读取，问题可能在于__________或______________。

（二）判断题

1. 电池管理系统与其他车载控制器之间通信与否并不影响电池管理系统的正常工作。（　　）

2. 高压互锁系统出现故障，可能导致车辆无法上高压电。（　　）

3. 当动力电池管理系统的保护功能被触发后，系统会切断通信电路。（　　）

4. 接触器在动力电池管理系统中负责将高压电池与车辆驱动系统连接或断开。（　　）

5. 电池管理器供电异常可能导致整个动力电池管理系统无法正常工作。（　　）

（三）选择题

1. 高压互锁故障可能的原因不包括（　　）。

A. 高压互锁回路断开　　B. 维修开关故障

C. 高压互锁系统中的线束故障　　D. 车载充电器故障

2. 热管理系统故障可能的原因不包括（　　）。

A. 温度传感器损坏　　B. 冷却系统泄漏

C. 冷却泵故障　　D. 加热器故障

3. 动力电池的保护功能不包括（　　）。

A. 低温保护　　B. 过温保护

C. 过压保护　　D. 过流保护

（四）简答题

1. 分析可能导致电动汽车“不上电”故障的原因。

____

____

____

2. 分析可能导致电动汽车“不充电”故障的原因。

____

____

____

3. 简述动力电池管理系统故障诊断流程。

____

____

____

二、实操部分：实训 1　交流充电互锁电路故障诊断（比亚迪秦 EV）

（一）作业工单

交流充电互锁电路故障诊断（比亚迪秦 EV）

姓名：　　班级：　　考号：　　总分：100 分　　得分：

车辆信息	车辆型号	
	车辆识别码	

项目	检查内容		检查结果	处理措施
安全检查	人员防护装备	绝缘手套	□正常，□缺失，□破损	□补充，□更换
		绝缘鞋	□正常，□缺失，□破损	□补充，□更换
		护目镜	□正常，□缺失，□破损	□补充，□更换
		安全帽	□正常，□缺失，□破损	□补充，□更换
	绝缘工具套装		□正常，□缺失，□破损	□补充，□更换
	高压危险指示牌		□正常，□缺失，□破损	□补充，□更换
	维修开关		□不需要拆卸，□已拆卸	□已放至指定位置放置保管
故障现象确认	主要操作		故障现象	
	打开车辆启动开关			

（续表）

<table>
<tr><th>项目</th><th colspan="2">检查内容</th><th colspan="2">检查结果</th><th>处理措施</th></tr>
<tr><td></td><td colspan="2"></td><td colspan="3"></td></tr>
<tr><td rowspan="11">初步判定
故障范围</td><td colspan="2">主要操作</td><td>故障码</td><td colspan="2">故障码定义</td></tr>
<tr><td colspan="2" rowspan="5">使用故障诊断仪读取故障码</td><td></td><td colspan="2"></td></tr>
<tr><td></td><td colspan="2"></td></tr>
<tr><td></td><td colspan="2"></td></tr>
<tr><td></td><td colspan="2"></td></tr>
<tr><td></td><td colspan="2"></td></tr>
<tr><td colspan="2" rowspan="5">读取数据流
（记录异常的数据流）</td><td>名称</td><td>当前值</td><td>结果判定</td></tr>
<tr><td></td><td></td><td>□正常 □异常</td></tr>
<tr><td></td><td></td><td>□正常 □异常</td></tr>
<tr><td></td><td></td><td>□正常 □异常</td></tr>
<tr><td></td><td></td><td>□正常 □异常</td></tr>
<tr><td rowspan="4">故障分析</td><td colspan="5">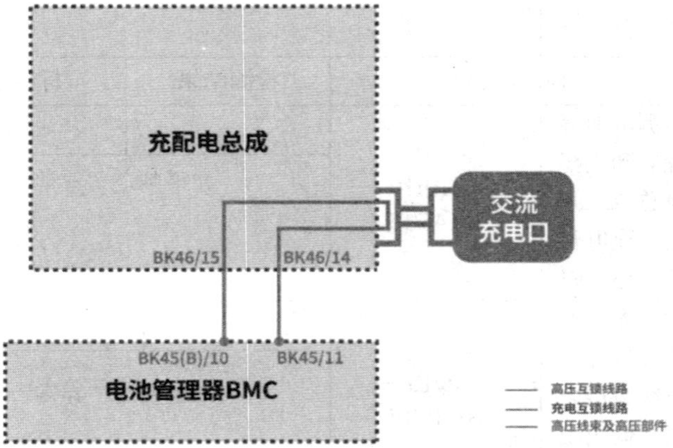
</td></tr>
<tr><td colspan="2">可能原因</td><td colspan="3">该故障原因可检测到的现象</td></tr>
<tr><td colspan="2">电池管理器或相关交流充电互锁线路故障</td><td colspan="3"></td></tr>
<tr><td colspan="2">充配电总成或相关交流充电互锁线路故障</td><td colspan="3"></td></tr>
<tr><td>故障诊断
与排除的
流程</td><td colspan="5">使用流程图画出故障排查的流程图</td></tr>
<tr><td rowspan="3">检测电池
管理器
BMC 及</td><td colspan="2">检测内容</td><td colspan="2">波形图</td><td>结果判定</td></tr>
<tr><td rowspan="2">读取电池管理器输出的</td><td rowspan="2">BK45(B)/10 —
蓄电池负极</td><td colspan="2"></td><td>□正常 □异常</td></tr>
<tr><td colspan="3">如果判定“异常”，则其后续操作是：</td></tr>
</table>

（续表）

<table>
<tr><th>项目</th><th colspan="2">检查内容</th><th colspan="2">检查结果</th><th>处理措施</th></tr>
<tr><td rowspan="3">相关交流充电互锁线路</td><td>交流充电互锁信号波形</td><td></td><td colspan="3"></td></tr>
<tr><td rowspan="2">读取电池管理器输入的交流充电互锁信号波形</td><td rowspan="2">BK45(B)/11 — 蓄电池负极</td><td colspan="2"></td><td>□正常 □异常</td></tr>
<tr><td colspan="3">如果判定“异常”，则其后续操作是：</td></tr>
<tr><td rowspan="12">检测充配电总成及相关交流充电互锁线路</td><td colspan="2">检测内容</td><td colspan="2">波形图</td><td>结果判定</td></tr>
<tr><td rowspan="2">读取充配电总成输入的交流充电互锁信号波形</td><td rowspan="2">BK46/15 — 蓄电池负极</td><td colspan="2"></td><td>□正常 □异常</td></tr>
<tr><td colspan="3">如果判定“异常”，则其后续操作是：</td></tr>
<tr><td rowspan="2">读取充配电总成输出的交流充电互锁信号波形</td><td rowspan="2">BK46/14 — 蓄电池负极</td><td colspan="2"></td><td>□正常 □异常</td></tr>
<tr><td colspan="3">如果判定“异常”，则其后续操作是：</td></tr>
<tr><td colspan="2">检测内容</td><td>检测结果</td><td>标准值</td><td>结果判定</td></tr>
<tr><td rowspan="2">检测电池管理器到充配电总成之间交流充电互锁线路电阻</td><td rowspan="2">BK45(B)/10 — BK46/15</td><td></td><td><1Ω</td><td>□正常 □异常</td></tr>
<tr><td colspan="3">如果判定“异常”，则该故障点可能是：</td></tr>
<tr><td rowspan="2">检测充配电总成内部高压线束接插器及低压线路电阻</td><td rowspan="2">BK46/15 — BK46/14</td><td></td><td><1Ω</td><td>□正常 □异常</td></tr>
<tr><td colspan="3">如果判定“异常”，则该故障点可能是：</td></tr>
<tr><td rowspan="2">检测充配电总成到电池管理器之间交流充电互锁低压线路电阻</td><td rowspan="2">BK46/14 — BK45(B)/11</td><td></td><td><1Ω</td><td>□正常 □异常</td></tr>
<tr><td colspan="3">如果判定“异常”，则该故障点可能是：</td></tr>
<tr><td rowspan="3">整车复检</td><td colspan="2">主要操作</td><td colspan="3">检查结果</td></tr>
<tr><td colspan="2">使用故障诊断仪读取故障码</td><td colspan="3"></td></tr>
<tr><td colspan="2">试车检验</td><td colspan="3">动力电池故障警告灯 □亮 □不亮
交流充电 □正常充电 □不能充电</td></tr>
</table>

（二）考核评价

电池管理系统故障诊断与检测

姓名：　　　　班级：　　　　考号：　　　　总分：100 分　　　　得分：

评分项目	考核内容及配分	评分标准	配分	得分
前期准备与整理归位	1.7S 管理 □1.1 整理、整顿（1 分） □1.2 清扫、清洁（1 分） □1.3 安全、素养、节约（3 分）	未做不得分；不按照规范做，扣赋分的一半	5	
	2.实训准备 □2.1 规范穿戴工作服，做好个人防护（2 分）	未做不得分；不按照规范做，扣赋分的一半	2	
	3.安全检查 □3.1 绝缘手套检查（1 分） □3.2 绝缘鞋检查（1 分） □3.3 护目镜检查（1 分） □3.4 安全帽检查（1 分） □3.5 绝缘工具套装检查（1 分） □3.6 高压危险指示牌放置的检查（1 分） □3.7 拆卸维修开关（1 分） □3.8 维修开关放置及保管（1 分）	未做不得分；不按照规范做，扣赋分的一半	8	
故障现象确认	□1.1 故障现象确认（5 分）	未做不得分；不按照规范做，扣赋分的一半	5	
初步判定故障范围	□1.1 使用故障诊断仪读取故障码（3 分） □1.2 查阅资料解析故障码定义（3 分） □1.3 读取异常的数据流（3 分）	未做不得分；不按照规范做，扣赋分的一半	9	
故障分析	□1.1 结合分析的故障原因正确分析可检测的故障现象（10 分）	未做不得分；不按照规范做，扣赋分的一半	10	
故障诊断与排除的流程	□1.1 正确画出故障诊断与排除的流程图（10 分）	未做不得分；不按照规范做，扣赋分的一半	10	
检测电池管理器 BMC 及相关交流充电互锁线路	1. 读取电池管理器输出的交流充电互锁信号波形 □1.1 记录波形图（2 分） □1.2 结合波形图正确判定检测结果（2 分） □1.3 分析波形若判定“异常”的后需操作（2 分）	未做不得分；不按照规范做，扣赋分的一半	12	

（续表）

评分项目	考核内容及配分	评分标准	配分	得分
	2．读取电池管理器输入的交流充电互锁信号波形 □2.1 记录波形图（2 分） □2.2 结合波形图正确判定检测结果（2 分） □2.3 分析波形若判定“异常”的后需操作（2 分）			
检测充配电总成及相关交流充电互锁线路	1．读取充配电总成输入的交流充电互锁信号波形 □1.1 记录波形图（2 分） □1.2 结合波形图正确判定检测结果（2 分） □1.3 分析波形若判定“异常”的后需操作（2 分） 2．读取充配电总成输出的交流充电互锁信号波形 □2.1 记录波形图（2 分） □2.2 结合波形图正确判定检测结果（2 分） □2.3 分析波形若判定“异常”的后需操作（2 分） 3．检测电池管理器到充配电总成之间交流充电互锁线路电阻 □3.1 记录检测数据（2 分） □3.2 正确列出判定“异常”之后的后续操作（2 分） 4．检测充配电总成内部高压线束接插器及低压线路电阻 □4.1 记录检测数据（2 分） □4.2 正确列出判定“异常”之后的后续操作（2 分） 5．检测充配电总成到电池管理器之间交流充电互锁低压线路电阻 □5.1 记录检测数据（2 分） □5.2 正确列出判定“异常”之后的后续操作（2 分）	未做不得分；不按照规范做，扣赋分的一半	24	
整车复检	□1.1 使用故障诊断仪读取故障码（5 分） □1.2 试车检验结果记录（5 分）	未做不得分；不按照规范做，扣赋分的一半	10	
工单填写	1.能正确填写作业表，记录维修信息 □1.1 能根据操作正确记录工单（1 分） □1.2 能正确记录检测步骤及检测数据（2 分） □1.3 能正确判定检测结果（2 分）	不记录不得分；不能规范记录得赋分的一半	5	

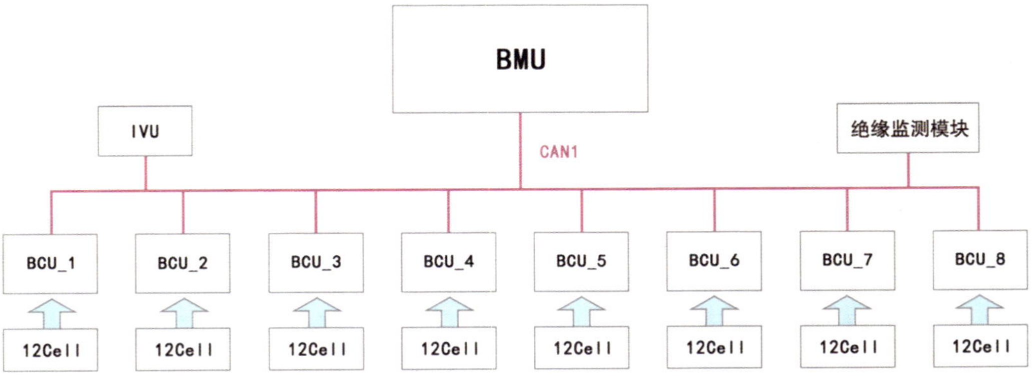

图 1-2-5　常见的分布式电池管理系统架构

在分布式电池管理系统中，电池模组与采集模块是模块级管理，它们的连接有两种形式，一种是一个采集板与一个电池模组连接，每个采集板只需要管理一个电池模组，如图1-2-6所示；另一种是一个采集板与多个电池模组连接，每个采集板管理多个电池模组，如图1-2-7所示。

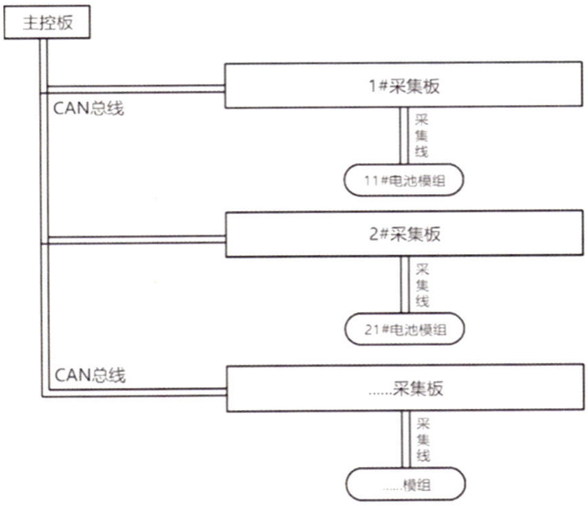

图 1-2-6　一个采集板管理一个电池模组

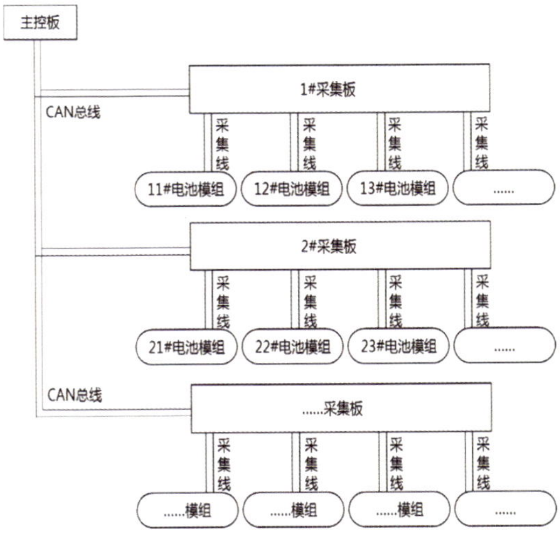

图 1-2-7　一个采集板管理多个电池模组

2. 集中式管理系统

集中式管理系统将采集板的信息采集和主控板（即主控模块）的功能集成在一个板上，即将所有的单体电压采集、温度监测、总电压监测、电流监测、绝缘监测的功能都集成在一起，其系统架构如图1-2-8所示。

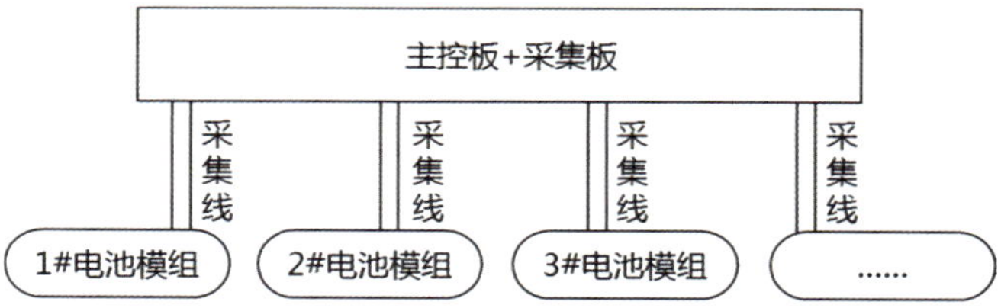

图 1-2-8 集中式管理系统架构

这种管理系统实质上是将多个采集板和主控板（即主控制模块）都集成在一个总控制盒内部，一般包括主控制模块、总电压采集模块、继电器控制模块等，如图1-2-9所示。

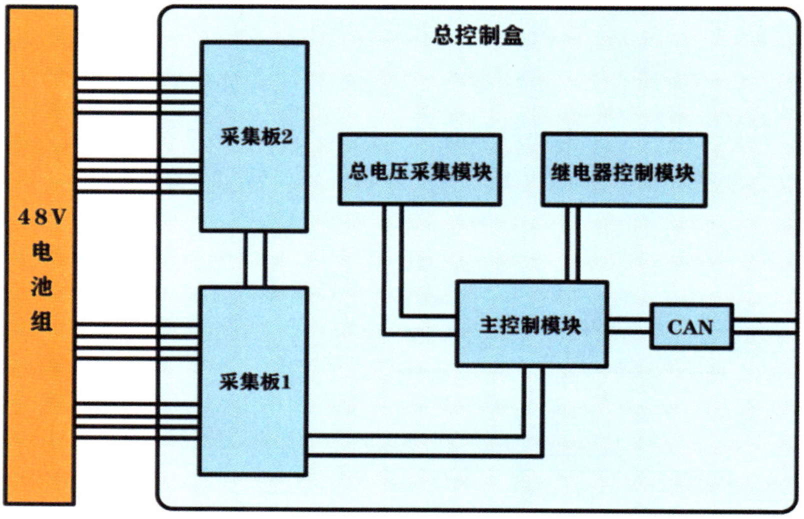

图 1-2-9 集中式管理系统总控制盒示意图

（四）动力电池管理系统组成

电池管理系统主要由电池管理单元（Battery Management Unit，BMU）、电池信息采集装置（Cell Supervision Circuit，CSC）和信息采样线等组成，除此之外还有监测电池温度、电流等信息的温度传感器和电流传感器。

1. 电池管理单元

电池管理单元，也称为电池管理器（BMC），相当于电池管理系统的主控板或主控单元，如图1-2-10所示。其功能简单来讲，就是进行电池电压、温度检测，并根据检测到的信息进行分析处理，输出相应的控制指令，控制电池进行充电和放电工作。在电池工作过程中，BMU实时向BMS提供电压、温度、监控报警信号，并在必要时自动均衡单体电池。

图 1-2-10　电池管理单元（BMU）实物图

电池管理单元（BMU）作为电池管理系统的核心，其主要由电池采样管理单元、主机处理器（CPU）、输出电路（端口）、电源电路和通信电路组成，如图1-2-11所示。

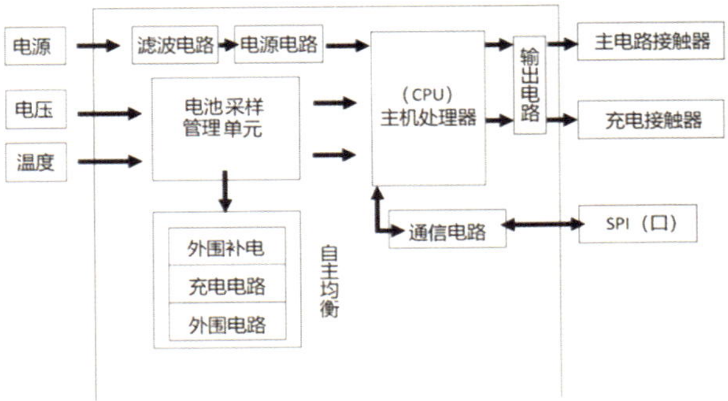

图 1-2-11　电池管理单元（BMU）组成

2．电池信息采集装置

电池信息采集装置（CSC），又称为电池采集单元，也称为采集板，可以采集单体电池电压和电池模组温度等信号，检测采样线状况，将采集的信号送给电池管理单元（BMU），并根据实际情况进行电池均衡。

3．电池采样线

电池采样线是电压采样点和温度传感器到电池信息采集装置（CSC）之间的连接线，主要用于将采集到的温度、电压信号送给电池信息采集装置（CSC），如图1-2-12所示。

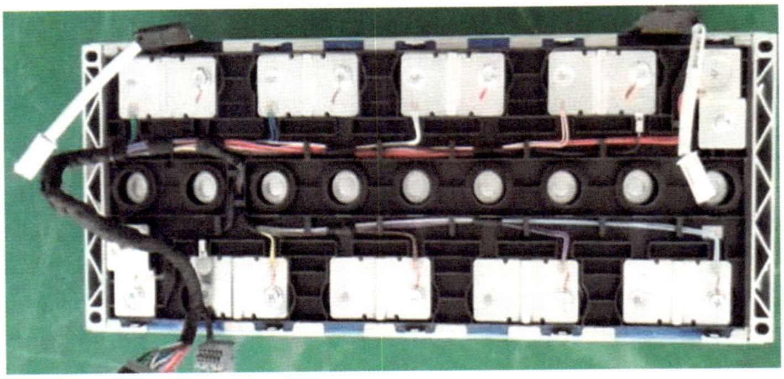

图 1-2-12　电池采样线

（五）电池管理系统控制原理

电池管理系统的控制主要包含BMS保护控制，BMS上电、下电控制，以及应急故障控制。

1. BMS保护控制

电池管理系统（BMS）的监测系统，能够实时监测锂电池的状态，而控制系统需要根据锂电池的状态，在需要的时候对动力电池的工作进行干预，比如断开或闭合充电、放电回路的MOS管。

（1）过充与过放保护控制。

当电池充电电压超过截止充电电压或放电电压低于截止放电电压时，BMS会断开充电、放电回路，避免电池损坏和安全问题。

（2）过流保护控制。

当电池电流过大时，BMS会判断是否超过安全范围，如果超过，则采取措施保护电池，避免过度损耗和安全事故。

（3）过温保护控制。

BMS会监测电池温度，如果超过高温限制或低于低温限制，BMS会禁止充电、放电，以保护电池系统的安全和性能。

2. BMS上电、下电控制

（1）BMS控制车辆上电。

BMS控制车辆上电的本质是按照规定流程控制电机控制器、电池管理系统等部件的供电，预充继电器、主正继电器的吸合和断开时间。BMS上电、下电控制示意图如图1-2-13所示。

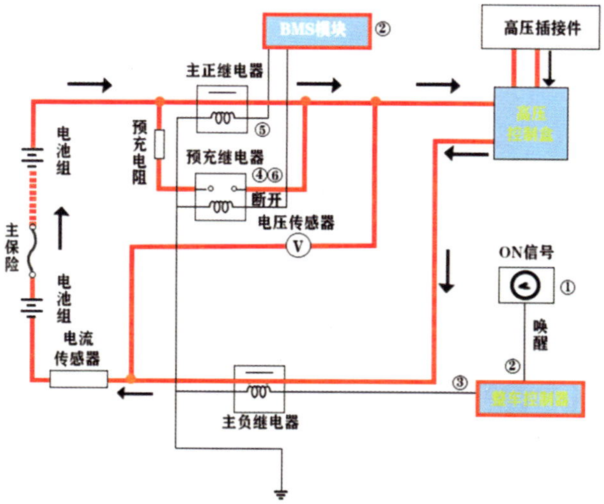

BMS 上下电控制

图 1-2-13　BMS 上电、下电控制示意图

（2）BMS控制车辆下电。

BMS控制车辆下电，实质上是BMS控制主正继电器和主负继电器断开，动力电池高压电路断开和低压电路断开的过程。

3. 应急故障控制

车辆运行过程中，当发生重大安全事故（如严重碰撞）或致命故障时，整车功能和性能受影响，限制功率立即降为0，电池管理系统（BMS）立即断开继电器，故障零部件记录故障码，ICU点亮系统故障灯和相关零部件故障指示灯。

四、任务实施

实训1　电池管理系统认知

（一）任务准备

1. 操作规范

操作人员按要求佩戴个人防护用品，规范操作。

2. 实训准备

（1）实训分组。

分组进行实训，完成“电池管理系统认知”任务。

（2）工具准备。

数字万用表、兆欧表、绝缘防护用品、绝缘工具套装、常规工具套装、道通MS908汽车智能诊断仪。

（3）设备准备。

比亚迪秦E5拆解台架。

（4）车辆防护用品。

车内三件套、车外三件套、底盘垫块、车轮挡块。

（5）人员防护用品。

绝缘手套、绝缘鞋、护目镜、安全帽。

（6）辅助资料。

比亚迪秦E5动力电池包台架使用手册、道通MS908汽车智能诊断仪使用说明书、教材、实训工作页。

（二）任务实施

部 件	安装位置	作用
 动力电池控制管理器	安装在前机舱内高压电控后部	控制管理器是BMS的核心部件，负责监测电池组的状态和控制电池的充电、放电过程
 电池信息采集器	安装在动力电池包的内部	电池信息采集器负责电池电压采样、温度采样、电池均衡、采样线异常监测等，并将这些信息传输给控制器
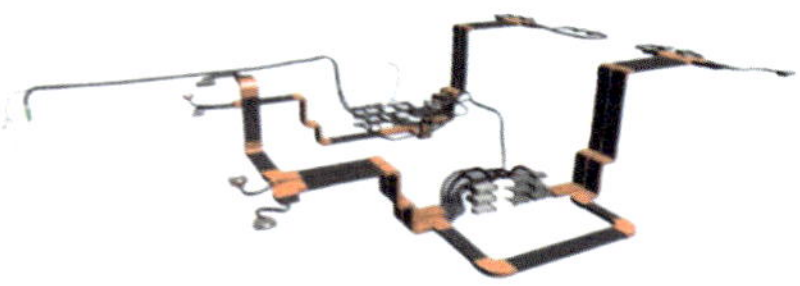 电池采样线	安装在动力电池包的内部	电池采样线负责连接电池管理控制器、电池信息采集器
 电流传感器	电流传感器通常安装在电池组的正、负极之间	电流传感器负责监测电池组的充电、放电电流，并将这些信息传输给控制器
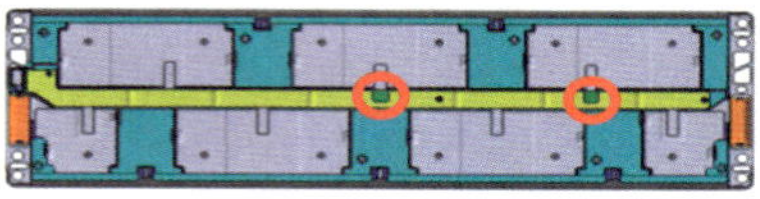 温度传感器	温度传感器通常安装在电池组内部	温度传感器负责监测电池组的温度，并将这些信息传输给控制器

（续表）

部　件	安装位置	作用
 正极继电器	正极继电器位于电池正极端子和逆变器之间	控制电路的开闭，实现电源的连接和断开
 负极继电器	负极继电器位于电池负极端子和逆变器之间	控制电路的开闭，实现电源的连接和断开
 预充继电器	安装在动力电池组与变频器之间电路的正极侧	电机预充电，从而使电机在启动时能够获得足够的电流，避免由于过大的启动电流而对电机造成损坏
 预充电阻	电机控制器预充回路、高压附件预充回路	实现电阻限流

项目二　动力电池包的组成结构与检测

任务 2.1　动力电池包的组成和原理

一、任务导入

某中职院校新能源汽车技术专业的学生，通过动力电池基本知识的学习，了解到应用新能源汽车的动力电池有多种类型，如锂离子动力电池、铅酸动力电池等。现班级同学要开始学习动力电池的基本组成与基本原理，老师提出两个问题：一是各种类型动力电池的基本组成是否相同？二是各种类型动力电池的基本原理是否相同？要求班级同学通过动力电池的基本组成与基本原理的学习，整理出动力电池的基本组成和基本原理等相关知识。

二、任务目标

知识目标：

1．了解锂离子动力电池的分类。
2．理解三元锂电池的组成和原理。
3．掌握动力电池包的基本组成。
4．理解动力电池包的形成过程。
5．掌握动力电池包的基本原理。

技能目标：

1．能够正确完成动力电池的电池模组、单体电池的检测。
2．能够完成动力电池的高压继电器的检测。
3．能够正确使用上位机对动力电池进行检测。

素质目标：

1．通过制定工作计划，培养学生主动沟通、团队协作的工作意识。

2．通过规范进行电池模组、单体电池和高压继电器的检测，提高学生的动手操作能力，树立崇尚劳动的意识，进而培养学生的工匠精神。

3．通过规范进行电池模组、单体电池和高压继电器的检测，养成学生求真务实、精益求精、认真严谨的工作习惯，培养其安全第一、生命至上的工作精神。

三、知识链接

常见的动力电池有铅酸电池、镍氢电池、锂离子电池、燃料电池等。动力电池的最小单元为单体电池，是直接将化学能转化成电能的基本装置。这里通过介绍单体电池的组成和原理学习各类电池的相关知识。

（一）锂离子动力电池的基本组成与基本原理

锂离子电池是指以锂合金金属氧化物为正极材料，石墨为负极材料，工作时锂离子能可逆地在正、负极之间嵌入与脱嵌的二次电池。这种电池中没有金属锂存在，只有锂离子，具有工作电压高、比容量大、循环寿命长、无记忆效应、无环境污染等特点，因此在电动工具、电动自行车、混合动力汽车、纯电动汽车、区域电子综合信息系统、卫星及航天等地面与空间军事领域得到广泛应用。

1．锂离子动力电池类型

锂离子动力电池根据不同的分类标准，分为不同的类型，常见的分类标准具体如下。

（1）根据电池所用电解质材料不同分类。

根据锂离子电池所用电解质材料不同，可以分为液态锂离子电池和聚合物锂离子电池两大类。液态锂离子电池使用液体电解质，有圆形和方形两种；聚合物锂离子电池则以固体聚合物作为电解质。

（2）根据电池正极所用材料不同分类。

根据锂离子电池正极所用材料不同，可以分为磷酸铁锂电池、锰酸锂电池、三元锂离子电池等。

① 磷酸铁锂电池。

磷酸铁锂电池具有良好的安全性和环保性，循环寿命可达2000次以上，理论寿命达到7～8年。该电池工作温度范围宽广（–20℃～+75℃），具有耐高温的特性，且无记忆效应。磷酸铁锂电池也存在缺点：例如，低温性能差、正极材料振实密度小，等容量的磷酸铁锂电池的体积要大于钴酸锂等锂离子电池，因此在微型电池方面不具有优势，如图2-1-1所示。

② 锰酸锂电池。

锰酸锂电池即指正极使用锰酸锂材料的电池。锰酸锂是以EMD和碳酸锂配合相应的添加物，经过混料、烧结等步骤生产而成的。锰酸锂电池的优点是耐低温、倍率性能好、制备较容易；缺点是材料本身不稳定，需配以其他材料混合使用，高温性能差、循环性能差、衰减快，如图2-1-2所示。

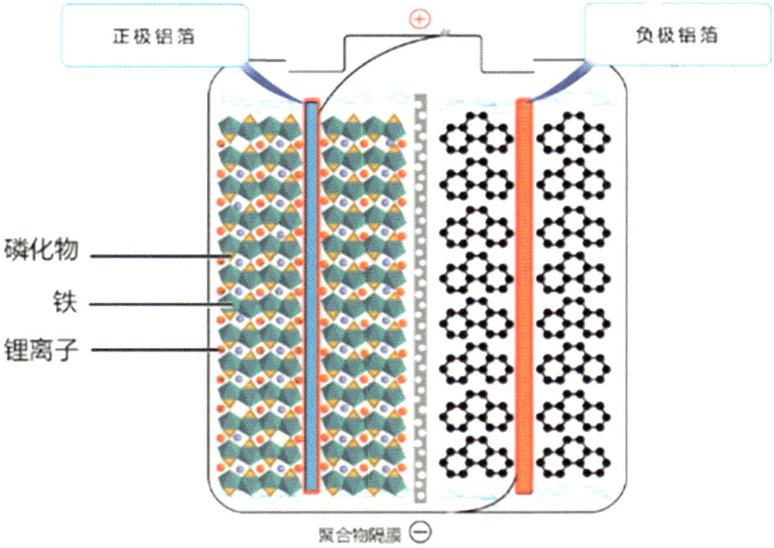

磷酸铁锂电池
工作原理

图2-1-1　磷酸铁锂电池

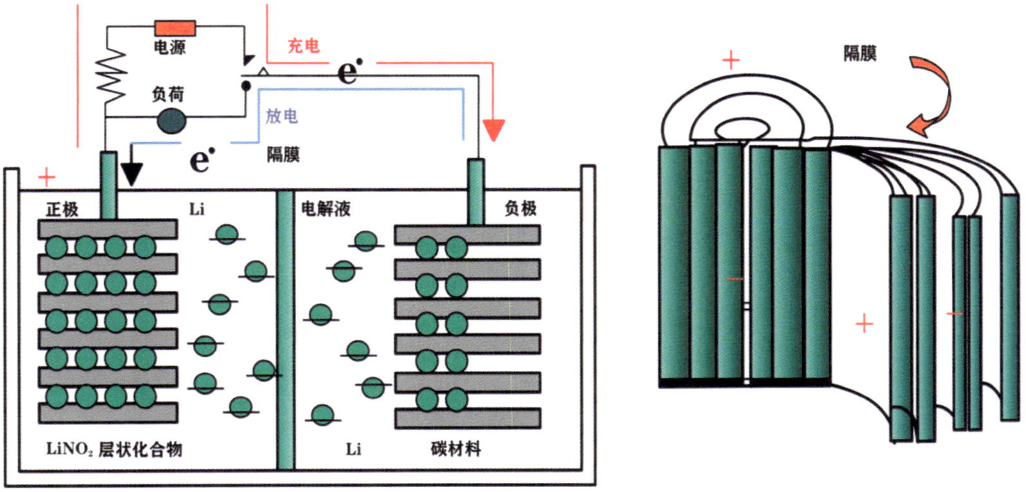

图2-1-2　锰酸锂电池

③ 三元锂离子电池。

三元锂离子电池是指正极材料使用镍钴锰酸锂或者镍钴铝酸锂的三元材料的锂电池。三元锂离子电池因具有综合性能和成本的双重优势日益被行业所关注和认同，逐步超越磷酸铁锂电池和锰酸锂电池成为锂离子电池发展的主流产品，如图2-1-3所示。

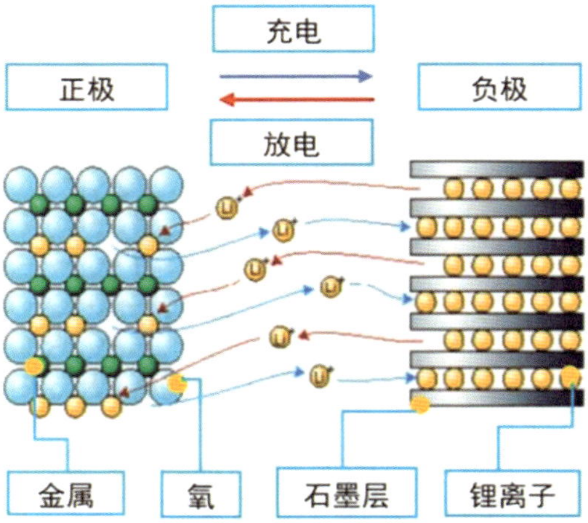

图2-1-3　三元锂离子电池

（3）根据电池负极所用材料不同分类。

锂离子电池负极材料应该能够容纳大量的锂离子Li^+，具有较高的离子电导率和电子电导率，以及良好的稳定性等。根据锂离子电池负极材料的不同，锂离子电池可分为嵌入型负极材料锂离子电池、合金化型负极材料锂离子电池、转化型负极材料锂离子电池和钛酸锂型负极材料锂离子电池四种。

2. 锂离子动力电池的基本组成与原理

锂离子动力电池的单体电池根据结构不同有方形电池和圆柱形电池，每种结构形式的单体电池都是主要由正极、负极、电解质、隔膜和壳体等部件组成的，根据生产要求和项目具体的需求不同，单体电池还有安全排气阀、绝缘层、密封圈和顶部盖板（简称顶盖）等部件，如图2-1-4所示。

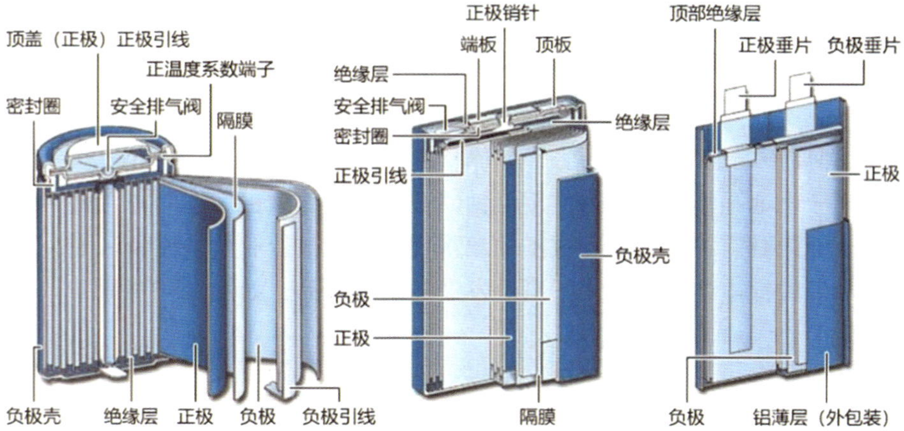

图2-1-4　锂离子电池结构组成

（1）三元锂电池组成。

三元锂电池也称为三元聚合物锂电池，是指正极使用三元材料制造的锂电池。常见的三元锂电池是指正极材料使用镍钴锰酸锂Li(NiCoMn)O_2或镍钴铝酸锂Li(NiCoAl)O_2等三元正极材料的锂电池。

镍钴锰酸锂Li(NiCoMn)O_2三元锂电池的单体电池主要由正极、隔膜、负极、电解质、外壳等组成，如图2-1-5所示。

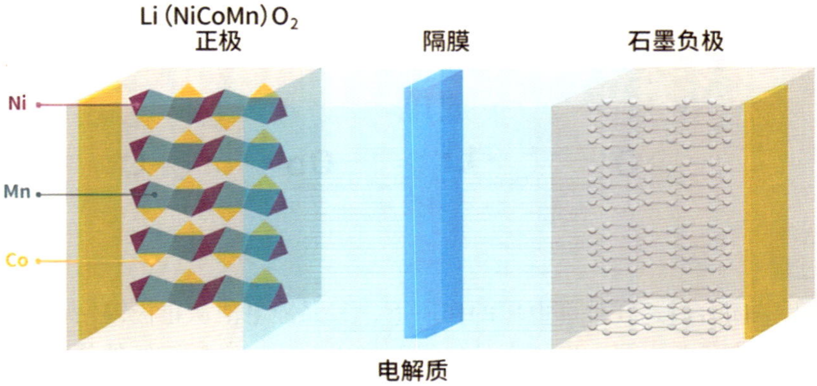

图2-1-5　镍钴锰酸锂Li(NiCoMn)O_2三元锂电池组成

a．正极。

镍钴锰酸锂Li(NiCoMn)O_2三元锂电池的正极材料为镍、钴、锰三种金属元素的聚合物，涂覆在铝箔上，三者缺一不可，每个元素都发挥着重要作用，同时每个元素的特点也制约着电池性能。

b．负极。

三元锂电池负极材料目前主要使用天然石墨材料或人造石墨材料，少量使用中间相碳微球、钛酸锂、软碳/硬碳、硅及其他负极材料。

c．隔膜。

隔膜是一层多孔的薄膜，它一方面要用来隔离正、负极以防止在发生电离反应时正、负极反应造成短路，另一方面又要能够使锂离子正常通过薄膜。隔膜性能、质量的好坏直接决定电池充电、放电效率、循环使用寿命、电池容量及安全性能。

d．电解质。

电解质也是锂离子电池的重要组成部分，在正、负极之间起着输送离子传导电流的作用，对电流的性能有很大影响。

e．电池外壳。

三元锂电池壳体作用是为了保护电池内部材料。材料是铝，其具有防爆、耐高温、耐腐蚀、表面处理性能良好、化学性能稳定、无磁性、可以重复回收利用等优点。

（2）三元锂电池工作原理。

在三元锂电池工作过程中，Li^+可逆地在两个电极之间反复嵌入与脱嵌，其具体工作过程如图2-1-6所示。

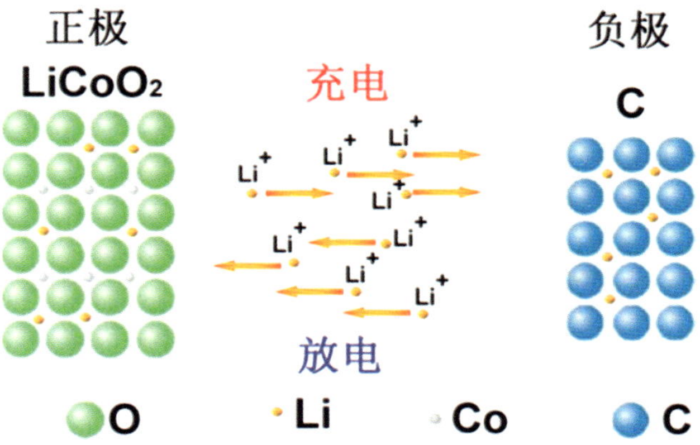

图2-1-6　三元锂电池充电、放电过程

a．充电过程。

充电电路开关闭合后，在外部电压的作用下，三元锂电池从正极镍钴锰酸锂的金属化合物中，分离出锂离子和电子。电子在外电场的作用下从正极板流经外部电路到达石墨负极。正极板内部的锂离子向正极板表面运动，进入电解液，并沿着电解液穿过隔膜，运动到负极，与从外电路过来的电子结合，形成局部电路中性，嵌入石墨负极间隙中。

在充电过程中，电流从外部电源正极，经三元锂电池内部，流向外部电源负极。正极失去电子发生氧化反应；负极得到电子发生还原反应。

正极上发生的反应为：

$Li(NiCoMn)O_2 \rightarrow Li_{1-x}(NiCoMn)O_2+xLi^++xe^-$

负极上发生的反应为：

$nC+ xLi^++xe^- \rightarrow Li_xC_n$

b．放电过程。

负载电路开关闭合后，在三元锂电池正、负极板电位差的作用下，电子和锂离子从石墨负极脱出，电子从石墨负极经过负载回到电池正极。锂离子从石墨负载板脱离进入电解液，穿过电解液移动到电池正极板，与电子结合，最终回到正极金属化合物的稳定结构中。

在放电过程中，电流从三元锂电池正极流出，经负载回到三元锂电池负极。负极失去电子发生氧化反应；正极得到电子发生还原反应。

正极上发生的反应为：

$Li_{1-x}(NiCoMn)O_2+xLi^++xe^- \rightarrow Li(NiCoMn)O_2$

负极上发生的反应为：

$Li_xCn \rightarrow nC+xLi^++xe^-$

（二）动力电池包基本组成

动力电池包是从外部获取存储电能，并对外输出电能的单元。在各类新能源汽车中都使用动力电池包，虽然各类新能源汽车上的动力电池包的大小、结构和形状不完全相同，但其组成基本相同。

动力电池包主要由单体电池或电池模组，电池组箱体，电池热管理组件，高压盒，高压、低压连接线束，电池管理系统组件等组成。其中，电池模组是由单体电池串并联而成的，其基本组成如图2-1-7所示。

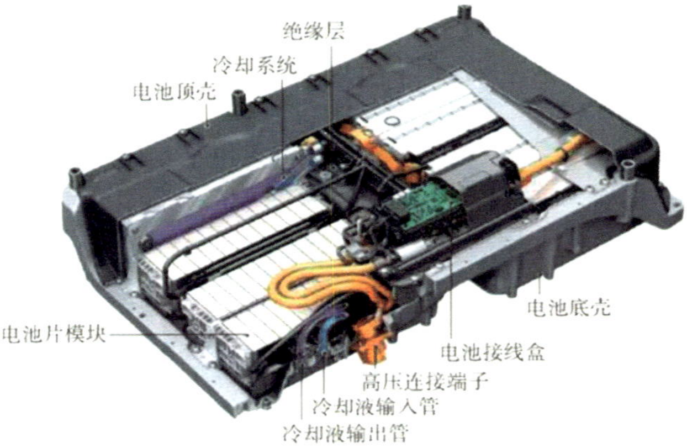

图2-1-7　电池模组基本组成

动力电池包的形成过程

1. 单体电池结构

单体电池，又称为“单体电芯”，是电池系统的最小储能单元，是一个基本的电化学的能源储存装置。构型方式有圆柱形、方形和软包三种，这三种构型都有各自的优势。在单体电池能量密度方面，理论上是软包电池最大，方形电池次之，圆柱形电池最小。

单体电池的外形虽不相同，但是其主要组成相同，都是由电极、电解质、隔膜和外壳组成的，如图2-1-8所示。

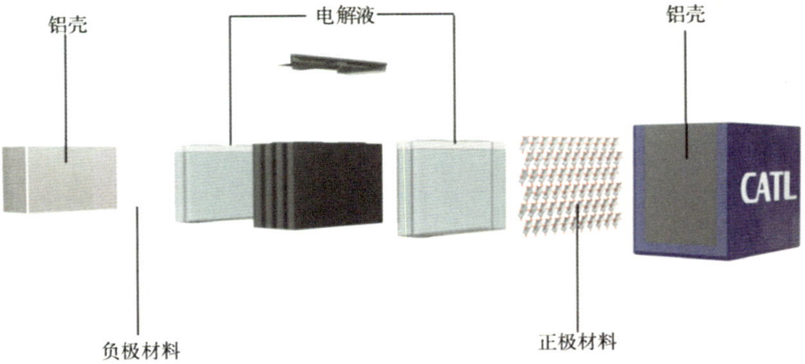

图2-1-8　单体电池结构

2. 电池模组

电池模组亦称为电池模块，是由几颗到数十颗电池单体经串联、并联所组成的组合体。电池模组是介于单体电池与电池包之间的中间单元。

（1）电池模组组成。

不同的电池模组组成并不完全相同，但主要部件是相同的。电池模组主要由单体电芯、电池采样线、电芯固定支架、铜排、壳体组成，如图2-1-9所示。

（2）电池模组组成方式。

电池模组由多个单体电池串联、并联而成，不同车型的电池模组的组成方式不同。

有部分车型中采用的电池模组组成方式是1p6S，即动力电池包内部的1个电池模组由6个单体电池串联组成，这种成组方式提高了电池模组的供电电压。

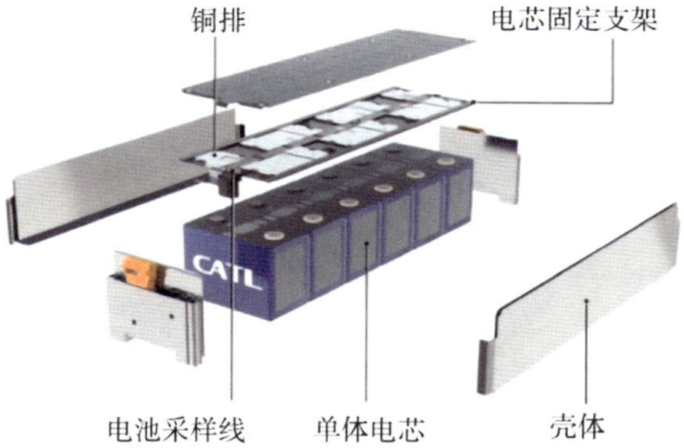

图2-1-9　电池模组组成

（3）动力电池包。

动力电池包是由若干电池模组、热管理系统、电池管理系统（BMS）、电气系统及结构件组成的。动力电池包的形成是指从单体电池到电池模组最后再到动力电池包，或是从单体电池到动力电池包的过程，如图2-1-10所示。

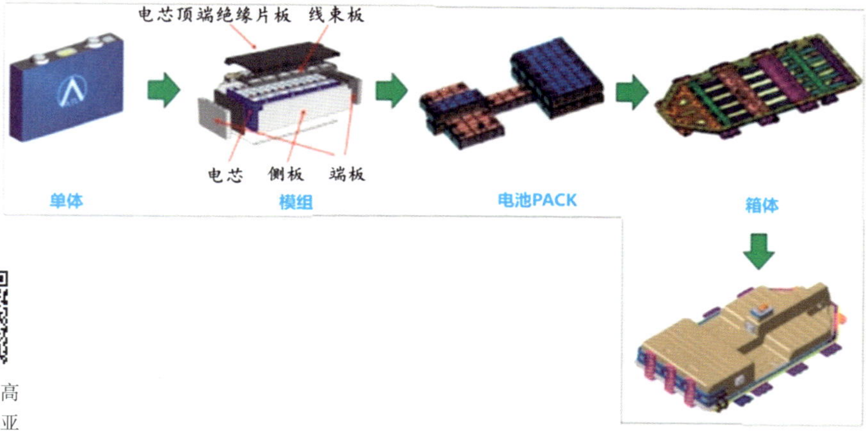

图2-1-10　动力电池包的形成过程

动力电池包高压形成（比亚迪 E5）

3. 动力电池组箱体

动力电池组箱体是动力电池组的载体，除了具有承载并保护动力电池组及其内部的电气元器件的作用，基于动力电池的特性还应该具有帮助电池通风散热、绝缘与防水的作用。

4. 电池热管理组件

动力电池包内部的热管理组件主要是动力电池散热板（用于冷却管理）。动力电池散热板大多使用铝合金材料，动力电池散热板之间的连接管路采用尼龙管并用快接头连接。动力电池散热板与电池模组之间还铺设导热硅胶垫。

5. 高压盒

动力电池包内的高压盒主要由高压继电器、电流传感器、预充电阻等组成，如图2-1-11所示。在动力电池包中，高压继电器根据电池管理单元（BMU）的指令控制动力电池包高压电路的接通与断开，从而控制动力电池的放电与充电；电流传感器在动力电池包工作过程中监测动力电池包的输入和输出电流；预充电阻主要起分压限流的作用，防止过大的充电电流损坏电芯或电气元器件。

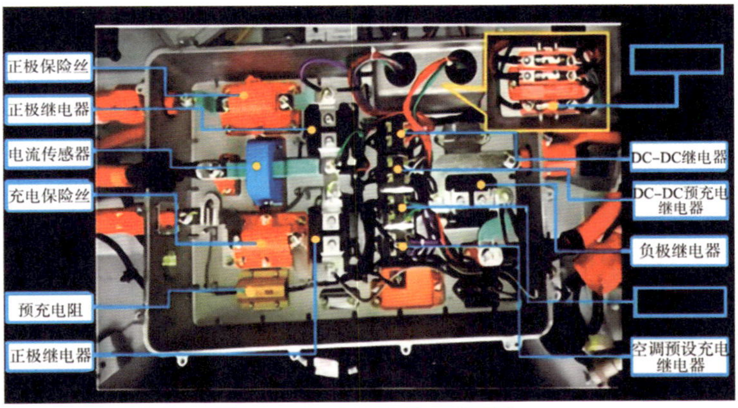

图2-1-11　比亚迪秦E6高压盒

6. 高压维修开关

高压维修开关是一种高压、大电流机械式开关，串接在整个动力电池系统内部，起到接通断开动力电池包内部高压电路的作用，高压维修开关总成包含插座、插头、密封件等附属件，如图2-1-12所示。

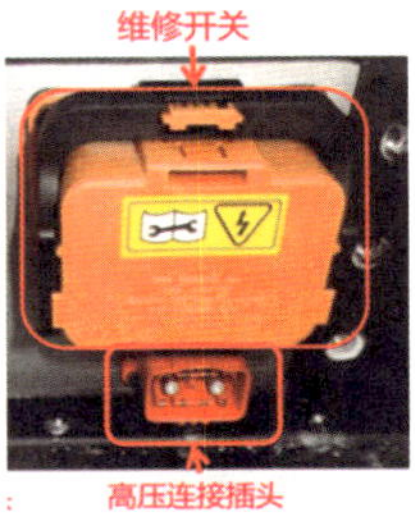

图2-1-12　高压维修开关

（四）动力电池包基本原理

动力电池包是具有从外部获取存储电能、对外输出电能，并为电动汽车提供所需高压电能的储能单元。这里主要介绍动力电池包高压电形成、供电和充电的原理。

1. 动力电池包高压电形成原理

由几十甚至几百个单体电池先经过串联、并联形成电池模组，再将形成的电池模组串联连接形成的动力电池包，在各个单体电池之间连接和电池模组之间的连接正常的情况下，这种电池包的总额定电压等于各电池模组之间电压之和，需要根据单体电池串联、并联关系求出电池模组额定电压之后，再求电池包总额定电压，即为：

$V_{模组额定电压}=V_{单体电池额定电压}\times N_{模组中的单体串联数}$

$V_{总额定电压}=V_{模组额定电压}\times N_{模组中的单体串联数}$

例如：动力电池由6个1p6s的电池模组组成，单体电压为3.2V，那么

电池模组的额定电压为：19.2V=3.2V × 6

动力电池包的总额定电压为：115.2V=19.2V × 6

2. 动力电池包供电原理

（1）当动力电池供电时，动力电池系统根据驾驶员的操作信号和动力电池的状态信号，判断动力电池是否需要供电。

（2）当判断动力电池需要供电时，电池管理系统控制动力电池包内部的负极继电器和预充继电器闭合。

（3）待预充电路的高压主电路接通，并对主电路中的高压电容器进行预充电。

（4）当预充电达到一定值时，电池管理系统控制正极继电器闭合，高压主电路接通，预充电路被短路的同时预充继电器断开，动力电池包的电流经正极继电器和负极继电器供出，如图2-1-13所示。

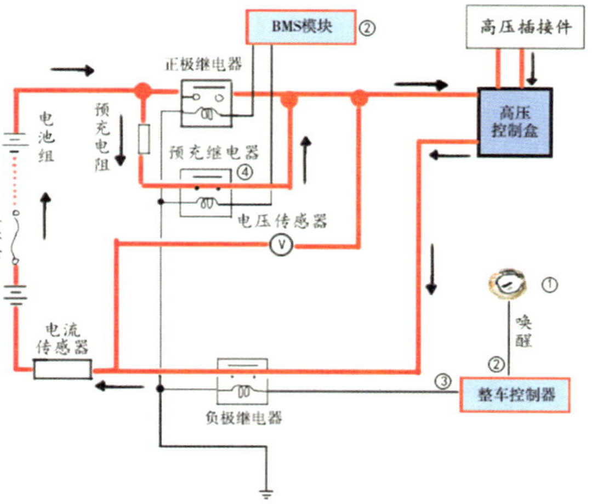

图2-1-13　动力电池放电过程

动力电池包供电过程（比亚迪 E5）

3. 动力电池包充电原理

（1）当动力电池包充电时，动力电池系统根据驾驶员操作信号踩下制动踏板或插上充电枪和动力电池状态信号，判定动力电池将要充电。

（2）电池管理系统控制动力电池内部的充电负极继电器和充电预充继电器闭合，动力电池包外部的高压电经预充电阻供给动力电池包。

（3）电池管理系统控制充电正极继电器闭合，充电预充继电器断开，动力电池包外部的高压电经充电正极继电器和充电负极继电器给电池包充电。

（4）在动力电池包的充电过程中，电池管理系统实时监测动力电池包的电压、温度和电流等信号，当判定其将要充满或电池温度异常时，停止充电或电池热管理系统介入，将动力电池包的温度控制在合理的工作范围以内，如图2-1-14所示。

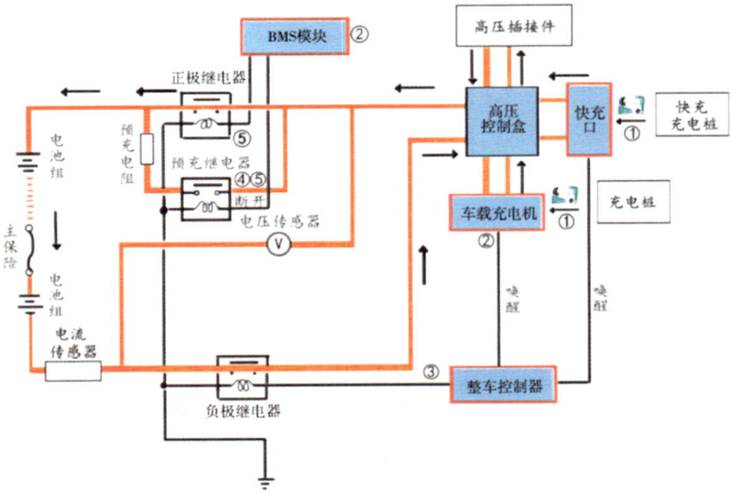

图2-1-14　动力电池包充电过程

动力电池包充电过程（比亚迪 E5）

四、任务实施

实训1　动力电池上位机检测

（一）任务准备

1. 操作规范

操作人员按要求佩戴个人防护用品，规范操作。

2. 实训准备

（1）实训分组。

分组进行实训，完成“上位机检测”任务。

（2）工具准备。

绝缘防护用品、绝缘工具套装、常规工具套装。

（3）设备准备。

上位机软件、动力电池实训台架、教学一体机。

（4）车辆防护用品。

车内三件套、车外三件套、底盘垫块、车轮挡块。

（5）人员防护用品。

绝缘手套、绝缘鞋、护目镜、安全帽。

（6）辅助资料。

教材、实训工作页。

（二）任务实施

（1）检查电池实训台架情况。

① 检查是否停放稳固。

② 检查动力电池台架是否能正常使用。

（2）打开教学一体机，打开上位机软件。

（3）建立实训台架与教学一体机的连接，如图2-1-15所示。

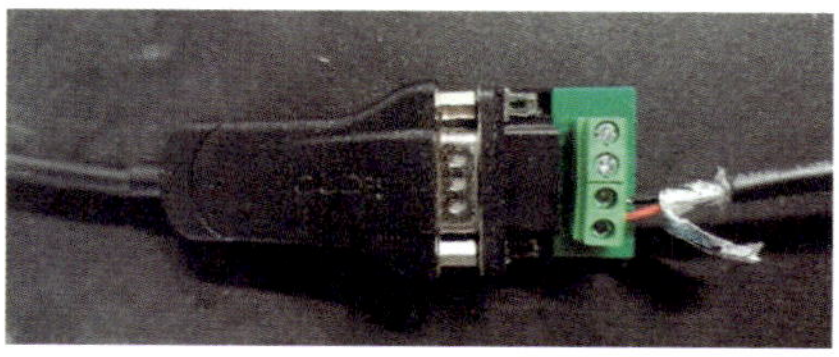

图2-1-15　建立实训台架与教学一体机的连接

（4）启动台架。

（5）打开动力电池分装调试工作站，进入系统面板，如图2-1-16所示。

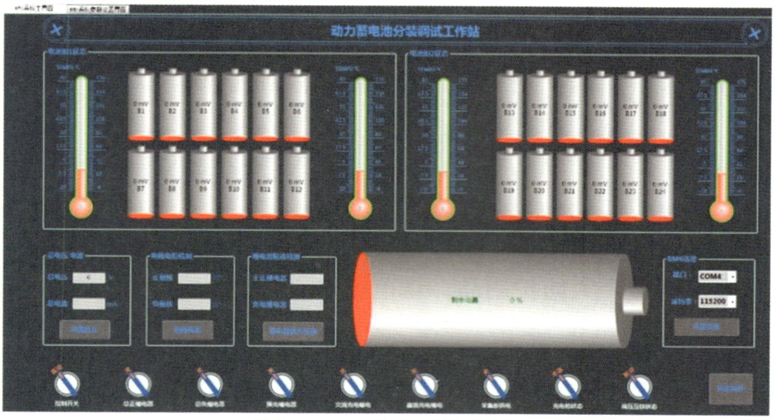

图2-1-16　进入系统面板

（6）选择对应端口进行连接，如图2-1-17所示。

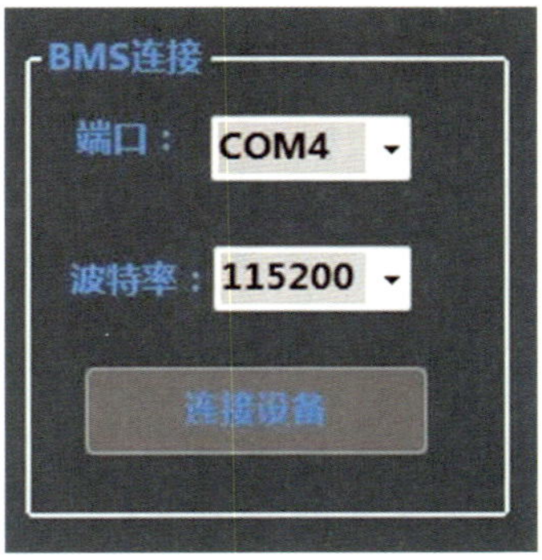

图2-1-17　选择连接端口

（7）连接成功，可观察动力电池组状态，如图2-1-18所示。

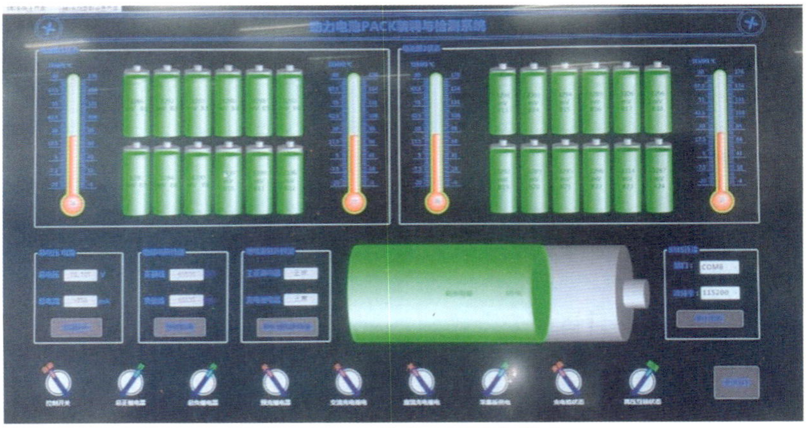

图2-1-18　观察动力电池组状态

（8）可通过观察动力电池组的状态来确认单体电池是否正常。

（9）断开连接，关闭上位机软件，如图2-1-19所示。

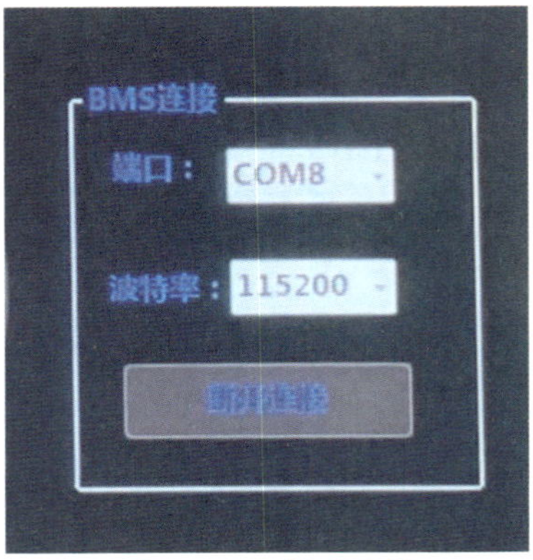

图2-1-19　断开连接

（10）断开动力电池实训台架与教学一体机的连接，回收数据传输线。

（11）清洁场地、设备。

实训2　电池模组与单体电池检测

（一）任务准备

动力电池模组拆检

1. 操作规范

操作人员按要求佩戴个人防护用品，规范操作。

单体电池检测

2. 实训准备

（1）实训分组。

分组进行实训，完成“电池模组与单体电池检测”任务。

（2）工具准备。

数字万用表、兆欧表、内阻测试仪、绝缘防护用品、绝缘工具套装、常规工具套装。

（3）设备准备。

电池模组、三元锂单体电池。

（4）车辆防护用品。

车内三件套、车外三件套、底盘垫块、车轮挡块。

（5）人员防护用品。

绝缘手套、绝缘鞋、护目镜、安全帽。

（6）辅助资料。

教材、实训工作页。

（二）任务实施

1. 电池模组检测

（1）动力电池模组外观检查评估。

① 电池模组密封盖密封完好、无变形破损，如图2-1-20所示。

② 电池模组外观无斑点、锈蚀、油污。

③ 查看电池模组外部有强电指示，且有铭牌。

（2）动力电池模组电压检测。

① 将万用表红表笔连接13号电池模组的正极，黑表笔连接13号电池模组的负极，检测13号电池模组的内部电压为18.93V，如图2-1-21所示。

② 若所测的电压值低于额定电压的80%，则说明13号电池模组内部的单体电池存在异常，需进一步检修。

图2-1-20　电池模组外观

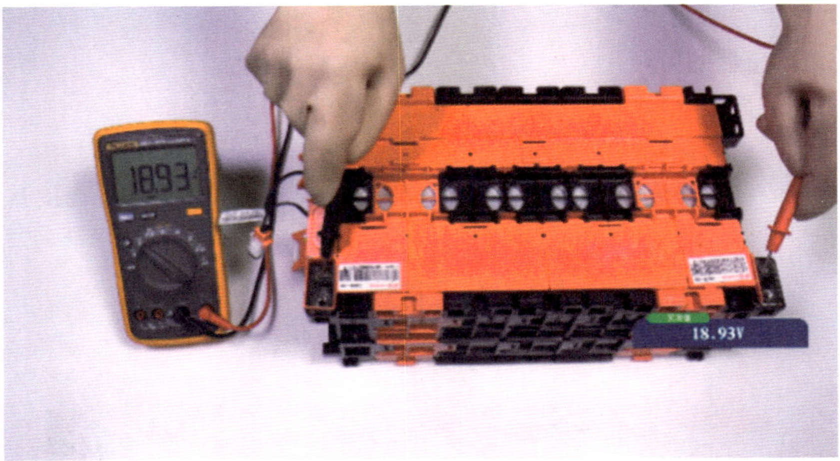

图2-1-21　检测13号电池模组的内部电压

（3）动力电池模组解体检测。

① 使用十字螺丝刀依次拆卸13号电池模组两侧三角支架上的2颗固定螺栓。

② 拆卸13号电池模组固定三角支架，并放置在合适位置。

③ 使用记号笔依次在13号电池模组左侧绝缘保护上盖标记L1，L2，L3，L4。

④ 以同样的方法依次在13号电池模组右侧绝缘保护上盖标记R1，R2，R3。

⑤ 按标记序号，依次拆卸L1，L2，L3，L4绝缘保护上盖，拆卸R1，R2，R3右侧绝缘保护上盖。

注意事项

在拆卸电池模组上方的绝缘保护上盖时，需按照标记序号进行拆卸，防止拆卸时损坏绝缘保护上盖。

⑥ 将万用表的红、黑表笔分别连接各单体电池的正、负极，检测各单体电池的电压为3.2V左右，如图2-1-22所示。

图2-1-22　各单体电池的电压检测

（4）温度传感器的检测。

① 将万用表调至电阻挡。

② 选用合适的跨接线连接至温度传感器线束接插件的1号和3号针脚。

③ 将万用表红表笔连接温度传感器线束接插件的1号针脚，黑表笔连接温度传感器线束接插件的3号针脚，检测13号电池模组正极处温度传感器的电阻，如图2-1-23所示。

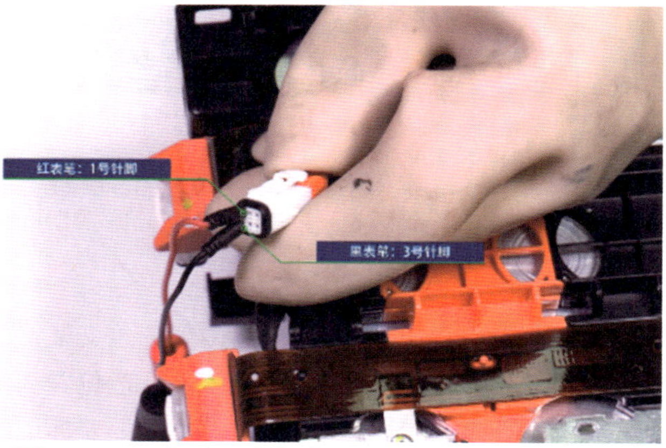

图2-1-23　正极处温度传感器电阻检测端口

④ 若测量值小于10kΩ，则可确认13号电池模组正极处温度传感器损坏，需维修或更换温度传感器。

⑤ 选用合适的跨接线连接至温度传感器线束接插件的2号和4号针脚。

⑥ 将万用表红表笔连接温度传感器线束接插件的2号针脚，黑表笔连接温度传感器线束接插件的4号针脚，检测13号电池模组负极处温度传感器的电阻，如图2-1-24所示。

⑦ 若测量值小于7kΩ，则可确认13号电池模组负极处温度传感器损坏，需维修或更换温度传感器。

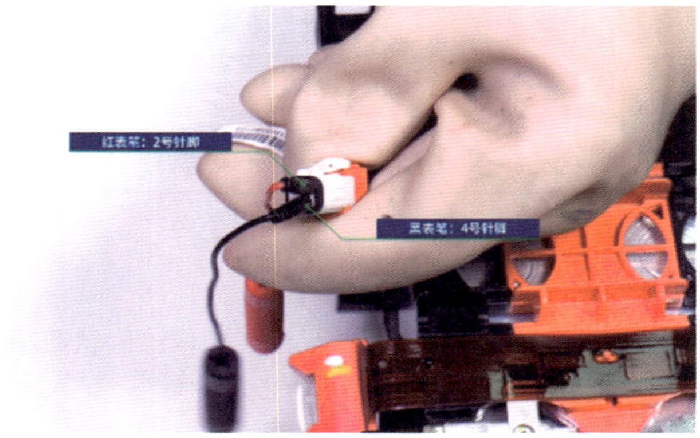

图2-1-24 负极处温度传感器电阻检测端口

2 单体电池检测-01 单体电池基本检查

2. 单体电池检测

（1）单体电池基本检查。

① 目视检查单体电池蓝色绝缘膜有无开裂和损坏。

② 目视检查单体电池正、负极柱有无破损，壳体有无泄漏。

③ 目视检查单体电池底部有无开裂、破损。

注意事项

若单体电池出现以上任一异常现象，则不能继续使用。

（2）单体电池电压检测。

① 取出万用表并校表，确认万用表正常可用。

② 将万用表调至直流电压测试挡。

③ 将万用表的红、黑表笔分别连接至单体电池的正、负极柱，检测单体电池的开路电压，正常电压范围为3.2±0.1V，如图2-1-25所示。

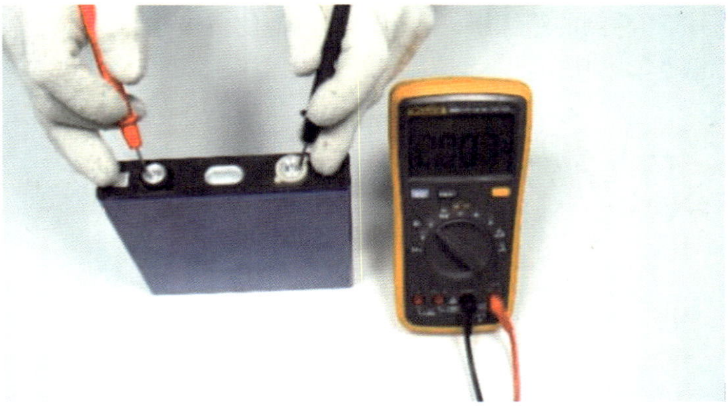

图2-1-25 单体电压检测

2 单体电池检测-02 单体电池电压检测

④ 若检测值不在正常范围内，则需要按照规范补充电能后静置半个小时左右，再次进行测量。

⑤ 若检测值仍不合格，则需进一步检测，判断单体电池是否可用。

注意事项

不同类型单体电池的正常电压范围不同，需要查阅相关维修或技术资料确定。

⑥ 关闭万用表，检测结束。

（3）单体电池绝缘检测。

① 取出数字兆欧表，对数字兆欧表进行校表操作，确认数字兆欧表正常可用。

② 将数字兆欧表调至500V测试挡及以上。

③ 将数字兆欧表的黑表笔连接至单体电池的正极柱，红表笔分别连接单体电池壳体的上部、前部、后部和两侧的绝缘层，检测单体电池的正极柱与壳体之间的绝缘电阻，标准值≥20MΩ，如图2-1-26所示。

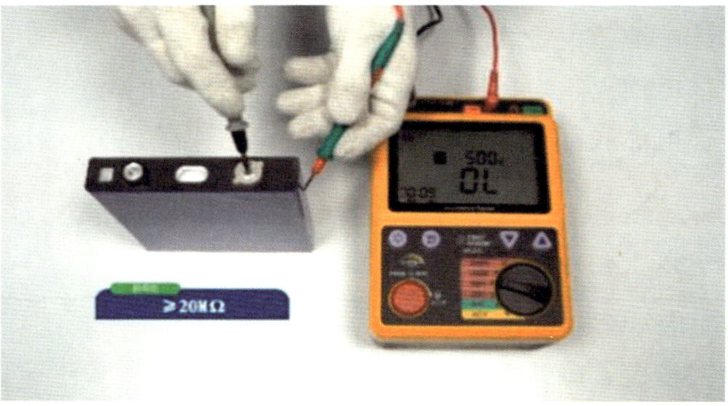

图2-1-26　正极柱与壳体之间的绝缘电阻

2 单体电池检测-03 单体电池绝缘检测

④ 若检测值与标准值不符，则说明单体电池绝缘层可能存在损坏，不能继续使用。

⑤ 将数字兆欧表的黑表笔连接至单体电池的负极柱，红表笔分别连接单体电池壳体的上部、前部、后部和两侧的绝缘层，检测单体电池的负极柱与壳体之间的绝缘电阻，标准值≥20MΩ，如图2-1-27所示。

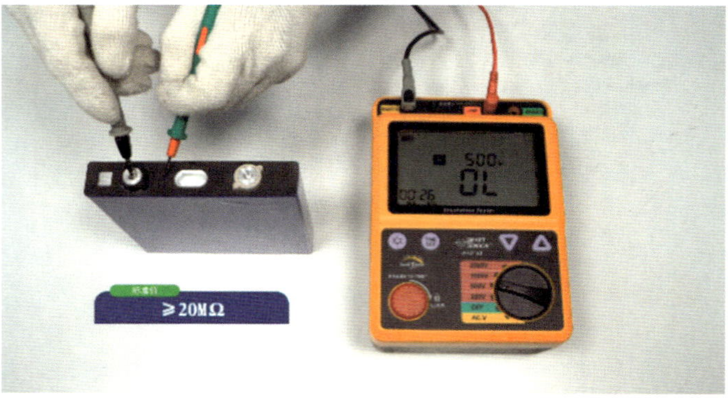

图2-1-27　负极柱与壳体之间的绝缘电阻

⑥ 若检测值与标准值不符，则说明单体电池绝缘层可能存在损坏，不能继续使用。

⑦ 关闭数字兆欧表，检测结束。

（4）单体电池内阻检测。

① 取出内阻测试仪，检查内阻测试仪及测试线缆，确认其正常。

注意事项

内阻测试仪表笔是四线制弹性探针表笔连接头，可伸缩，需用手按压确认其是否正常。

② 连接测试线缆至测试线插入口，并锁止。

③ 按下测试仪的“开机键”开机。

④ 按下测试仪的“设置键”，恢复出厂设置。

⑤ 再次按下测试仪的“设置键”，对内阻测试仪分别进行“校准电阻”和“校准电压”操作，并保存。

⑥ 短接测试线缆的红、黑表笔进行调零，读取测试仪数值，查看红、黑表笔连接是否正常，正常值应该为0。

注意事项

内阻测试仪表笔是四线制弹性探针表笔连接头，短接时需将其压缩到底，确认红、黑表笔的探针短接牢靠。

⑦ 将测试线缆的红、黑表笔分别连接单体电池正、负极柱，检测单体电池的内阻和电压，内阻标准值在0.3～0.4mΩ之间，电压标准值为3.2±0.1V，如图2-1-28所示。

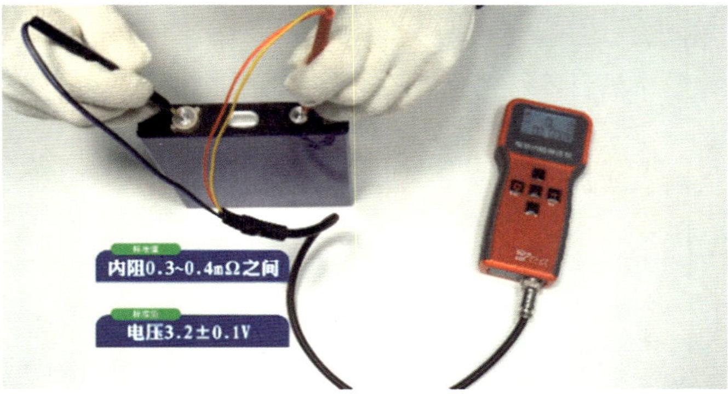

图2-1-28　检测单体电池的内阻和电压

2 单体电池检测-04 单体电池内阻检测

注意事项

内阻测试仪表笔是四线制弹性探针表笔连接头，连接正、负极柱时需将其压缩到底，确认红、黑表笔连接可靠。

⑧ 若检测值与标准值不符，则需要按照规范补充单体电池电能以后，再次进行测量。

⑨ 若测量值仍与标准值不符，则需要进一步检测，判断单体电池是否可用。

注意事项

不同单体电池的内阻和电压标准值不同，需要查阅相关维修或技术资料确定。

⑩ 关闭内阻测试仪，检测结束。

实训3　高压继电器检测

（一）任务准备

1. 操作规范

操作人员按要求佩戴个人防护用品，规范操作。

2. 实训准备

（1）实训分组。

分组进行实训，完成“高压继电器检测”任务。

（2）工具准备。

数字万用表、数字兆欧表、绝缘防护用品、绝缘工具套装、常规工具套装。

（3）设备准备。

动力电池包内高压继电器。

（4）车辆防护用品。

车内三件套、车外三件套、底盘垫块、车轮挡块。

（5）人员防护用品。

绝缘手套、绝缘鞋、护目镜、安全帽。

（6）辅助资料。

高压继电器、教材、实训工作页。

高压继电器检测

（二）任务实施

1. 正极继电器检测

（1）正极继电器静态检测。

① 目视检查正极继电器的外观是否有烧结、破损等异常现象。

② 使用十字螺丝刀拆卸正极继电器控制模块绝缘保护盖上的固定螺栓，并取下绝缘保护盖。

③ 目视检查正极继电器控制模块是否有烧结、老化、脱焊等异常现象。

④ 取出万用表，校表确认万用表正常可用，并将万用表调至电阻测试挡。

⑤ 将万用表的红、黑表笔分别连接正极继电器电磁线圈上的正、负极端子，检测正极继电器电磁线圈的电阻值是否正常；标准值为3.5 ± 0.5Ω，如图2-1-29所示。

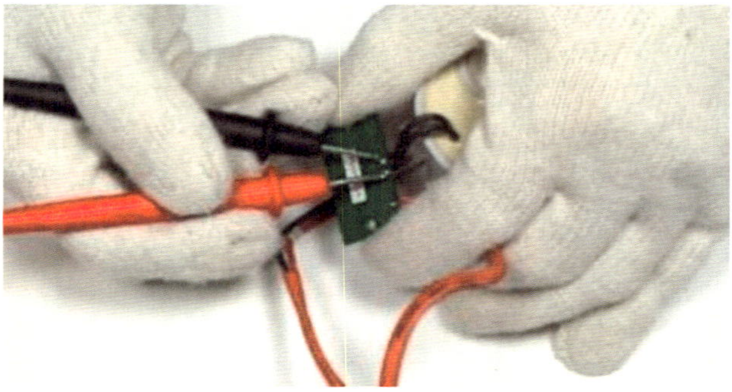

3 高压继电器检测-01 主正继电器检测

图2-1-29　检测正极继电器电磁线圈的电阻值

注意事项

正极、负极继电器上装有控制模块，用于控制继电器线圈的通断。由于控制模块的内阻值极大，在检测正极、负极继电器的电磁线圈电阻时，需避开控制模块部分，所测值则为实际电磁线圈的电阻值。

⑥ 若测量值与标准值不符，则说明正极继电器电磁线圈损坏，需更换新的正极继电器。

⑦ 安装正极继电器控制模块。

⑧ 安装正极继电器控制模块绝缘保护盖及固定螺栓，并使用十字螺丝刀使其紧固。

⑨ 将数字兆欧表调至500V测试挡及以上。

⑩ 将数字兆欧表的红、黑表笔分别连接高压（正极、负极等）继电器的两个高压接线柱，按下测试按钮，检测高压继电器两高压触点之间的电阻值，如图2-1-30所示，以判断高压状态下高压继电器内的高压触点是否完全断开；高压触点完全断开的电阻值应该为MΩ（兆欧）级以上，类似处于绝缘状态。

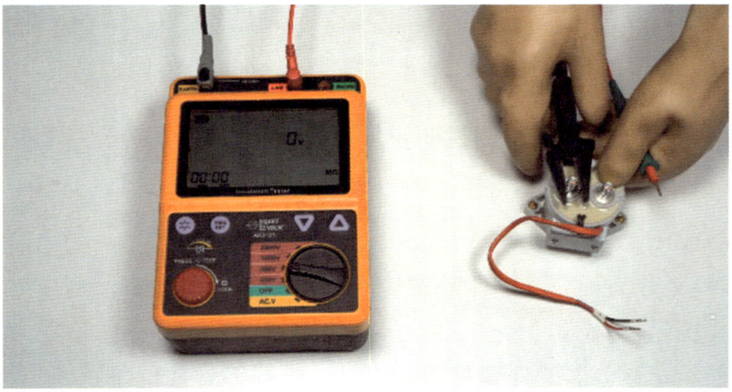

图2-1-30　检测高压继电器两高压触点之间的电阻值

⑪ 若检测到的电阻值很大，如MΩ（兆欧）级及以上数值，说明两触点之间没有微电流流动，继电器内部的两触点为完全断开状态；若检测到较小电阻值，如kΩ（千欧）级以下数值，则说明两触点间有微电流流动，高压继电器内部的两触点没有完全断开，存在粘连或部分粘连的现象，此高压继电器不能继续使用。

注意事项

判断正极继电器两高压触点是否断开，可通过使用万用表检测，但所测结果可能存在偏差。因为在使用万用表检测高压继电器触点电阻时，加在触点两端的电压很低，检测不出触点气隙变小时的通断（微电流无法跳过气隙），即无法判断高压继电器是否处于半粘连状态。

（2）正极继电器动态检测。

① 取出可调直流稳压电源，打开电源开关，调整电压值至12V。

② 连接正、负极输出线至可调直流稳压电源。

③ 使用正、负极输出线的鳄鱼夹，分别连接正极继电器的正、负极线，给正极继电器的电磁线圈进行通电。若继电器工作正常，则可以听到继电器触点“啪”的闭合声。

④ 将万用表的红、黑表笔分别连接正极继电器的正、负极接线柱，检测高压触点之间的电阻值，如图2-1-31所示。标准值<1Ω。

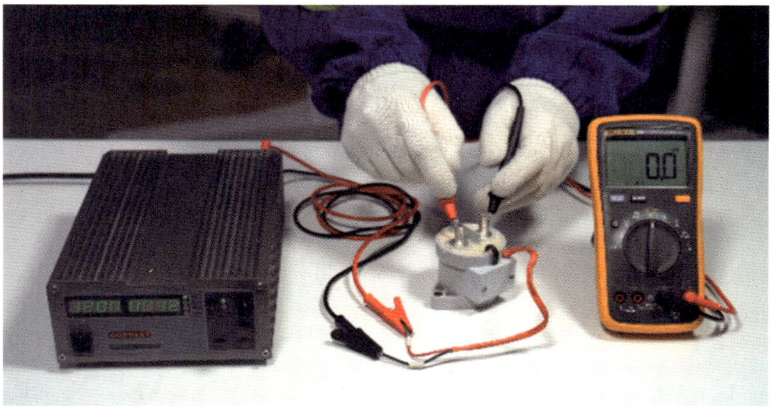

图2-1-31　检测高压触点之间的电阻值

⑤ 若测量值与标准值不符，则说明正极继电器的高压触点未完全吸合，需更换新的正极继电器。

2. 预充继电器检测

预充继电器检测分为预充继电器静态检测和预充继电器动态检测。

（1）预充继电器静态检测。

① 目视检查预充继电器的外观是否有烧结、破损等异常现象。

② 将万用表的红、黑表笔分别连接预充继电器电磁线圈上的正、负极端子，检测预

充继电器电磁线圈的电阻值是否正常，如图2-1-32所示。标准值为25 ± 1Ω。

③ 若测量值与标准值不符，则说明预充继电器电磁线圈损坏，需更换新的预充继电器。

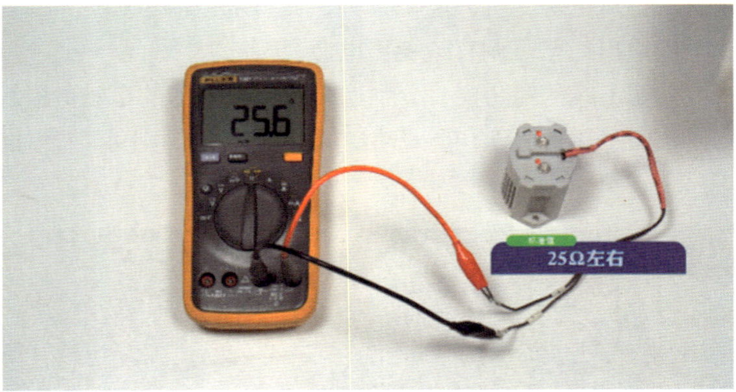

3 高压继电器检测-02 预充继电器检测

图2-1-32 检测预充继电器电磁线圈的电阻值

注意事项

不同新能源汽车配置的高压继电器或同一辆新能源汽车所配不同用途的高压继电器，其内部电磁线圈的电阻值大小可能存在不一致的情况；标准值需参阅相关专业维修资料。

④ 将数字兆欧表调至500V测试挡及以上。

⑤ 将数字兆欧表的红、黑表笔分别连接预充继电器的两个高压接线柱，按下测试按钮，检测预充继电器两高压触点之间的电阻值，如图2-1-33所示，以判断高压状态下预充继电器内的高压触点是否完全断开。高压触点完全断开的电阻值应该为MΩ（兆欧）级以上，类似处于绝缘状态。

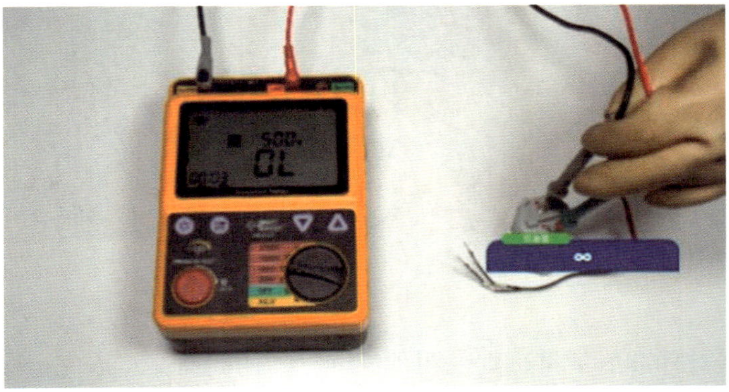

图2-1-33 检测预充继电器两高压触点之间的电阻值

⑥ 若检测到的电阻值很大，如MΩ（兆欧）级及以上数值，则说明两触点之间没有微电流流动，继电器内部的两触点为完全断开状态；若检测到较小电阻值，如kΩ（千欧）级

以下数值，则说明两触点间有微电流流动，预充继电器内部的两触点没有完全断开，存在粘连或部分粘连的现象，此预充继电器不能继续使用。

（2）预充继电器动态检测。

① 取出可调直流稳压电源，打开电源开关，调整电压值至12V。

② 连接正、负极输出线至可调直流稳压电源。

③ 使用正、负极输出线的鳄鱼夹，分别连接预充继电器的正、负极线，如图2-1-34所示，给预充继电器的电磁线圈进行通电。若继电器工作正常，则可以听到继电器触点“啪”的闭合声。

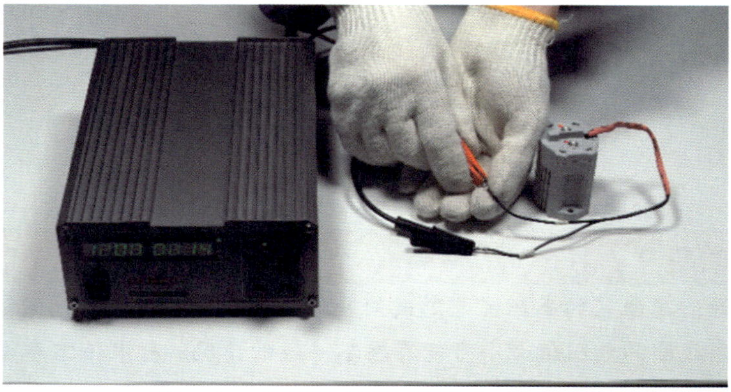

图2-1-34　连接预充继电器的正、负极线

④ 将万用表的红、黑表笔分别连接预充继电器的正、负极接线柱，检测高压触点之间的电阻值，如图2-1-35所示。标准值<1Ω。

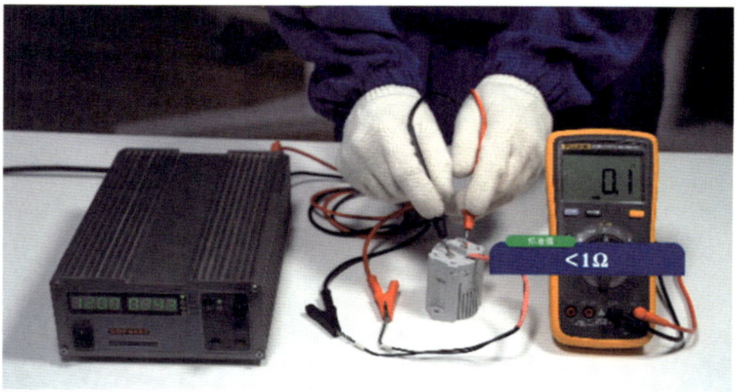

图2-1-35　检测高压触点之间的电阻值

⑤ 若测量值与标准值不符，则说明预充继电器的高压触点未完全吸合，需更换新的预充继电器。

任务 2.2　动力电池包的检修

一、任务导入

一客户走进某纯电动汽车**4S**店，反映该车停车时显示续航里程**150km**，不开空调，正常行驶**43km**后，提示续航里程仅有**19km**。经维修技师确认，动力蓄电池有一组电池老化，出现不均衡现象，需要维修动力蓄电池，动力蓄电池返厂，该故障你能正确进行故障分析吗？

二、任务目标

知识目标：

1．了解动力电池包的安全要求。

2．理解动力电池包的均衡方法。

技能目标：

1．能规范地使用检测设备完成动力电池附件检测和动力电池包绝缘检测。

2．能正确完成动力电池包总电压的基本检测。

3．能独立完成动力电池组的安装及密封性检测。

4．能独立完成动力电池均衡。

素质目标：

1．通过制定工作计划，培养学生主动沟通、团队协作的工作意识。

2．通过进行动力电池包拆解与检测任务，培养学生的动手操作能力，树立崇尚劳动的意识，进而培养学生的工匠精神。

3．通过进行电池模组均衡作业，培养学生求真务实、精益求精、爱岗敬业、认真严谨、安全第一、生命至上的岗位精神。

三、知识链接

（一）动力电池包绝缘阻值检测

1．动力电池包安全要求

2020年5月12日，工业和信息化部组织制定的GB 18384—2020《电动汽车安全要求》强制性国家标准由国家市场监督管理总局、国家标准化管理委员会批准发布，于2021年1月1日起开始实施。GB 18384—2020《电动汽车安全要求》规定对于B级电压电路（交流电压大于30V且小于等于1000V，直流电压大于60V且小于等于1500V）电能存储系统（动力电池包）或产生装置（燃料电池堆）在外部以及内部高压电气部件的第一可视面醒目位置设置高压危险标识，黑标、黑框、黄底，如图2-2-1所示。在高压标识附近还应清晰注明动力电池包的类型，如镍氢电池、锂离子电池等。

图2-2-1　高压危险标识

在动力电池的生命周期内，其高压电气系统的输出端（正极和负极）与动力电池箱体间的绝缘阻值应大于500Ω/V。除此以外，按标准的要求，动力电池包的绝缘防护设计还需要考虑密封性能，主要是因为水或水蒸气进入动力电池包内部会引起系统内部的高压带电部分与壳体通过阻值较低的水相连接，导致高压绝缘失效。一般动力电池的绝缘检测通过动力电池管理系统（BMS）来进行，BMS对动力电池漏电的检测分三种状态，如表2-2-1所示。

表 2-2-1　BMS 对动力电池漏电的三种检测状态

动力电池漏电	正常	$R \geqslant 500\Omega/V$	
	一般漏电	$100\Omega/V \leqslant R \leqslant 500\Omega/V$	仪表盘上灯亮，报动力系统故障
	严重漏电	$R \leqslant 100\Omega/V$	行车中：仪表盘上灯亮，立即断开主继电器 停车中：禁止上电；仪表灯亮，报动力系统故障 充电中：断开交流充电继电器；仪表灯亮，报动力系统故障

2. 动力电池包绝缘阻值测量

按照GB 18384—2020《电动汽车安全要求》、GB 38031—2020《电动汽车用动力蓄电池安全要求》，在测量动力电池包绝缘电阻时，若动力电池的电流接合开关集成在动力电池包内部，则测量时接合开关应全部闭合。如果车辆有动力电池包绝缘电阻监测系统，则应将其关闭，以免影响测量值。动力电池包绝缘电阻测量以完全充满电状态进行，环境温度为22℃±5℃，湿度为15%～90%。

动力电池包绝缘电阻测量方法，依据GB 38301—2020《电动汽车用动力蓄电池安全要求》，使用绝缘检测仪直接测量动力电池包正、负端子对电平台的绝缘阻值。具体步骤如下：

（1）使动力电池包或系统内的电力、电子开关处于激活状态，保证动力电池包处于接通状态。

（2）使用绝缘检测仪分别测量动力电池包正、负极两个端子与电平台之间的绝缘电阻，如图2-2-2和图2-2-3所示。

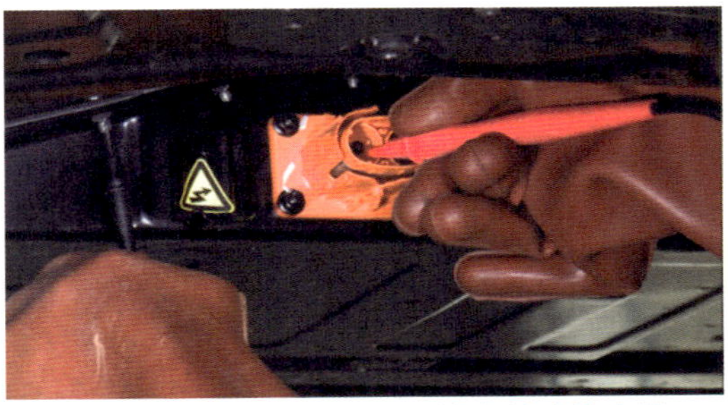

图2-2-2　动力电池包正极输出端绝缘电阻

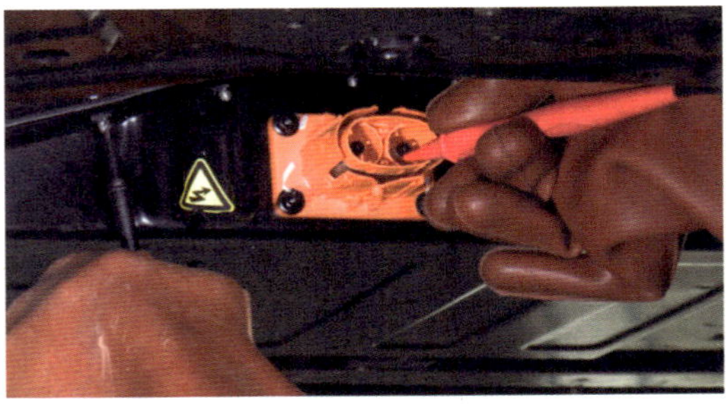

图2-2-3　动力电池包负极输出端绝缘电阻

（注：动力电池包电平台可以是与整车电平台连接的可导电外壳）。

（3）绝缘检测仪的测量电压应为动力电池包标称电压的1.5倍或500V（DC）电压的较高值。绝缘检测仪测量时间应该足够长，以便获得稳定的读数，推荐值为30s。

（二）动力电池均衡方法

1. 锂离子蓄电池模组的不一致性

锂离子蓄电池模组的不一致主要指容量、内阻、开路电压的不一致。初始的不一致程度随着电池在使用过程中连续的充电、放电循环而累积，导致各单体电池状态（SOC、电压等）产生更大的差异。

在使用过程中，动力电池是多组串并联使用的，由于电池在电芯的设计上存在不一致性的误差，且在使用过程中电池的自放电等原因造成单体电池容量差，表现形式就是电池存在电压差。为平衡电池组中单体电池的容量和能量差异，提高电池组的能量利用率，在电池组的充电、放电过程中需使用均衡电路。

2. 电池均衡方法

（1）主动均衡。

① 定义。

主动均衡又称无损均衡，将能量高的单体电池中的能量转移到能量低的单体电池，保证电池组电压的一致性。

② 原理。

主动均衡多采用单向DC-DC模块进行能量转移，一般多个单体电芯共用一个DC-DC模块，当电池电压出现大于30mV以上的静态压差时，就会启动均衡措施，削峰填谷。正是因为能量在单体电池之间流转，故而损耗相对较少。不仅如此，成熟的双向DC-DC均衡电流可以达到5A，效率极高。

③ 优缺点。

主动均衡的优点是可以实时进行均衡，车辆无论是在行驶、停止或充电过程中，只要电池处于不均衡状态，主动均衡就会启动，如图2-2-4所示。主动均衡的缺点是系统结构复杂，无法完全集成进专用IC。而结构的复杂意味着电路的复杂，这必然导致成本与故障率攀升。目前市面上现有主动均衡BMS售价远高于被动均衡BMS，这也多少限制了主动均衡BMS的推广。

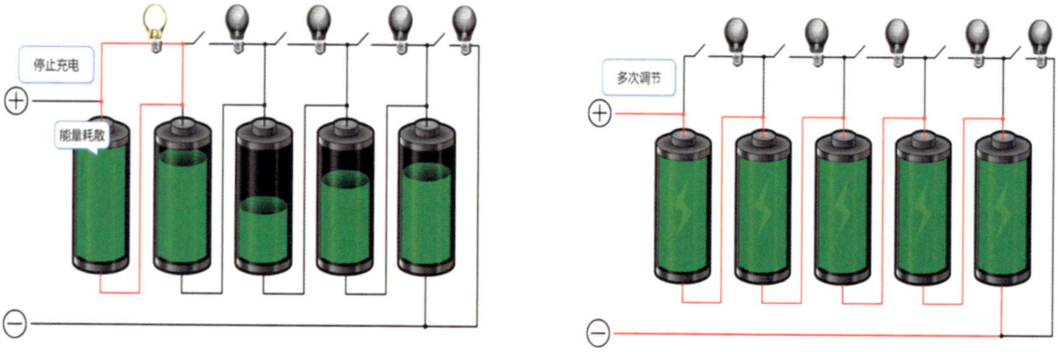

a）主动均衡过程　　b）主动均衡结果

图2-2-4　主动均衡

（2）被动均衡。

① 定义。

被动均衡又称有损均衡，将能量高的电池中的能量通过发热的方式消耗掉，实现整组电池的电压平衡。

② 原理。

被动均衡一般通过电池放电的方式，对电压较高的电池进行放电，以热量形式释放电量，为其他电池争取更多的充电时间。这样整个系统的电量受制于容量最少的电池。在充电过程中，锂电池一般有一个充电上限保护电压值，当某一串电池达到此电压值后，锂电池保护板会切断充电回路，停止充电。如果充电时的电压超过这个数值，也就是俗称的“过充”，则锂电池就有可能燃烧或者爆炸。需要注意的是，被动均衡触发条件是：锂电池充电至恒压充电阶段时才会触发被动均衡。

③ 优缺点。

被动均衡的优点是电路架构简单、实现成本低廉，但是缺点也很明显。因为其均衡是通过功率电阻消耗电量实现的，所以能量损耗极大，同时会产生大量的热量，而且触发方式死板，均衡效率低下，如图2-2-5所示。

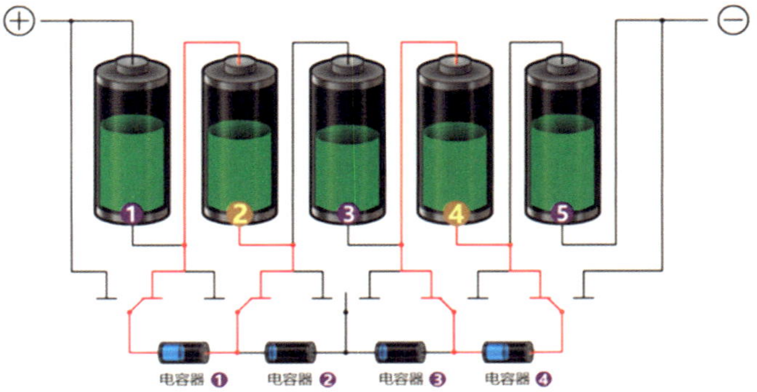

图2-2-5　被动均衡

动力电池均衡管理

四、任务实施

实训1　动力电池包拆解与检测

（一）任务准备

1．操作规范

操作人员要求佩戴个人防护用品，规范操作。

2．实训准备

（1）实训分组。

分组进行实训，完成“动力电池包拆解与检测”任务。

（2）工具准备。

数字万用表、兆欧表、绝缘防护用品、绝缘工具套装、常规工具套装。

（3）设备准备。

比亚迪秦E5拆解台架。

（4）车辆防护用品。

车内三件套、车外三件套、底盘垫块、车轮挡块。

（5）人员防护用品。

绝缘手套、绝缘鞋、护目镜、安全帽。

（6）辅助资料。

教材、实训工作页。

（二）任务实施

一、动力电池包附件拆卸

动力电池包附件拆卸

1. 动力电池包外观检查

（1）绕动力电池模组拆解实训台一圈，目视检查动力电池包的上壳体有无破损、老化及变形。

（2）目视检查维修塞及底座有无破损、老化及开裂。

（3）目视检查高、低压线束继电器总成两端口有无破损，针脚有无变形，接插件线束有无破损，如图2-2-6所示。

2. 动力电池包高压维修开关拆检

（1）佩戴高压绝缘手套。

（2）拔下高压维修开关。

（3）目视检查高压维修开关的两触点是否有破损、烧结现象。

（4）取出万用表，校表确认万用表正常可用，将万用表调至电阻挡。

（5）将万用表的红、黑表笔分别连接高压维修开关的两触点，检测高压维修开关的通断，如图2-2-7所示。

图2-2-6　检查高、低压线束继电器总成两端口

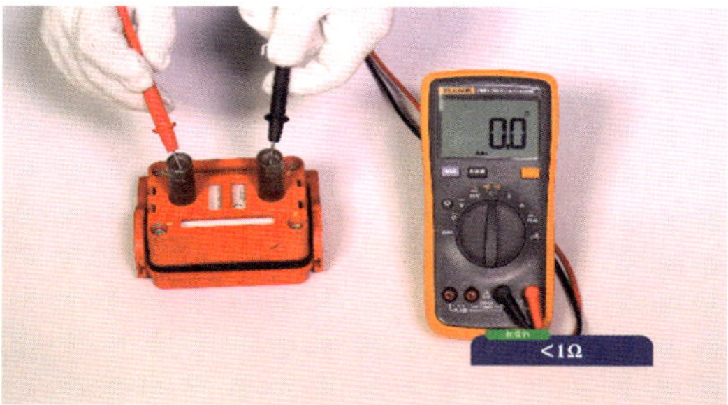

图2-2-7　高压维修开关电阻检测

（6）标准值应小于1Ω，若测量值与标准数值不符，则说明高压维修开关损坏，需维修或更换。

注意事项

当需对电池系统进行操作维修时，先拔下高压维修开关，切断电池系统的高压回路，避免人员触电，保障维修安全。

3．动力电池包绝缘检测

（1）取出数字兆欧表，对数字兆欧表进行校表操作，检查数字兆欧表是否正常可用。

（2）将数字兆欧表调至1000V测试挡，用黑表笔连接动力电池包壳体搭铁，红表笔连接高压线束继电器正极端子，如图2-2-8所示。

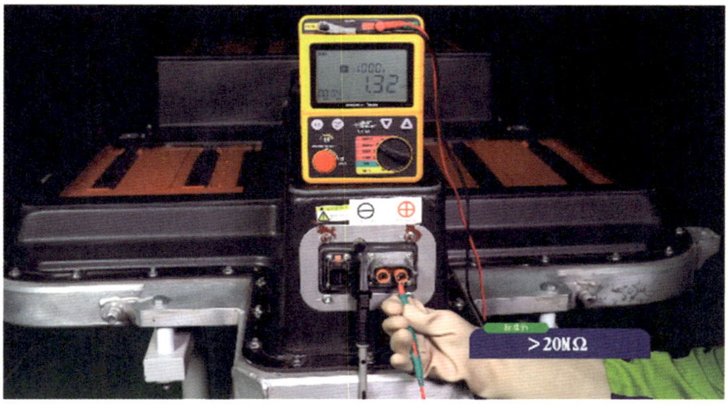

图2-2-8　动力电池包高压线束继电器正极绝缘检测

（3）按下测试按钮，检测绝缘电阻；待数值稳定后，读取绝缘数值。

（4）若测量值小于或等于20MΩ，则说明动力电池包正极高压线束存在绝缘故障，需进一步检修。

（5）以同样的方法检测高压线束继电器负极输出端子的绝缘电阻，如图2-2-9所示。

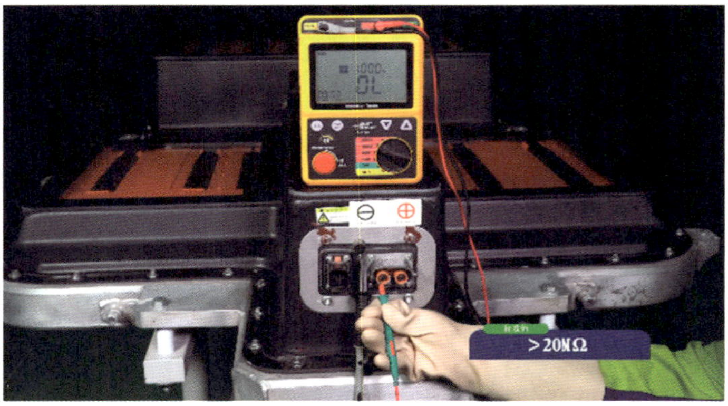

图2-2-9　动力电池包高压线束继电器负极绝缘检测

（6）标准值应大于20MΩ，若测量值与标准数值不符，则说明动力电池包负极高压线束存在绝缘故障，需进一步检修。

4．动力电池包上壳体拆卸

（1）使用10mm套筒、接杆、棘轮扳手绝缘组合工具，依次拆卸动力电池包上壳体的54颗固定螺栓。

（2）使用记号标签依次标记动力电池包上壳体的1至15片固定压板，并按顺序取下动力电池包上壳体压板。

（3）使用10mm套筒、接杆、棘轮扳手绝缘组合工具，拆卸高压维修开关固定压板上的6颗固定螺栓。

（4）取下高压维修开关固定压板，并放置在合适位置。

（5）使用8mm套筒、接杆、棘轮扳手绝缘组合工具，拆卸高、低压线束继电器总成固定压板上的4颗固定螺栓。

（6）取下高、低压线束继电器总成固定压板，并放置在合适位置。

（7）取下动力电池包上壳体，并放置在合适位置。

注意事项

在拆卸动力电池包上壳体时，需两人同时操作，先抬起动力电池包上壳体后端，再抬起动力电池包上壳体前端，防止损坏动力电池包上壳体。

5. 动力电池包冷却管路拆检

（1）冷却管路外观检查。

① 目视检查动力电池包左侧冷却系统的六通阀及相关冷却管路是否有破损、老化，接口处是否渗漏。

② 目视检查动力电池包前端冷却系统的相关冷却管路是否破损、老化，接口处是否渗漏。

③ 目视检查动力电池包右侧冷却系统的六通阀及相关冷却管路是否破损、老化，接口处是否渗漏。

（2）冷却管路拆检。

① 使用8mm套筒、接杆、棘轮扳手绝缘组合工具，拆卸左侧六通阀上的2颗固定螺栓。

② 用手挤压左侧6-L冷却管路接头锁扣，缓慢向外拔出。

③ 用手挤压6-L冷却管路另一端的接头锁扣，同时缓慢向外拔出，取下6-L冷却管路，如图2-2-10所示。

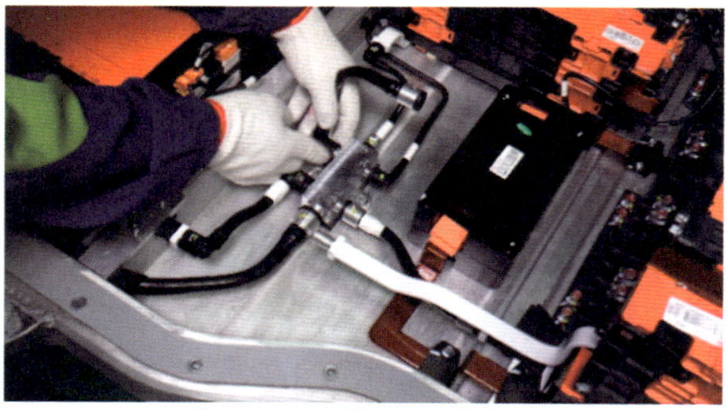

图2-2-10 拆卸6-L冷却管路

④ 以同样的方法，依次拆卸4-L冷却管路、3-L冷却管路、2-L冷却管路、1-L冷却管路和5-L冷却管路。

⑤ 拆卸左侧六通阀体，并放置在合适位置，如图2-2-11所示。

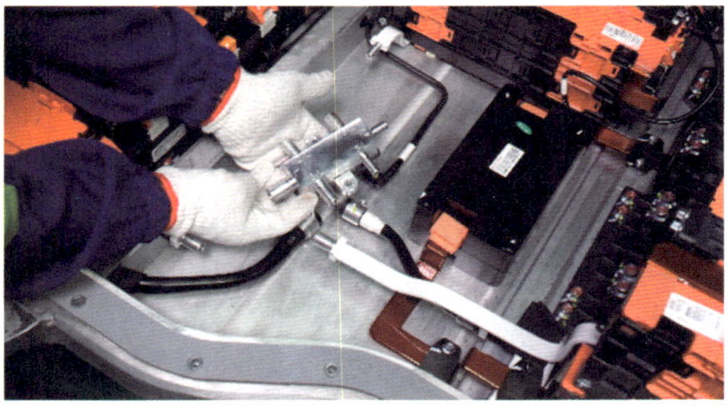

图2-2-11　拆卸左侧六通阀体

⑥ 使用8mm套筒、接杆、棘轮扳手组合工具，拆卸右侧六通阀上的2颗固定螺栓。

⑦ 用手挤压右侧6-R冷却管路接头锁扣，缓慢向外拔出。

⑧ 用手挤压6-R冷却管路另一端的接头锁扣，同时缓慢向外拔出，取下6-R冷却管路。

⑨ 以同样的方法，依次拆卸4-R冷却管路、3-R冷却管路、1-R冷却管路、2-R冷却管路和5-R冷却管路。

⑩ 拆卸右侧六通阀体，并放置在合适位置。

⑪ 目视检查左、右两侧六通阀体的冷却管路是否堵塞。若堵塞，则需疏通六通阀体的冷却管路。

二、动力电池高压、低压输出接口及分压继电器拆检

动力电池高低压输出接口及分压接触器拆检

1. 维修塞底座拆卸

（1）佩戴高压绝缘手套。

（2）拆卸维修塞底座负极高压连接片绝缘保护盖。

（3）使用10mm套筒、接杆、棘轮扳手绝缘组合工具，拆卸维修塞底座负极高压连接片上的2颗固定螺栓，如图2-2-12所示。

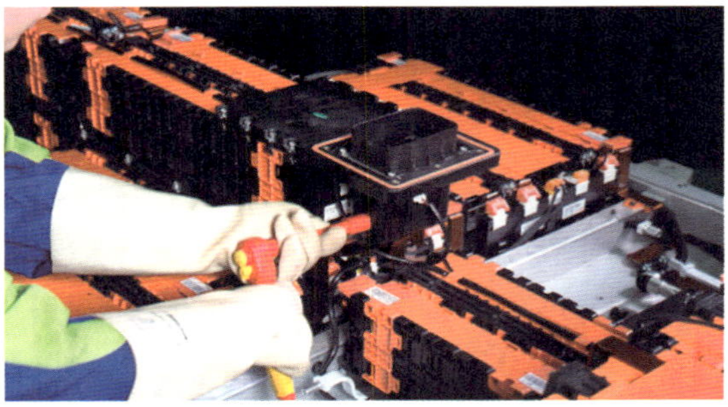

图2-2-12　拆卸负极高压连接片上的固定螺栓

（4）拆卸维修塞底座正极高压连接片上的绝缘保护盖。

（5）使用10mm套筒、接杆、棘轮扳手绝缘组合工具，拆卸维修塞底座正极高压连接片上的2颗固定螺栓。

（6）使用一字螺丝刀拆卸低压线束继电器，如图2-2-13所示。

图2-2-13　拆卸低压线束继电器

（7）使用8mm套筒、接杆、棘轮扳手绝缘组合工具，拆卸维修塞底座上的8颗固定螺栓。

（8）拆卸维修塞底座，并放置在合适位置。

（9）拆卸维修塞底座上的8颗固定螺帽，如图2-2-14所示。

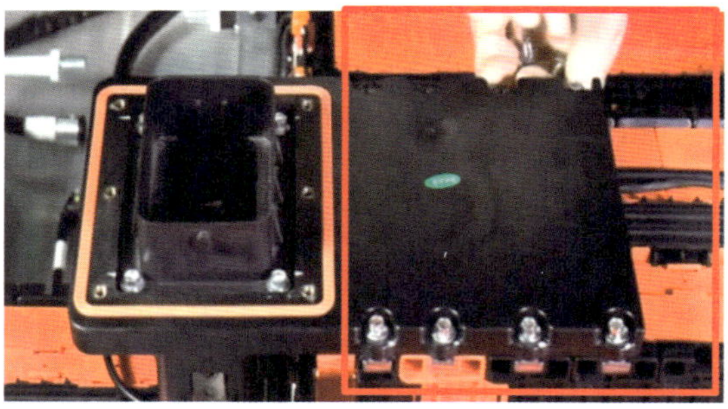

图2-2-14　拆卸维修塞底座固定螺帽

2. 动力电池高压、低压输出接口拆检

（1）动力电池高压、低压输出接口总成拆卸。

① 使用10mm套筒、接杆、棘轮扳手绝缘组合工具，拆卸动力电池高压、低压输出接口总成正极高压连接片上的2颗固定螺栓，如图2-2-15所示。

图2-2-15　拆卸正极高压连接片上的固定螺栓

② 以同样的方法，拆卸动力电池高压、低压输出接口总成负极高压连接片上的2颗固定螺栓。

③ 使用10mm套筒、接杆、棘轮扳手组合工具，拆卸动力电池高压、低压输出接口总成上的4颗固定螺栓，如图2-2-16所示。

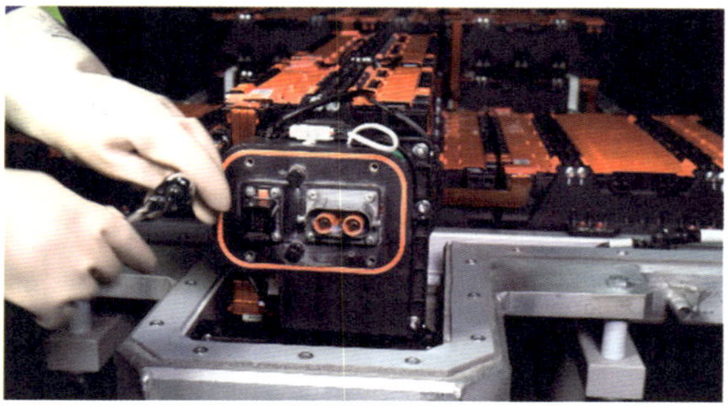
图2-2-16 高压、低压输出接口总成拆卸

④ 使用一字螺丝刀依次拆卸13号电池模组上的3个低压线束固定片。

⑤ 以同样的方法，依次拆卸12号电池模组上的3个低压线束固定片和3号电池模组上的2个低压线束固定片。

⑥ 使用一字螺丝刀拆卸右侧分压继电器上的低压线束继电器，如图2-2-17所示。

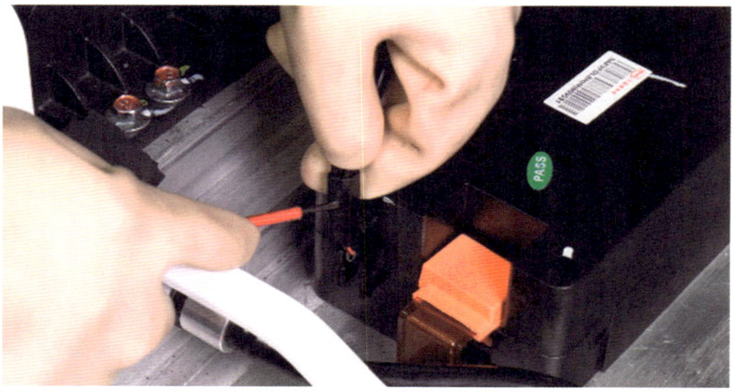

图2-2-17 低压线束继电器拆卸

⑦ 以同样的方法，拆卸左侧分压继电器上的低压线束继电器，并将采样线束放置在合适位置。

⑧ 拆卸动力电池高压、低压输出接口总成，并放置在实验台上。

注意事项

在拆卸动力电池高压、低压输出接口总成时，需谨慎操作，防止拉断采样线束。

⑨ 使用一字螺丝刀拆卸电池信息采集器1上的电源及通信线束接插件（进），如图

2-1-18所示。

图2-2-18　电源及通信线束接插件（进）拆卸

⑩ 拆卸动力电池高压、低压输出接口总成，并放置在合适位置。

⑪ 使用8mm套筒、接杆、棘轮扳手组合工具，拆卸动力电池高压、低压输出接口总成固定支架上的6颗固定螺栓。

⑫ 拆卸动力电池高压、低压输出接口总成固定支架，并放置在合适位置。

（2）动力电池高压、低压输出接口总成解体检测。

① 目视检查动力电池高压、低压输出接口总成壳体是否老化、破损，表面是否有裂痕。

② 目视检查采样线束是否老化、烧蚀和破损，线束插接器有无损伤，有无异物塞入。

③ 使用8mm套筒、接杆、棘轮扳手组合工具，拆卸动力电池高压、低压输出接口总成上的3颗固定螺栓，并拆卸底座，如图2-2-19所示。

图2-2-19　高压、低压输出接口总成解体

④ 拆卸动力电池高压、低压输出接口总成的底座。

⑤ 使用13mm套筒、接杆、棘轮扳手组合工具，拆卸负极继电器正极、负极上的2颗固定螺栓，如图2-2-20所示。

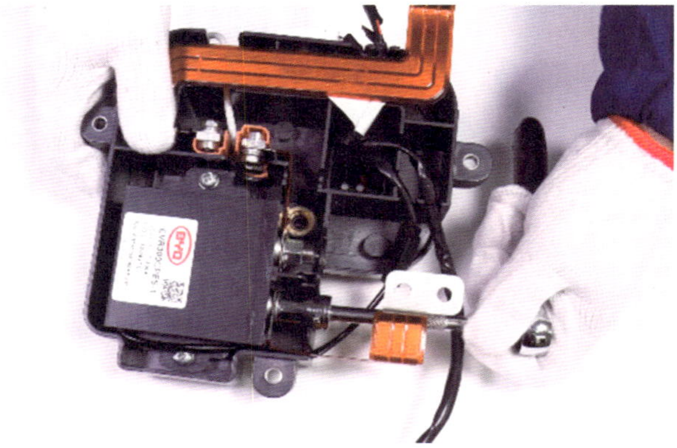

图2-2-20　拆卸负极继电器正极、负极固定螺栓

⑥ 使用十字螺丝刀拆卸负极继电器上的2颗固定螺栓。

⑦ 拆卸负极高压连接片。

⑧ 拆卸负极继电器。

⑨ 使用一字螺丝刀拆卸负极继电器上的低压线束继电器。

⑩ 目视检查高压、低压线束继电器正常无损伤，无异物塞入，针脚无弯曲变形，如图2-2-21所示。

⑪ 目视检查动力电池高压、低压输出接口总成上的高压正极柱、负极柱有无烧蚀，如图2-2-22所示。

图2-2-21　检查高压、低压线束继电器

图2-2-22　检查动力电池高压、低压输出接口总成上的高压正极柱、负极柱

⑫ 取出万用表，校表确认万用表正常可用，如图2-2-23所示。

⑬ 选用合适的跨接线连接至负极继电器线束继电器的1号和2号针脚。

⑭ 将万用表红表笔连接至负极继电器线束继电器1号针脚的跨接线端子，黑表笔连接至负极继电器线束继电器2号针脚的跨接线端子，检测负极继电器内部导通线束的电阻值是否在2600Ω左右，如图2-2-24所示。

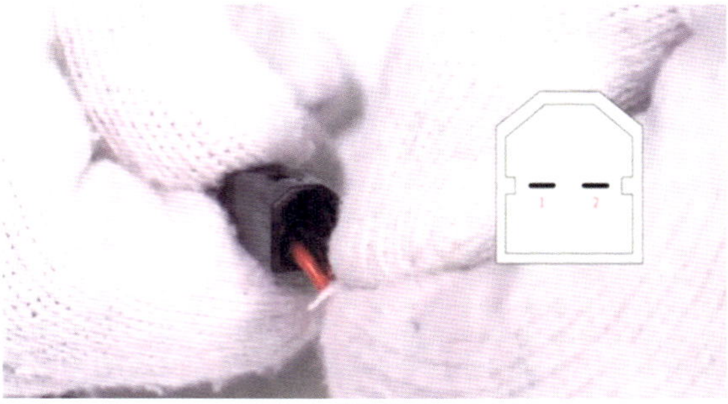

图2-2-23　跨接线连接至负极继电器线束继电器

图2-2-24　负极继电器内部导通线束电阻检测

⑮ 将万用表的红表笔连接负极继电器的正极触点，黑表笔连接负极继电器的负极触点，测量负极继电器触点两端的电阻值是否为∞，如图2-2-25所示。

⑯ 若测量值与标准值不符，则可确认负极继电器两触点端烧结，需维修或更换负极继电器。

3．分压继电器总成拆检

（1）分压继电器总成拆卸。

① 打开右侧分压继电器总成正极高压连接片上的绝缘保护盖，如图2-2-26所示。

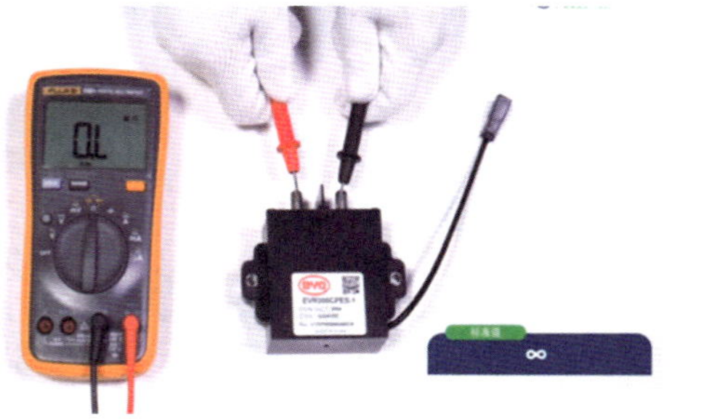

图2-2-25　用万用表测量负极继电器触点两端的电阻值

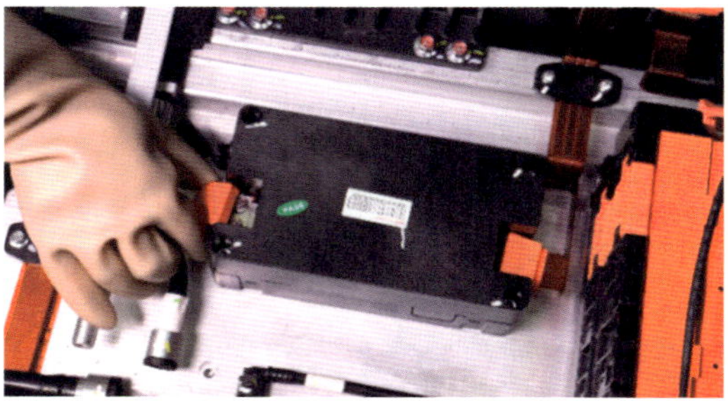

图2-2-26　正极高压连接片绝缘保护盖拆卸

② 使用10mm套筒、接杆、棘轮扳手绝缘组合工具，拆卸右侧分压继电器总成正极高压连接片上的2颗固定螺栓。

③ 打开右侧分压继电器总成负极高压连接片上的绝缘保护盖。

④ 使用10mm套筒、接杆、棘轮扳手绝缘组合工具，拆卸右侧分压继电器总成负极高压连接片上的2颗固定螺栓。

⑤ 使用5号内六角套筒、棘轮扳手绝缘组合工具，拆卸右侧分压继电器总成上的4颗固定螺栓，如图2-2-27所示。

⑥ 使用磁力吸棒取出右侧分压继电器总成上的4颗固定螺栓。

⑦ 拆卸左侧分压继电器总成。

⑧ 以同样的方法拆卸左侧分压继电器总成。

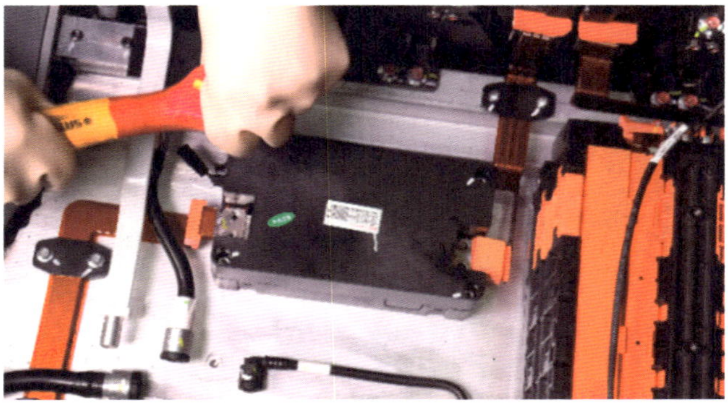

图2-2-27　分压继电器总成固定螺丝拆卸

（2）分压继电器总成解体检测。

① 目视检查左、右两侧分压继电器总成的外观是否老化、破损，正极、负极高压连接片固定螺栓是否有烧结。

② 使用一字螺丝刀撬动右侧分压继电器总成上的两个固定卡扣，拆卸右侧分压继电器总成上盖，并放置在合适位置。

③ 使用10mm套筒、接杆、棘轮扳手组合工具，拆卸保险丝上的2颗固定螺栓。

④ 拆卸保险丝，并放置在合适位置，如图2-2-28所示。

⑤ 拆卸正极高压连接片，并放置在合适位置，如图2-2-29所示。

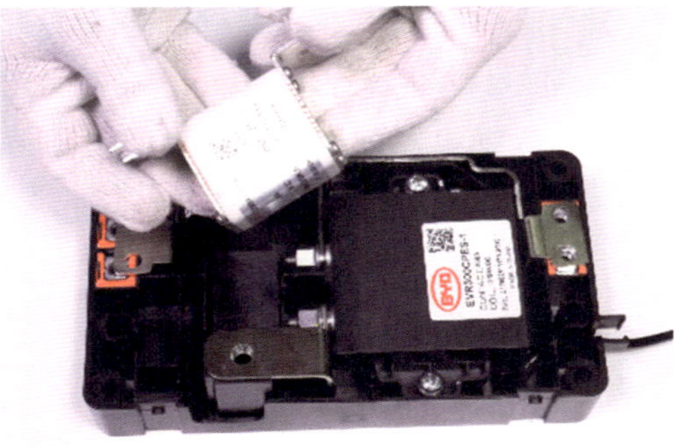

图2-2-28　保险丝拆卸

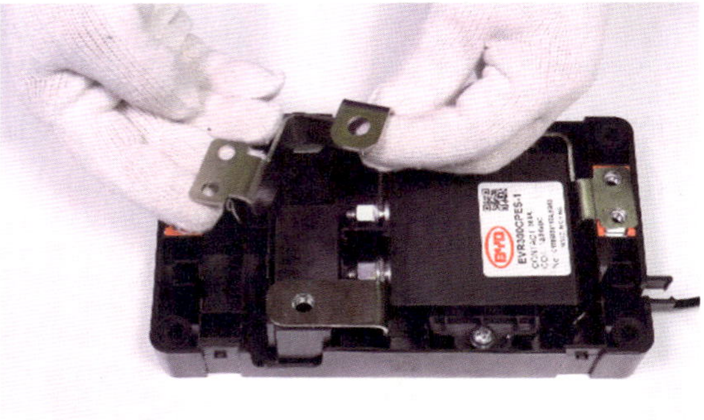

图2-2-29　正极高压连接片拆卸

⑥ 使用十字螺丝刀拆卸继电器上的2颗固定螺栓。

⑦ 拆卸继电器，并放置在合适位置。

⑧ 使用14mm套筒、接杆、棘轮扳手组合工具，拆卸继电器两端的2颗固定螺栓，如图2-2-30所示。

⑨ 拆卸正极、负极高压连接片，并放置在合适位置，如图2-2-31所示。

⑩ 将万用表的红、黑表笔分别连接至保险丝上的正极、负极连接片上，检测保险丝的导通。

⑪ 若测量值与标准值不符，则可确认保险丝内部损坏，需更换新的保险丝。

⑫ 选用合适跨接线连接至继电器线束继电器的1号和2号针脚，如图2-2-32所示。

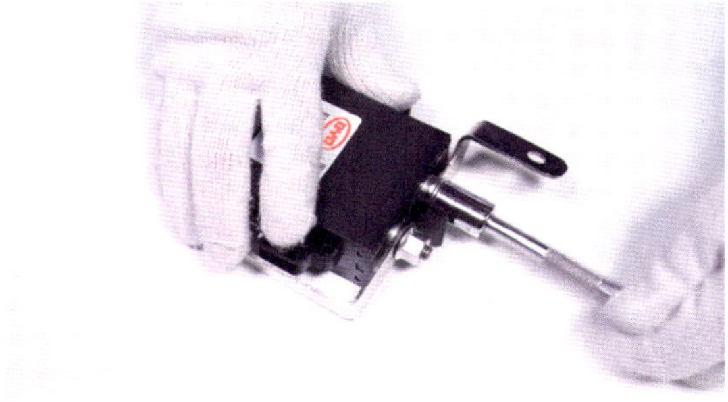

图2-2-30　继电器两端固定螺栓

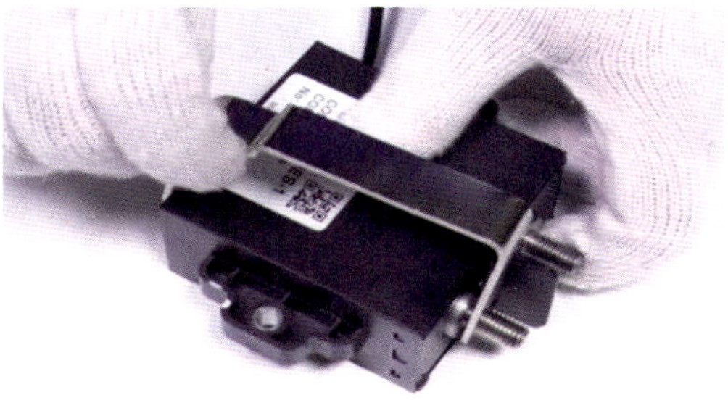

图2-2-31　正极、负极高压连接片拆卸

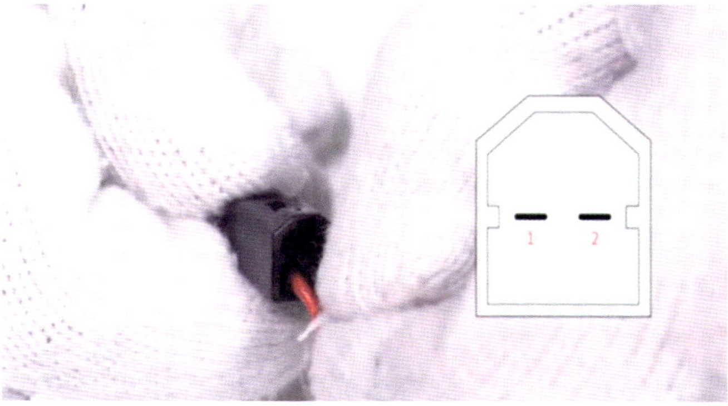

图2-2-32　跨接线连接至继电器线束继电器

⑬ 将万用表红表笔连接至负极继电器线束继电器1号针脚的跨接线端子，黑表笔连接至负极继电器线束继电器2号针脚的跨接线端子，检测负极继电器内部导通线束的电阻值是否在2600Ω左右，如图2-2-33所示。

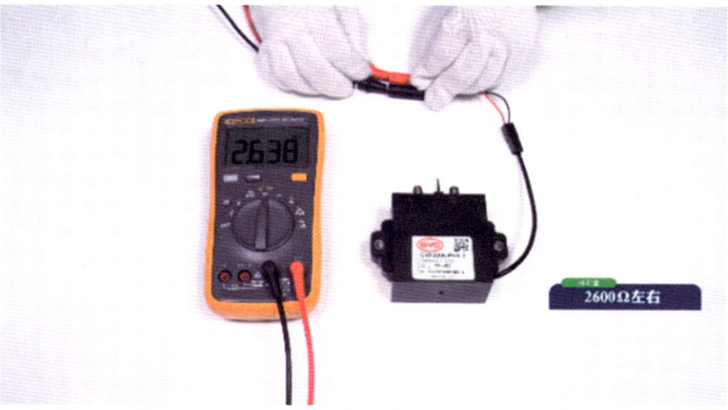

图2-2-33　继电器内部导通线束电阻检测

⑭ 将万用表的红表笔连接负极继电器的正极触点，黑表笔连接负极继电器的负极触点，测量负极继电器触点两端的电阻值是否为∞。

⑮ 若测量值与标准值不符，则可确认负极继电器两触点端烧结，需维修或更换负极继电器。

⑯ 以同样的方法对左侧分压继电器进行解体检测。

实训2　电池模组均衡作业

电池模组均衡作业

（一）任务准备

1. 操作规范

（1）车间管理。

操作人员按要求佩戴个人防护用品，规范操作。

2. 实训准备

（1）实训分组。

分组进行实训，完成“电池模组均衡作业”任务。

（2）工具准备。

① 常用工具：普通套筒组合工具。

② 绝缘工具：绝缘套筒组合工具。

③ 测量工具：万用表。

④ 专用工具：均衡专用夹具。

（3）设备准备。

电池模组、均衡机。

（4）车辆防护用品。

车内三件套、车外三件套、底盘垫块、车轮挡块。

（5）人员防护用品。

绝缘手套、绝缘鞋、护目镜、安全帽。

（6）辅助资料。

教材、实训工作页。

（二）任务实施

一、前期准备

（1）在进行均衡机的使用操作前，需准备并穿戴好如下防护工具：绝缘手套、绝缘鞋和防护背心，如图2-2-34所示。

（2）检查均衡机，确保均衡机主机及连接附件无缺失、破损、烧蚀等情况。

图2-2-34　防护工具

二、均衡连接

电池模组均衡有两种连接方式，一种是通过硬线均衡，另一种是通过采样线均衡。

1．硬线均衡连接

（1）检查待均衡的电池模组，确认其良好。

（2）用一字螺丝刀依次拆下电池模组上部的盖板卡扣，取下电池模组盖板，如图2-2-35所示。

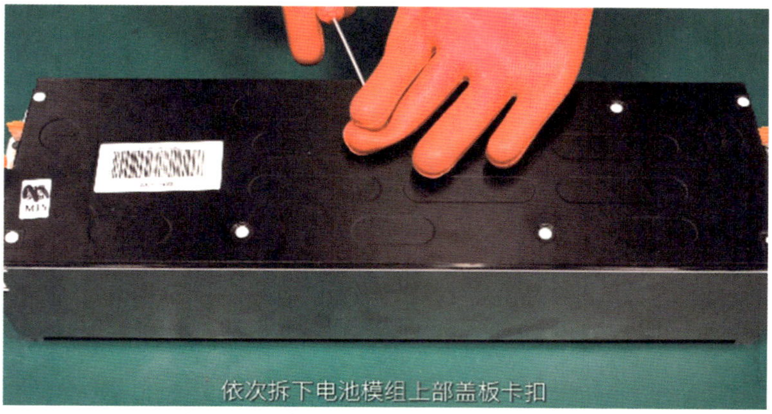

依次拆下电池模组上部盖板卡扣

图2-2-35　拆下电池模组上部的盖板卡扣

（3）检查电池模组上部的温度检测传感器和采样线，确认其良好。

（4）将均衡测试线缆的绿色转接头与均衡专用线束的绿色转接头连接，并确认其连接牢固，如图2-2-36所示。

6 电池模组均衡作业-01 作业准备

6 电池模组均衡作业-02 均衡连接-01 硬线均衡连接

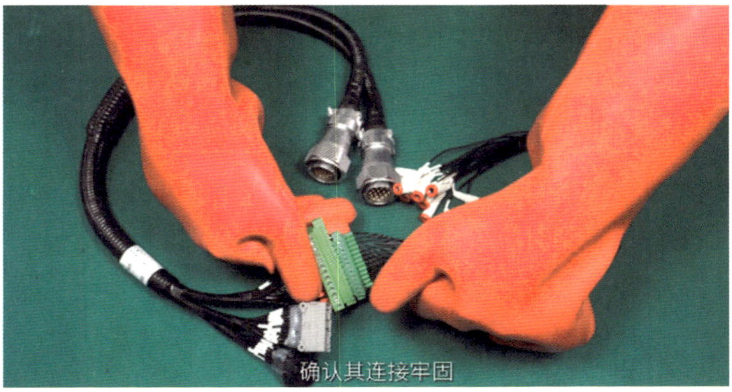

图2-2-36　绿色转接头连接

（5）取下均衡机电池包1的16pin和24pin接口的密封盖，如图2-2-37所示。

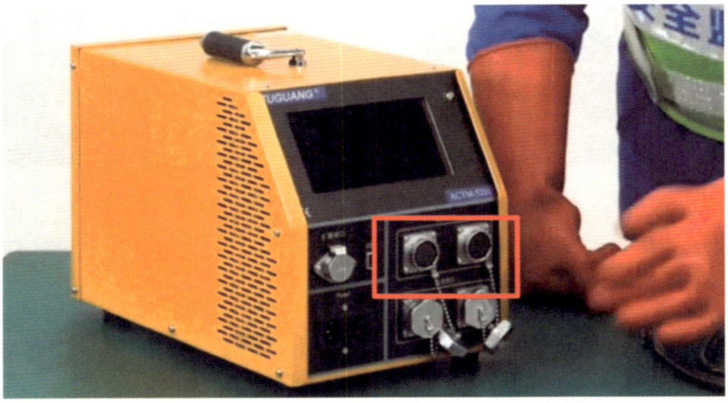

图2-2-37　取下均衡机电池包1的接口的密封盖

（6）按照规范将均衡测试线缆的16pin和24pin航空插头连接至均衡机的16pin和24pin接口，并锁紧。

（7）用万用表连接电池模组正极端、负极端铜巴，如图2-2-38所示。

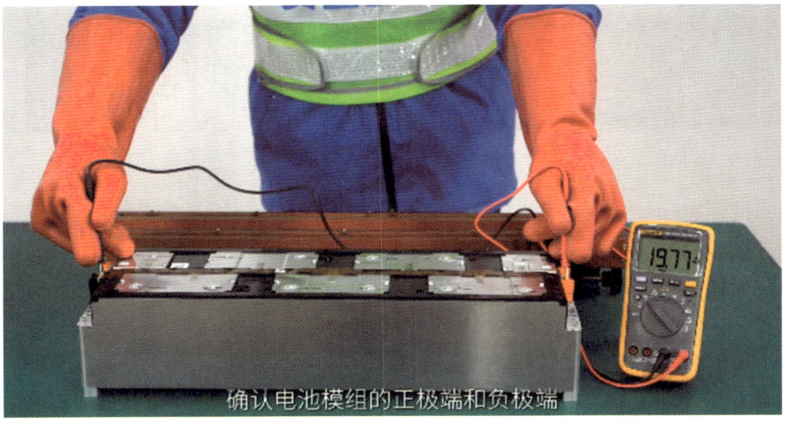

图2-2-38　用万用表连接电池模组正极端、负极端铜巴

注意事项

电池模组正极端、负极端的判定是根据万用表检测值的正、负来确定的。若电压值为正，则红表笔所连接的为正极端，黑表笔所连接的为负极端；若电压值为负，则相反。

（8）将第一组均衡专用夹具横置，移动其连接头至合适位置，并将夹具缓慢竖直，确保夹具上的各个连接头接触到对应单体电芯的导电片，如图2-2-39所示。

图2-2-39　均衡专用夹具安装

（9）一只手固定夹具，另一只手使用小棘轮扳手、接杆和套筒组合工具调整夹具的锁紧装置，使其锁紧，如图2-2-40所示。

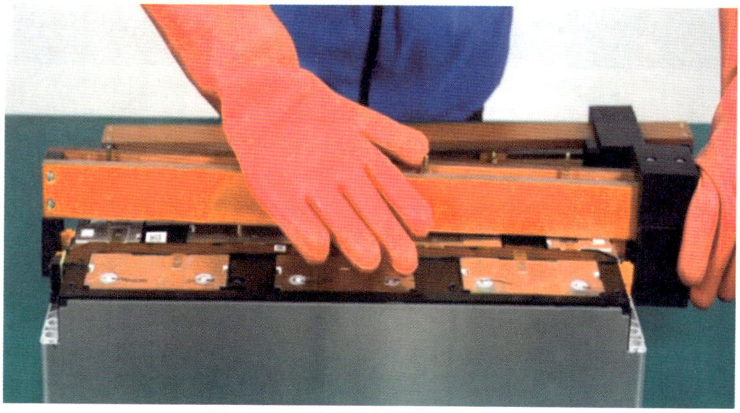

图2-2-40　调整夹具的锁紧装置

（10）用一只手按下专用夹具，另一只手逆时针旋转固定旋柄，直至专用夹具固定牢固，如图2-2-41所示。

图2-2-41　夹具固定

（11）用同样的方法安装第2组专用夹具至电池模组的另一侧，并固定牢固。

注意事项

在连接两组专用均衡夹具时，需将均衡夹具内连接头与电池模组上各单体电池导电片接触牢固。

（12）用万用表检测电池模组上专用夹具的连接头的背面，确认每个单体电芯的正极端和负极端连接正确，如图2-2-42所示。

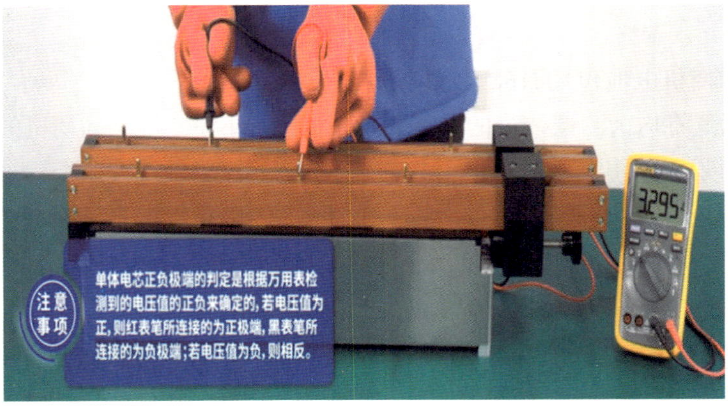

图2-2-42　单体电芯的正极端和负极端连接确认

注意事项

单体电芯的正极端、负极端的判定是根据万用表检测到的电压值的正负来确定的。若电压值为正，则红表笔所连接的为正极端，黑表笔所连接的为负极端；若电压值为负，则相反。

（13）找到均衡专用线束中的负极线，并将其连接到第一组夹具上一个电芯的负极端，将均衡专用线束的6根正极线依次连接至电池模组上两个夹具连接头的背面，如图2-2-43所示。

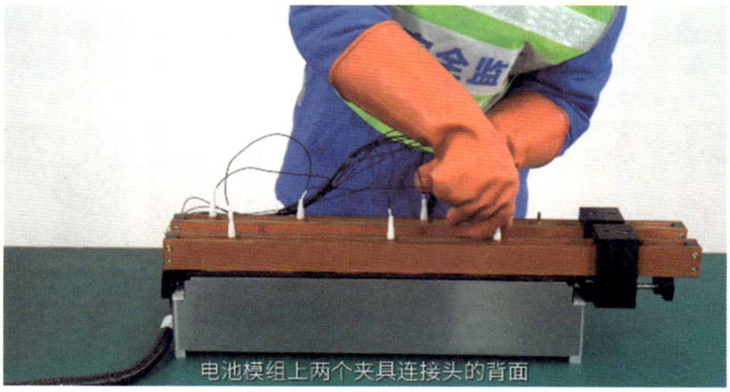

图2-2-43　均衡专用线束中的负极线连接

（14）按照规范操作连接均衡机电源线。

注意事项

（1）连接之前请确认交流电源处于断电状态。

（2）交流电接入的电源必须带接地保护。

2. 采样线均衡连接

（1）检查待均衡的电池模组，确认其良好。

（2）将电池模组专用采样线转接头连接至均衡测试线缆转接头，确保其连接牢固，如图2-2-44所示。

（3）取下均衡机电池包1的16pin和24pin接口的密封盖。

（4）按照规范将均衡测试线缆的16pin和24pin航空插头连接至均衡机的16pin和24pin接口，并确认其锁紧，如图2-2-45所示。

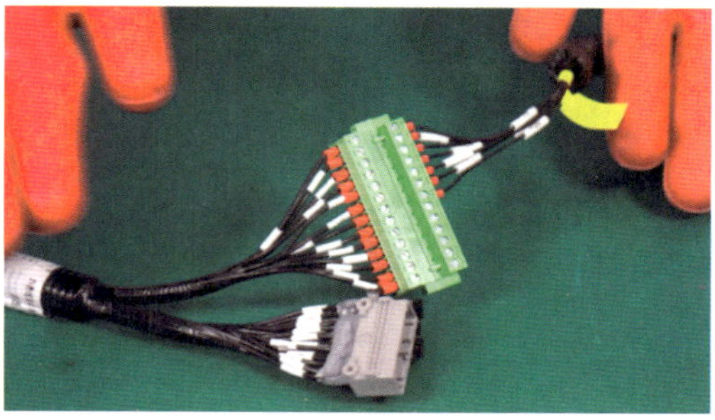

图2-2-44　专用采样线转接头连接

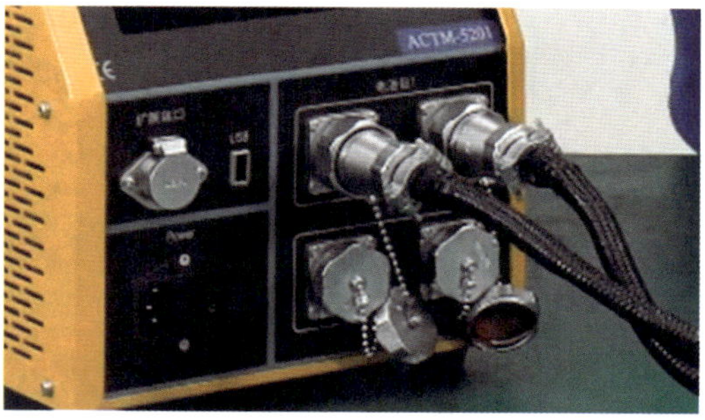

图2-2-45　均衡测试线缆的航空插头连接

（5）将电池模组专用采样线的插接器连接至电池模组的低压采样口。按照操作规范连接均衡机220V电源线，如图2-2-46所示。

6 电池模组均衡作业-02 均衡连接-02 采样线均衡连接

图2-2-46　模组专用采样线的插接器连接

注意事项

（1）连接之前请确认交流电源处于断电状态。

（2）交流电接入的电源必须带接地保护。

三、电池模组均衡作业

1. 参数设置

电池模组的均衡作业不要在OVC电压平台期进行，应该在电压平台的前期和电压平台的后期进行，如图2-2-47所示。

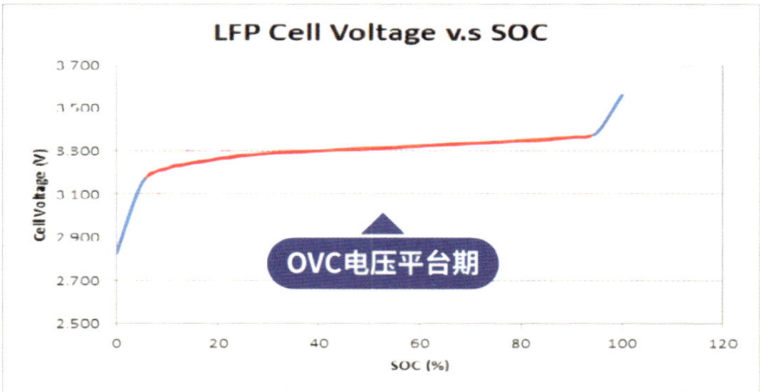

图2-2-47　OVC电压曲线

6 电池模组均衡作业-03 均衡作业-01 参数设置

注意事项

均衡作业应该远离OVC电压平台期，否则无法进行均衡。

（1）打开电源插座开关。

（2）打开均衡机AC电源开关，进入开机界面，之后进入主菜单。

（3）点击主菜单中的“均衡维护”，进入功能维护工作界面，进行均衡机作业前的设置，如图2-2-48所示。

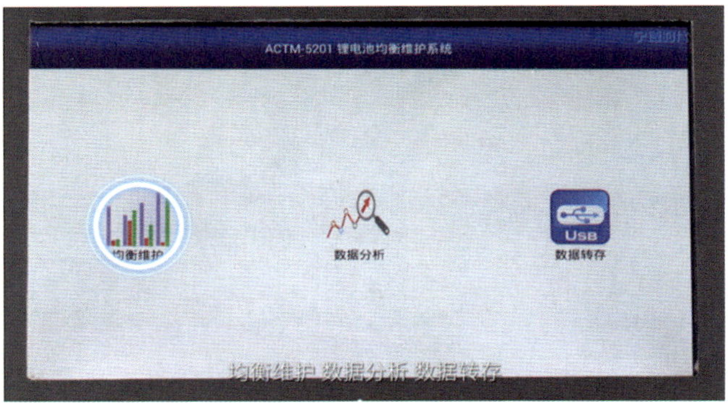

图2-2-48　点击“均衡维护”

注意事项
均衡机作业前，先进行系统设置，再进行参数设置。

（4）点击右上角的系统设置图标，如图2-2-49所示。显示状态颜色设置、数据存储间隔、电池温度保护、电池节数调整和开发维护，一般进行均衡作业前必须修改“电池温度保护”和“电池节数调整”。

（5）点击“电池温度保护”，进入界面，这里为三元锂电池，将三元锂电池的温度调整到对应的温度范围0℃～55℃，并点击“保存”按钮保存参数，如图2-2-50所示。

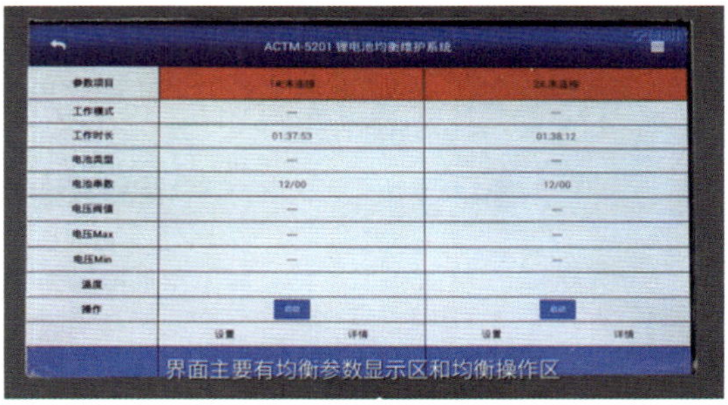

图2-2-49　系统设置图标

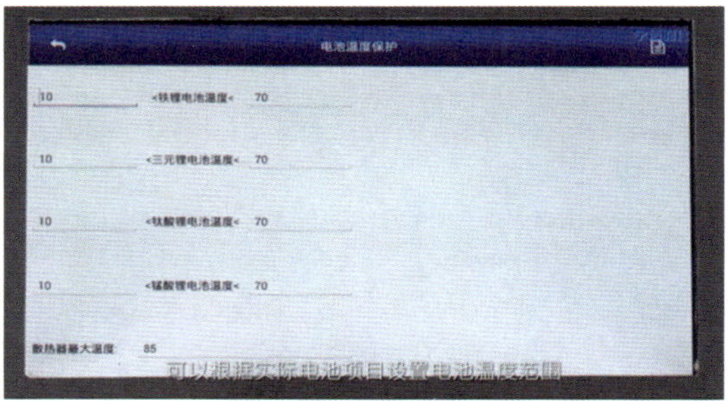

图2-2-50　“电池温度保护”界面

（6）点击返回箭头，回到均衡维护界面。

（7）再次点击系统设置图标，选择“电池节数调整”，进入界面，这里对一个电池模组进行均衡作业，选择1组，每组24节，并点击“保存”按钮进行保存。

注意事项
电池节数调整后，点击“保存”按钮，均衡机会重启程序。

（8）点击均衡维护界面中的“设置”，进入参数设置界面，如图2-2-51所示。

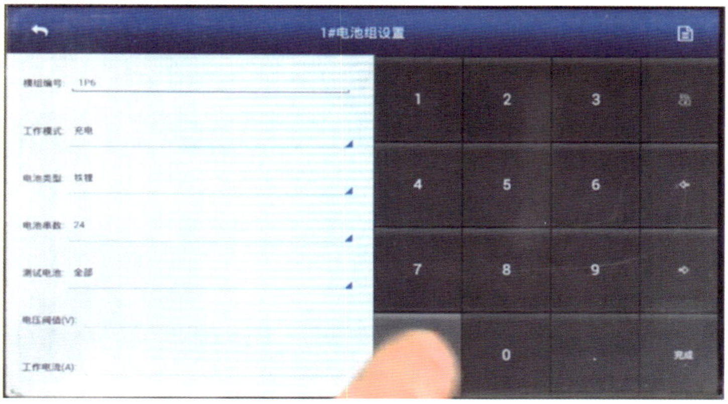

图2-2-51　参数设置界面

（9）依据实际对象的维护参数，依次进行如下设置。

模组编号：G5的电池模组内单体电池的连接方式为1p6s，这里填写1p6s。

工作模式：这里是均衡作业，选择均衡。

电池类型：G5为三元锂电池，这里选择三元锂。

电池串数：G5电池模组为6个单体电池串联，电池串数为6。

测试电池：这里将6块电池全部进行测试，选择全部。

电压阈值：G5电池的电压阈值为4.35V。

说明：在均衡过程中，当单体电芯电压达到设定的电压阈值，会停止均衡作业，以防止出现电芯过充现象，从而有效保护单体电芯。

工作电流：均衡作业模式时的工作电流为0～2.5A，具体设定值不能超过整个均衡连接线路的电流承受能力，这里设定为2.5A。

注意事项

均衡维护参数依据实际维护对象的参数进行设置，其中电压阈值是通过查阅电池参数计算得出的。

（10）点击右上角的“保存”按钮，保存参数。

参数说明：

① 不同电池类型有不同的最低、最高电压保护，所以电池类型不可选错。

② 根据连接的电芯数目设定串数。

③ 测试电池根据实际选择。

2．均衡操作

（1）在“均衡维护”界面，点击“启动”按钮，测试开始。

（2）点击均衡维护界面中的“详情”，进入工作概况界面，直至界面中的所有单体电池状态显示完成，则表示均衡作业完成，如图2-2-52所示。

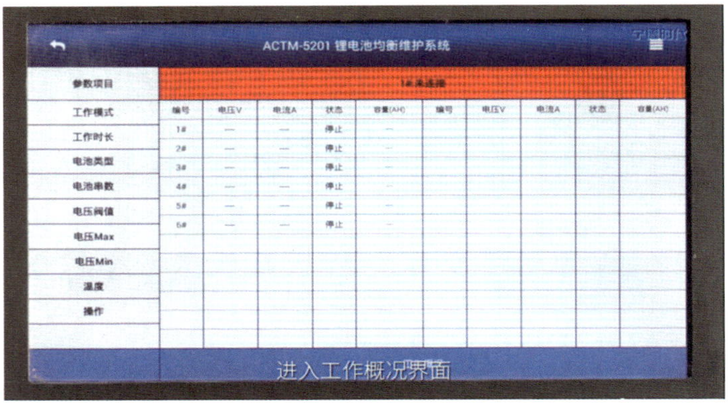

图2-2-52　工作概况界面

6 电池模组均衡作业-03 均衡作业-02 均衡操作

作业说明：当维护的电芯电压达到目标值，且工作电流小于0.2A，时间大于3分钟时，单体电芯状态才显示完成。

四、整理归位

整理归位主要包括以下内容。

（1）关闭均衡机电源开关，关闭均衡机。

（2）关闭电源插座开关，拔下插座上的电源插头。

（3）拔下均衡机220V电源线插头。

（4）依次取下均衡专用线束与夹具连接头正极、负极连接线。

（5）按照规范解锁均衡测试线缆的24pin和16pin航空插头，并将其拆下，整理均衡测试线缆和均衡专用线束，并妥善放置。

（6）盖上均衡机电池包1的24pin和16pin接口的密封盖。

（7）逆时针旋转第二组专用夹具的固定旋柄，直至专用夹具从电池模组松脱，取下夹具并妥善放置。

（8）用同样的方法拆卸第一组专用夹具，然后将专用均衡夹具从模组上取下来。

（9）将电池模组上部盖板安放至规定位置，并安装其卡扣。

注意事项
在安放电池模组盖板时，要将盖板上的卡扣安装孔与电池模组上的安装孔对齐。

（10）设备归位，清洁场地。

说明：采样线整理归位时“断开电池模组低压线束口的专用采样线”与“断开硬线均衡装置”的步骤不同。

实训3　电池气密性检测

（一）任务准备

电池系统气密性检测

1. 操作规范

操作人员按要求佩戴个人防护用品，规范操作。

2. 实训准备

（1）实训分组。

分组进行实训，完成“电池模组气密性检测”任务。

（2）工具准备。

① 常用工具：普通套筒组合工具。

② 绝缘工具：绝缘套筒组合工具。

③ 测量工具：万用表。

④ 专用工具：均衡专用夹具。

（3）设备准备。

电池模组、均衡机。

（4）车辆防护用品。

车内三件套、车外三件套、底盘垫块、车轮挡块。

（5）人员防护用品。

绝缘手套、绝缘鞋、护目镜、安全帽。

（6）辅助资料。

教材、实训工作页。

（二）任务实施

一、前期准备

（1）在进行均衡机的使用操作前，需准备并穿戴好如下防护工具：绝缘手套、绝缘鞋和防护背心，如图2-2-53所示。

图2-2-53　防护工具

（2）检查均衡机，确保均衡机主机及连接附件无缺失、破损、烧蚀等情况。

二、电箱气密性检测

电池系统气密性检测-01 电箱气密工装连接

1. 电箱气密工装连接

（1）安装气密仪及配套附件，并将标准罐安装至气密仪上，如图2-2-54所示。对气密仪进行自检校准，如果测试结果显示“OK”，则气密仪正常使用，如图2-2-55所示。

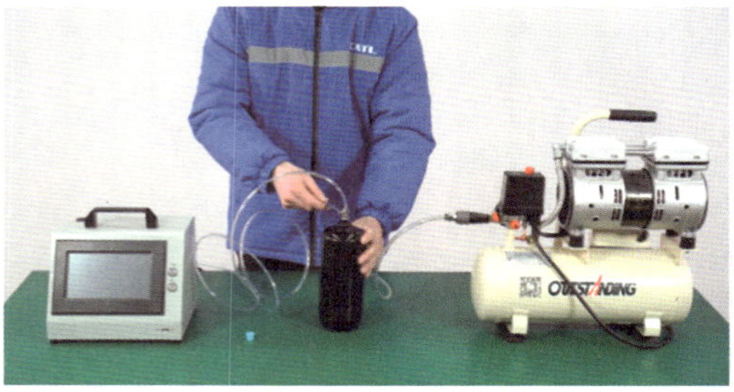

图2-2-54　将标准罐安装至气密仪上

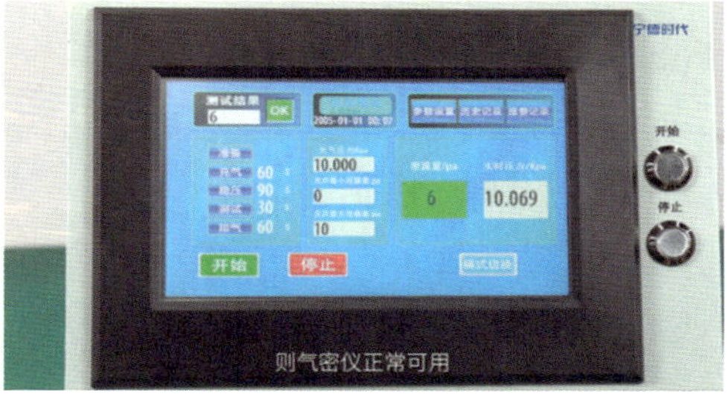

图2-2-55　测试结果显示“OK”

（2）检查箱体平衡阀气密工装的外观是否完好，如图2-2-56所示。检查密封胶垫、气管及转换接头是否有老化、破损等异常现象，如图2-2-57所示。用手按压复位弹簧能否正常复位，向外拔动堵头应不能拔出。

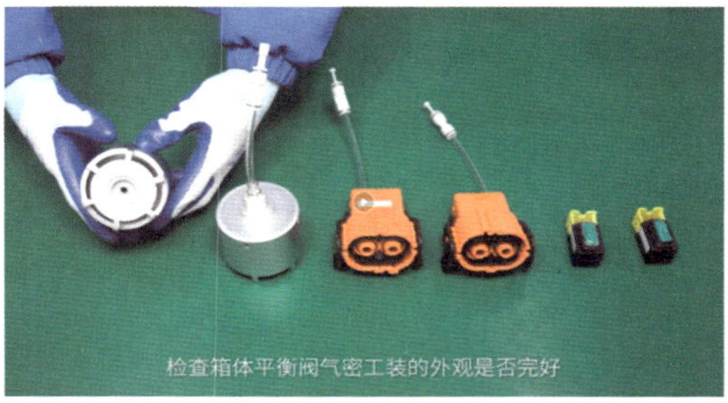

图2-2-56　检查箱体平衡阀气密工装外观

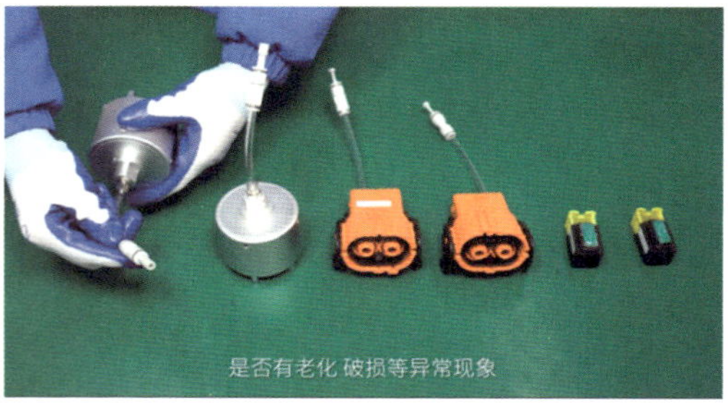

图2-2-57　检查密封气管

（3）检查高压气密工装的外观、气管及转换接头是否有老化、破损等异常现象，如图

2-2-58所示。检查各针脚插孔有无堵塞，向外拔动堵头应不能拔出，如图2-2-59所示。

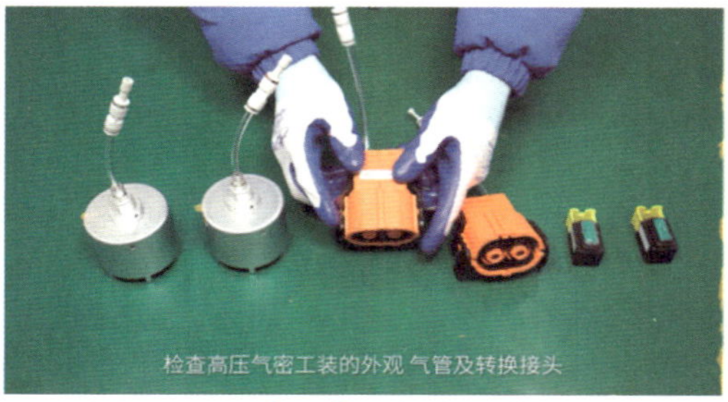

图2-2-58　检查高压气密工装的外观

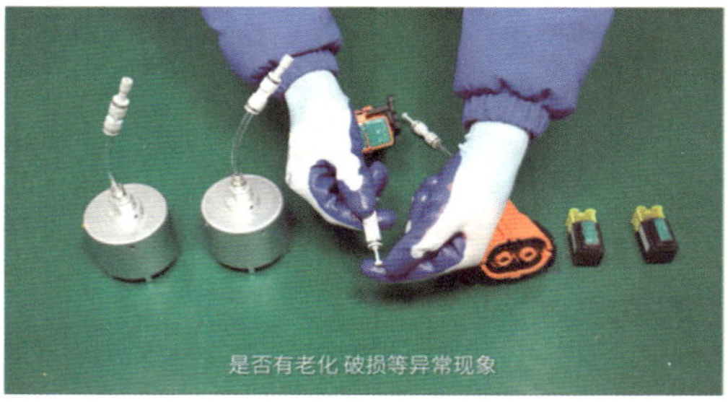

图2-2-59　向外拔动堵头

（4）检查低压通信气密工装的外观，是否有老化、破损等异常现象，如图2-2-60所示。检查各针脚插孔有无堵塞，如图2-2-61所示。

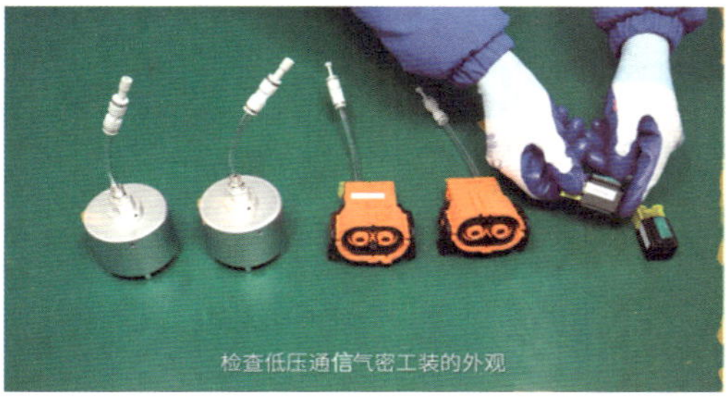

图2-2-60　检查低压通信气密工装外观

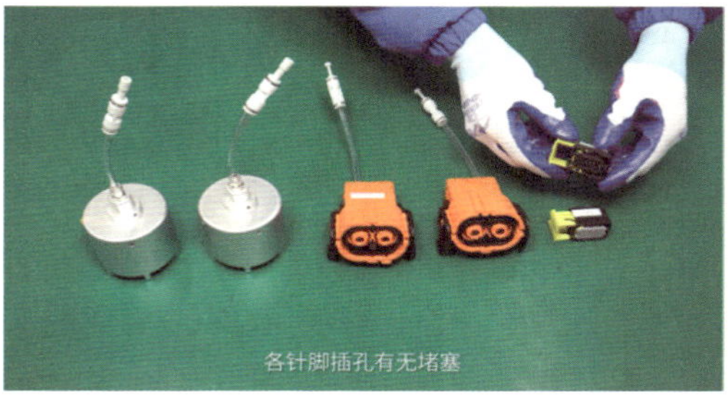

图2-2-61　检查各针脚插孔

（5）安装箱体平衡阀气密工装1，用手按压气密工装壳体，顺时针旋转棘爪并锁止，并堵塞箱体平衡防爆阀孔位，如图2-2-62所示。安装完成后，向外拔动箱体平衡阀气密工装1，应不能拔出，如图2-2-63所示。

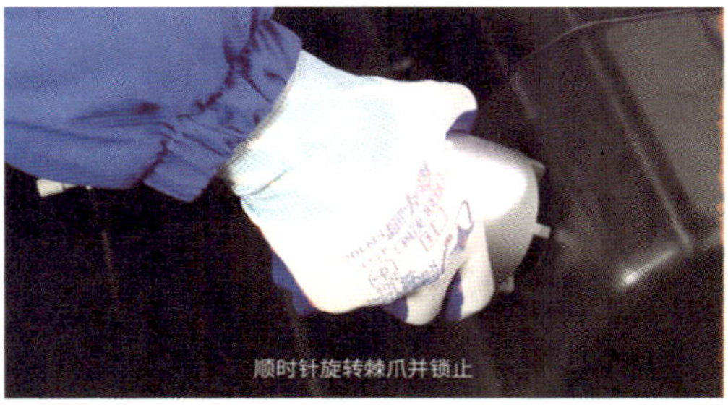

图2-2-62　顺时针旋转棘爪并锁止

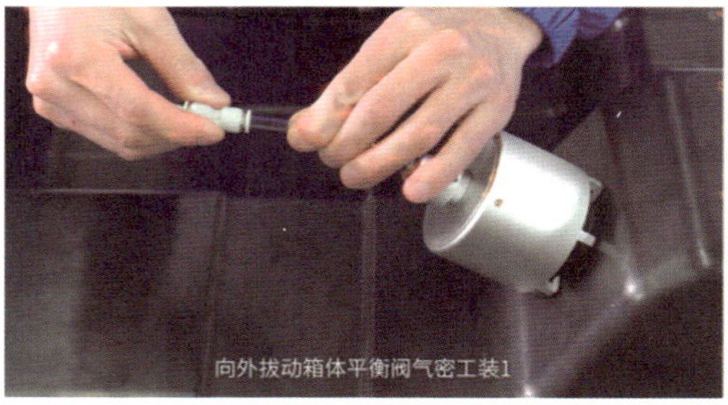

图2-2-63　向外拔动箱体平衡阀气密工装1

（6）安装箱体平衡阀气密工装2，用手按压气密工装壳体，顺时针旋转棘爪并锁止，并堵塞箱体平衡防爆阀孔位，如图2-2-64所示。安装完成后，向外拔动箱体平衡阀气密工装2，应不能拔出，如图2-2-65所示。

（7）使用一支螺丝刀拆卸低压通信A接插件保护盖和低压通信B接插件保护盖，并放置于合适位置，如图2-2-66和图2-2-67所示。

图2-2-64　安装箱体平衡阀气密工装2

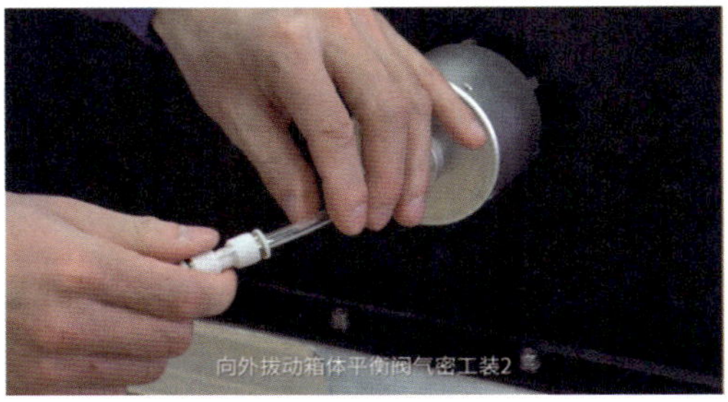

图2-2-65　向外拔动箱体平衡阀气密工装2

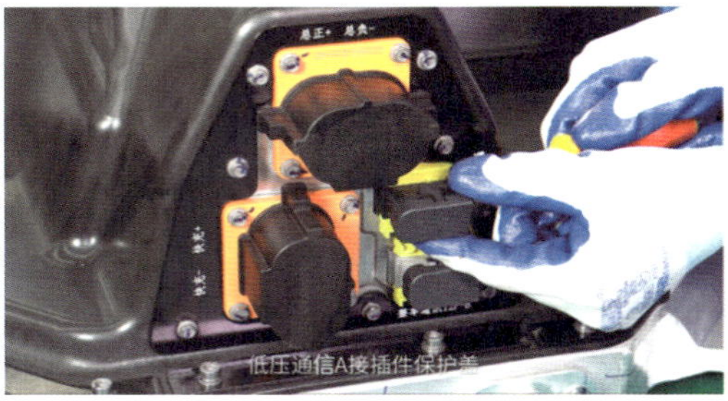

图2-2-66　拆卸低压通信A接插件保护盖

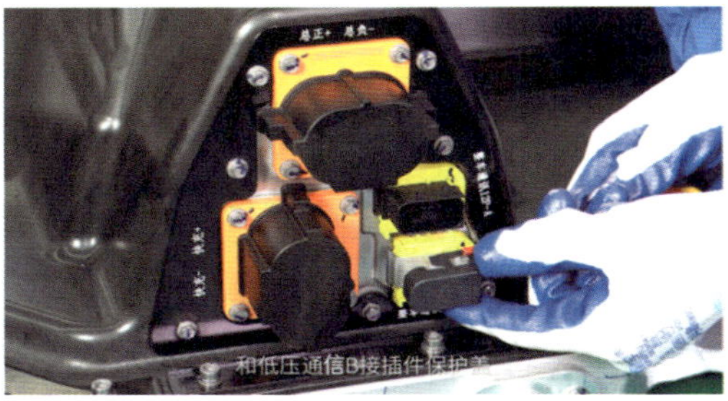

图2-2-67　拆卸低压通信B接插件保护盖

（8）使用低压通信B继电器气密工装，向左按压卡扣至其锁止，堵塞低压通信B继电器孔位，如图2-2-68所示。使用低压通信A继电器气密工装，向左按压卡扣至其锁止，堵塞低压通信A继电器孔位，如图2-2-69所示。

图2-2-68　使用低压通信B继电器气密工装

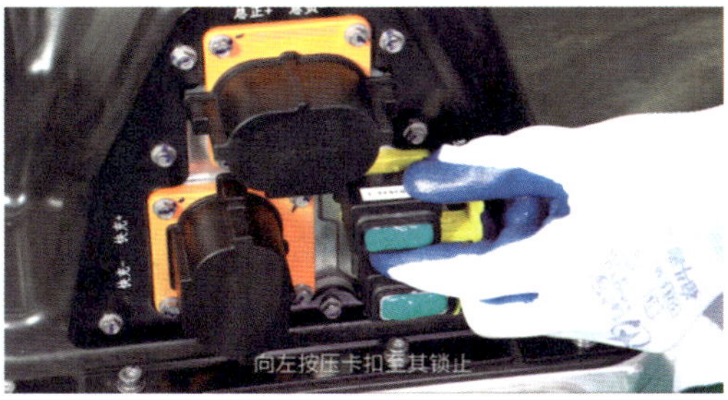

图2-2-69　使用低压通信A继电器气密工装

（9）拔下高压接插件保护盖，如图2-2-70所示。

（10）拔下快充接插件保护盖，并放置于合适位置，如图2-2-71所示。

（11）使用高压快充气密工装，向右按压手柄至其锁止，堵塞高压快充接插件，如图2-2-72所示。

（12）使用高压输出气密工装，向下按压手柄至其锁止，堵塞高压输出接插件，如图2-2-73所示。

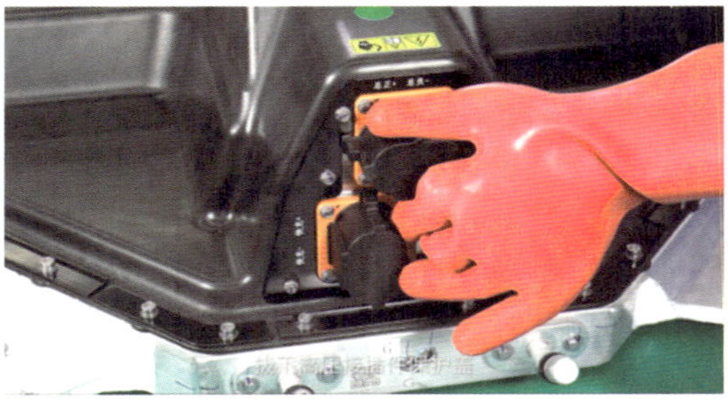

图2-2-70　拔下高压接插件保护盖

图2-2-71　拔下快充接插件保护盖

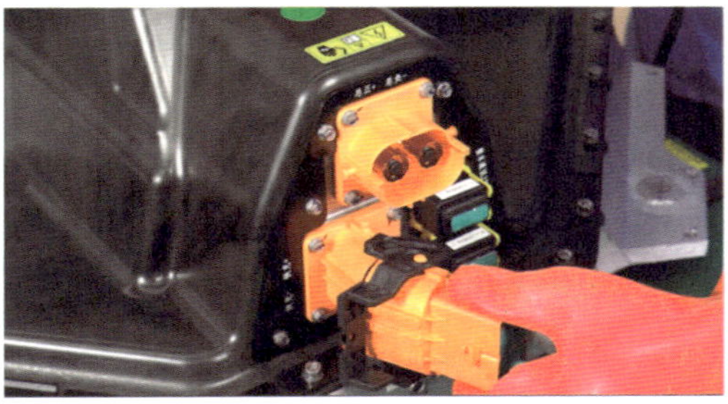

图2-2-72　使用高压快充气密工装

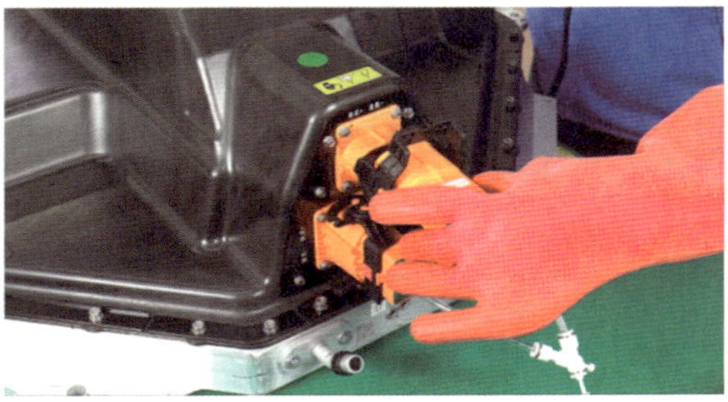

图2-2-73　使用高压输出气密工装

（13）按压高压快充气密工装的气管转接头，并拔下堵头，如图2-2-74所示。

注意事项

在安装各气密工装时，根据技术文件要求，将气密工装的气管处于导通状态，方便后续加注气压，检测箱体气密性时使用。

（14）将检测气管安装至高压快充气密工装气管转接头上，如图2-2-75所示。

图2-2-74　拔下堵头

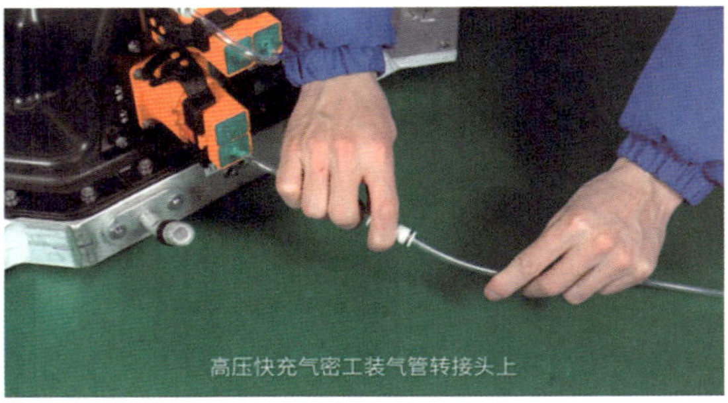

图2-2-75　安装检测气管

注意事项

在打开气密仪进行电箱气密性检测之前，需再次检查G5电箱上的各气密工装是否安装到位，气密工装堵头是否封堵完好，检测气管是否安装到位，确保在进行电箱气密性检测时不漏气。

2. 电箱气密性检测操作

（1）打开空调压缩机阀体总开关，如图2-2-76所示。打开通气阀开关，如图2-2-77所示。对气密仪进行加压操作，打开气密仪调压阀，将压力值调至0.4Mpar，并锁止压力调节旋钮，如图2-2-78所示。

图2-2-76　打开空调压缩机阀体总开关

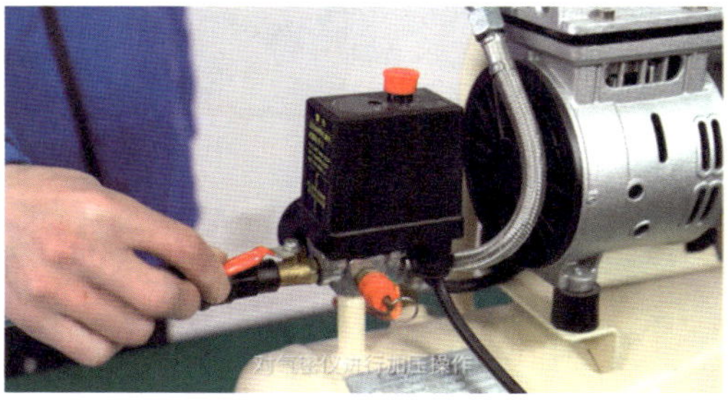

图2-2-77　打开通气阀开关

电池系统气密性检测-02 电箱气密性检测

图2-2-78　调节压力值

注意事项

在调整气密仪调压阀时，应及时观察气密仪上的压力表指针是否有明显的变化。若无压力通入，则需要及时关闭空气压缩机阀体总开关，并排查故障。

（2）打开气密仪，点击进入系统，选择低压模式，如图2-2-79所示。点击参数设置，进入设置界面，如图2-2-80所示。

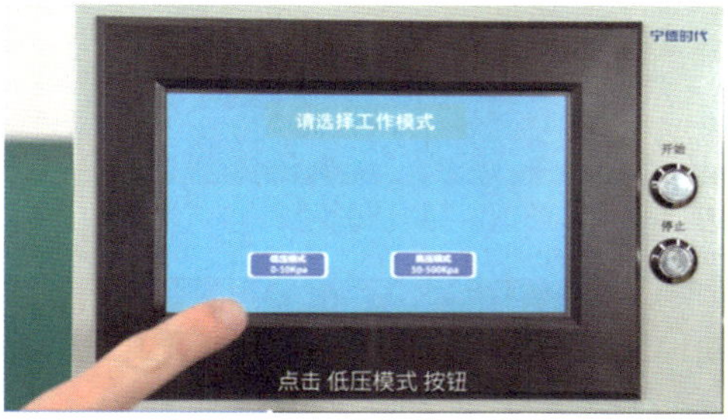

图2-2-79　选择低压模式

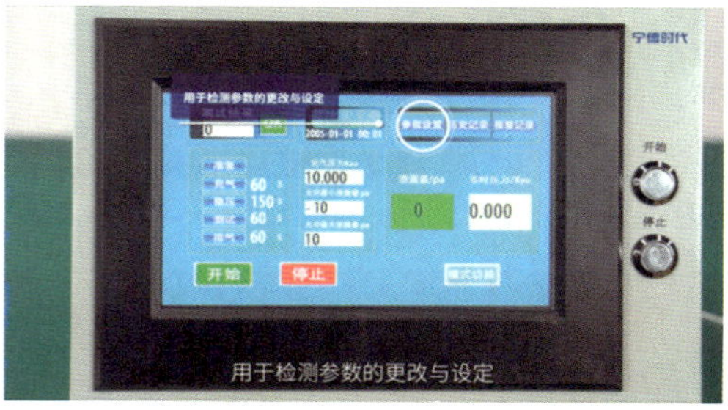

图2-2-80　点击参数设置

（3）依据标准数值，如图2-2-81所示。依次对充气时间、充气压力值等参数进行设置，待参数设置完成后，点击“确认”按钮，即可保存已重新设置的数值，如图2-2-82所示。

低压气密检测

充气时间	250s	稳压时间	60s
充气压力值	2.8kpar	稳压压力最小值	2.5kpar
充气压力最小值	2.5kpar	稳压压力最大值	3.0kpar
充气压力最大值	3.0kpar	测试时间	60s
测试模式	压差法	排气时间	60s
泄露压力最小值	-50	泄露压力最大值	50

图2-2-81　标准数值

（4）点击“返回”按钮，进入到气密仪检测主界面。

注意事项

当点击“返回”按钮，退出至气密仪主界面后，需再次检查气密仪显示参数是否正确，谨防误操作后，影响箱体气密性检测结果的有效性。

（5）点击“开始”按钮，进行气密检测，当显示屏上显示“OK”时，测试通过，说明电箱气密性良好，如图2-2-83所示。

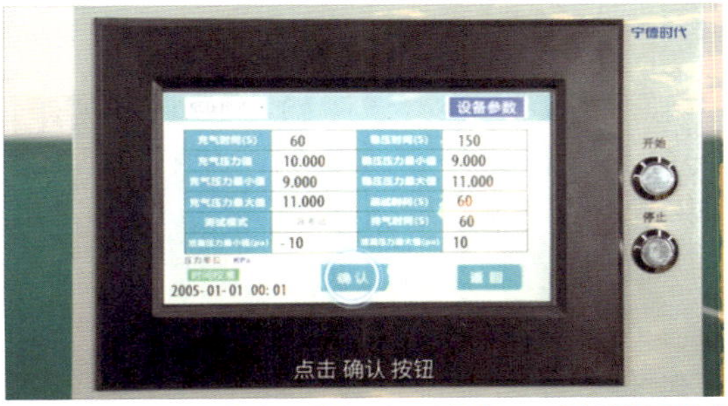

图2-2-82　点击“确认”按钮即可保存已重新设置的数值

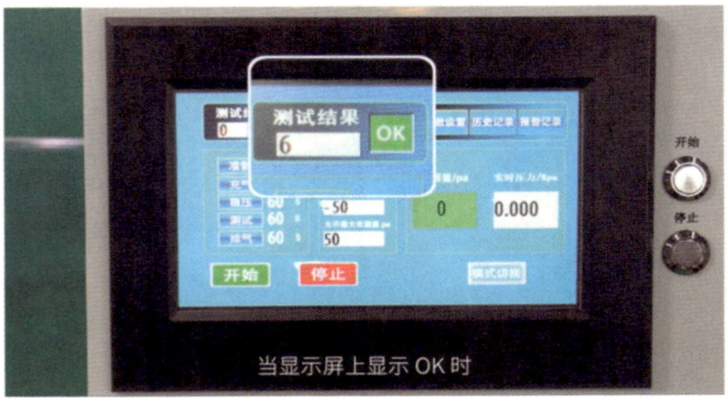

图2-2-83　显示屏上显示“OK”

注意事项

在气密仪进行电箱气密检测过程中，若有参数显示异常，则可随时点击“停止”按钮，结束气密性测试实验。

（6）按压快充气密工装的气管转接头，拔下气管，并将堵头安装至气管转接头上，如图2-2-84所示。

（7）拆卸高压输出气密工装，如图2-2-85所示。

（8）拆卸高压快充气密工装，如图2-2-86所示。

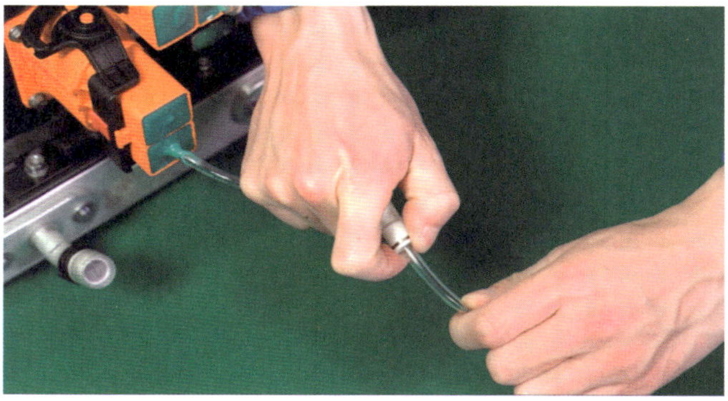

图2-2-84　拔下气管

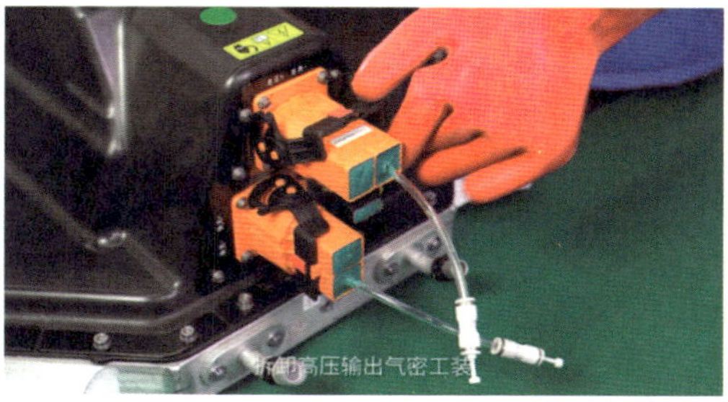

图2-2-85　拆卸高压输出气密工装

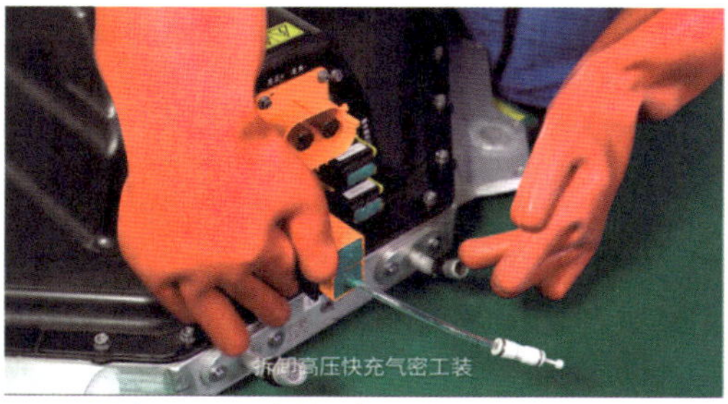

图2-2-86　拆卸高压快充气密工装

（9）安装快充接插件保护盖。

（10）安装高压接插件保护盖。

（11）拆卸低压通信A继电器气密工装，并放置在合适位置，如图2-2-87所示。

（12）拆卸低压通信B继电器气密工装，并放置在合适位置，如图2-2-88所示。

图2-2-87　拆卸低压通信A继电器气密工装

图2-2-88　拆卸低压通信B继电器气密工装

（13）安装低压通信接插件保护盖B。

（14）安装低压通信接插件保护盖A。

（15）拆卸箱体平衡阀气密工装1。

（16）拆卸箱体平衡阀气密工装2。

（17）设备归位，清洁场地。

项目三　车辆充电、放电管理系统

任务 3.1　车载充电系统结构与检测

一、任务导入

修理人员张工在某新能源汽车4S店工作，某一天接了一辆纯电动汽车，经过询问以及客户反映，该车无法进行慢充充电，且仪表盘上无充电连接指示灯。经过修理工检查，该车的车载充电机故障灯点亮，检查后发现车载充电机内部主控板损坏，需要更换车载充电机，如果你是4S店维修技术人员，应如何找出上述故障的原因，检测方案如何制定？

二、任务目标

知识目标：

1. 了解充电系统要求。
2. 掌握新能源汽车车载充电系统的组成。
3. 熟悉新能源汽车的充电方法。
4. 能够了解车载充电机的作用、组成和工作原理。

技能目标：

1. 学会充电系统常见的故障检测方法。
2. 能使用万用表、兆欧表等检测工具对充电口进行检测。
3. 能使用万用表对充电枪进行检测。

素质目标：

1. 通过制定工作计划，培养学生主动沟通、团队协作的工作意识。

2. 通过进行交流充电口检测，提高学生的动手操作能力，帮助学生树立崇尚劳动的意识，进而培养学生的工匠精神。

3. 通过进行充电枪检测，培养学生求真务实、精益求精；爱岗敬业、认真严谨；安全第一、生命至上的岗位精神。

4. 通过团队协作进行充电口检测和充电枪检测任务，培养学生的团队合作精神，并提高其协调组织的管理能力。

三、知识链接

充电系统是维持新能源汽车运行的能量补给设备，它是一种具有特定功能的功率转换装置，用于从电网中获取电能，为电动汽车动力电池充电。新能源汽车，特别是纯电动汽车，其充电设备是必不可少的子系统之一，与新能源汽车的续航里程密切相关，充电系统焦虑问题主要是如何为车载动力电池高效而快速地实现能量补给。

（一）充电系统概述

1. 新能源汽车对充电系统的要求

新能源汽车充电系统指的是与电动汽车或动力电池相连接，并为其提供电能的系统，新能源汽车对充电系统的基本要求如下。

安全性高：动力电池充电系统需要确保安全性，防止电压误差导致安全隐患。

效率高：充电系统需要满足快速充电的需求，同时考虑电网和电池的承受能力。

简单智能化操作：充电系统应具备简单智能的操作模式，方便用户操作。

充电通用化：制定相关政策，规范公共场所的充电设施和接口，方便用户充电。

高智能充电：充电技术和充电桩能全方位监测、指导和管理充电过程，并具备自诊断和自我保护功能，以应对动力电池故障。

2. 车载充电设备的相关国家技术标准

（1）车载充电设备输入的相关国家技术标准。

输入电流根据动力电池的电压来定，车载充电设备输入的相关国家技术标准如表3-1-1所示。

表3-1-1　车载充电设备输入的相关国家技术标准

序号	额定输入电压/V	额定输入电流/A	额定输入功率/kW	额定频率/Hz
1	单相 220	10	2.2	50
2	单相 220	16	3.5	
3	单相 220	32	7.0	
4	三相 380	16	10.5	
5	三相 380	32	21.0	
6	三相 380	63	41.0	

（2）车载充电设备输出的相关国家技术标准。

根据动力电池包电压等级范围，非车载充电机输出电压一般分为三级：150～350V、300～5000V、400～750V，车载充电机额定输出电流应采用：10A、20A、50A、100A、160A、200A、315A、400A、500A。当非车载充电机输出功率为50%～100%时，其效率应大于90%，功率因数应大于0.9。车载充电设备输出的相关国家技术标准如表3-1-2所示。

表3-1-2　车载充电设备输出的相关国家技术标准

单位：V

输出电压等级	输出电压范围	标称输出电压推荐值
1	24～65	48
2	55～120	72
3	100～250	144
4	200～420	336
5	300～570	384、480
6	400～750	640

3. 新能源汽车充电系统的组成

新能源汽车充电系统主要由充电桩、充电线束、车载充电机、高压分线盒、动力电池、DC-DC变换器、低压蓄电池及各种高压线束和低压控制线束等组成，如图3-1-1所示。

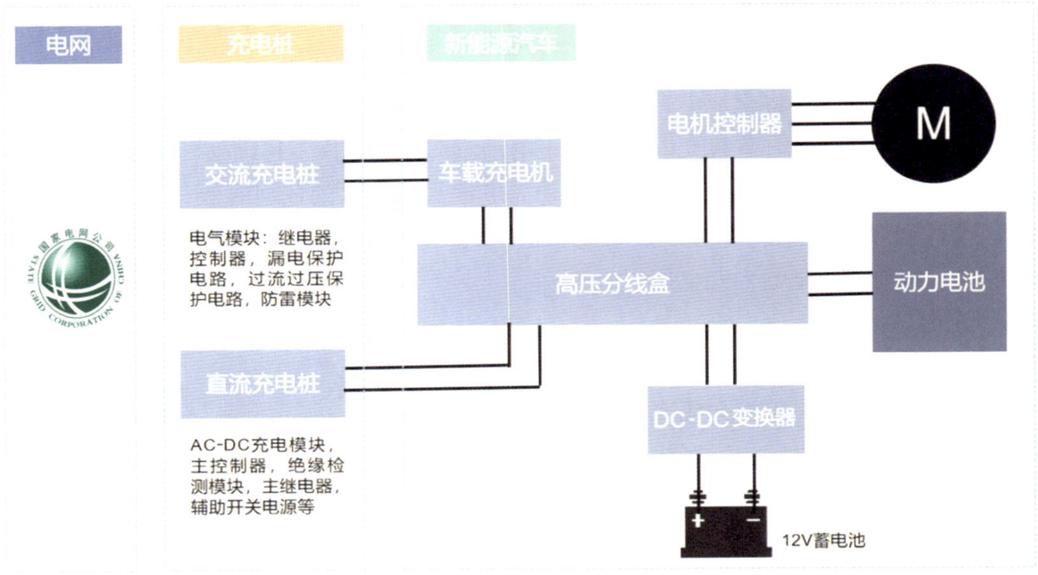

图3-1-1　新能源汽车充电系统示意图

1）充电桩。

动力电池的充电系统有两种充电方式：直流充电和交流充电。充电桩作为新能源汽车充电系统的配套设施，固定安装在车辆外部，分为交流充电桩和直流充电桩两种。

（1）交流充电桩。

交流充电桩，如图3-1-2所示，其输出的电流形式为交流电，放置在新能源汽车外部，与交流电网连接，完成对车载充电机的交流供电。它不能直接为新能源汽车储能装置充电，需要通过车载充电机将交流电转换为直流电，再用于新能源汽车动力电池充电。

（2）直流充电桩。

直流充电桩，如图3-1-3所示，输入为380V交流电，输出为直流电，放置在新能源汽车外部，并与交流电网相连接，经功率处理后，直接输出直流电给新能源汽车动力电池充电。由于直流充电桩采用三相四线制供电，功率远大于车载充电机，且输出电压、电流可调范围较大，可实现快速充电。

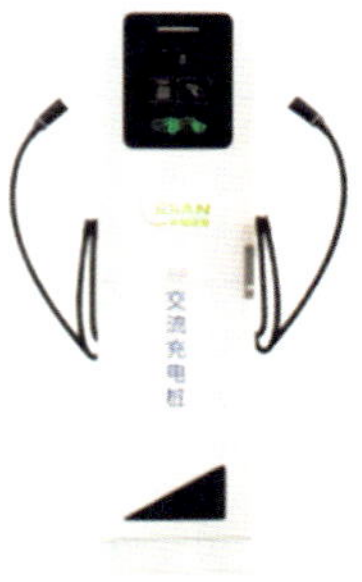

图3-1-2　交流充电桩

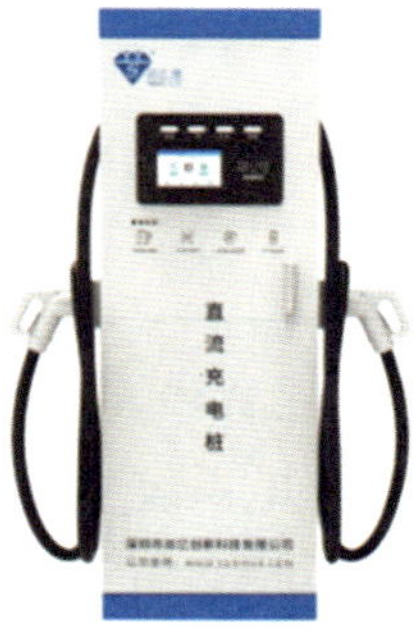

图3-1-3　直流充电桩

2）车载充电机。

车载充电机是一种将交流电转换为直流电的车载装置，它是将电网的电能转化为新能源车辆储能装置的电能。车载充电机安装于电动汽车上，如图3-1-4所示，通过插头和电缆与交流插座连接。车载充电机的优点是在动力电池需要充电的任何时候，只要有可用的供电插座，就能实现充电需求，其缺点是受车上空间的限制，因而充电时功率处理能力有限，只能提供小电流慢速充电，充电用时较长。

3）充电口标准。

（1）交流充电口。

交流充电可以分为单相交流充电和三相交流充电两种，其充电接口相同，如图3-1-5所示。单相交流充电主要应用家庭用户充电设施和一些标准的公共充电设施，这类充电接口比较简单，提供单相交流充电使用。一般插头为三个引脚，分别为交流火线、交流零线和接地线。它与传统的电源插座类似，只是物理尺寸和额定电流较大。应用单相交流充电，根据国家标准其电流不能超过8A，电压不能超过250V。不能直接使用插座与充电口连接，需要增加车载保护装置。

三相交流充电接口，这种类型的充电接口一般用于较大的充电站，其充电电流较大，外形相对较大，功能复杂。由于其物理尺寸较大，设计的类型类似于枪，故常称其为充电枪。在采用单相供电时，电流不大于32A，采用三相供电时，电流不大于63A，充电电压范围为250～440V。

交流充电接口功能定义执行GB/T 20234.2-2015《电动汽车传导充电用连接装置—第2部分：交流充电接口》。交流充电桩接口最终采用的是7个端子结构，其端子分布方式，如图3-1-6所示。

图3-1-4　车载交流充电机安装位置示意图

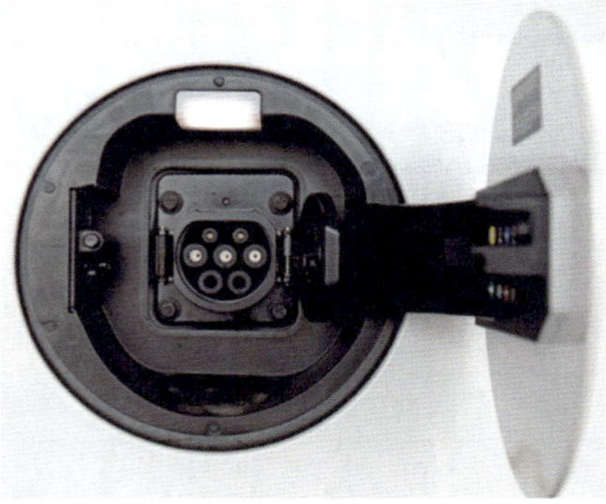

图3-1-5　单相交流充电口

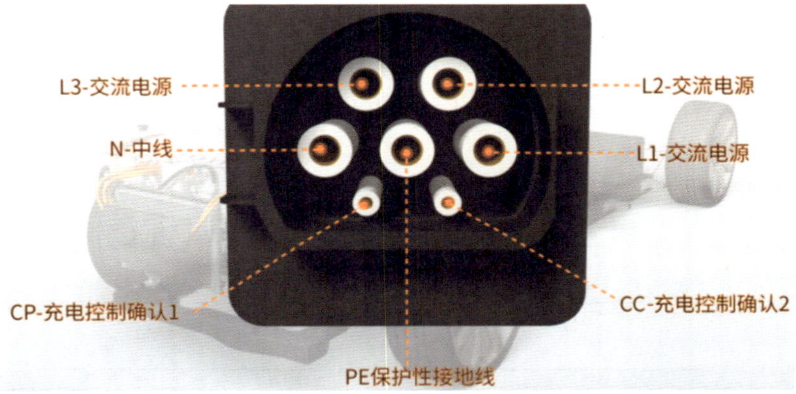

图3-1-6　交流充电口端子含义

首先了解车辆插座处各端子含义，其中CC为充电连接确认引脚，CP为充电导引引脚，PE为接地线，L1、L2、L3为三相线，N为中线。交流充电接口引脚功能定义如表3-1-3所示。

表3-1-3　交流充电接口引脚功能定义

端子编号/表示	功能定义
1/交流电源（L1）	交流电源
2/交流电源（L2）	备用引脚
3/交流电源（L3）	备用引脚
4/中线（N）	中线
5/保护接地（PE）	连接供电设备和车辆底盘的线
6/控制确认 1（CC）	充电连接确认
7/控制确认 2（CP）	充电控制确认

交流充电接口引脚的电气参数设定值，即引脚的额定电压和额定电流应符合表3-1-4所示规定标准要求。

表3-1-4　交流充电接口引脚电气参数的额定值

端子编号	功能定义	
	单相	三相
L1	220V　16A/32A	380V　32A/63A
L2		380V　32A/63A
L3		380V　32A/63A
N	220V　16A/32A	380V　32A/63A
PE		
CC	30V　2A	30V　2A
CP	30V　2A	30V　2A

在交流充电过程中，充电口引脚的连接顺序为：保护接地PE→交流电源L、N及备用电源1、2→充电连接确认CC、控制确认CP；当充电完成需脱开时，引脚的断开顺序为：顺序恰好相反，如图3-1-7所示。

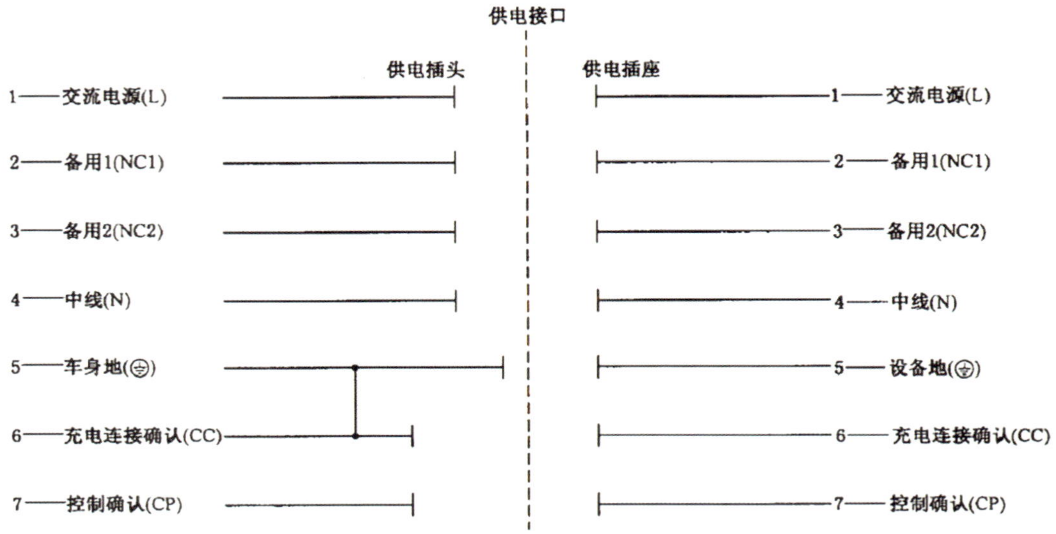

图3-1-7　交流充电口连接顺序

2）直流充电口。

直流充电桩充电接口是将充电桩与电动汽车快速充电端口物理连接，完成充电和控制引导的继电器。直流充电桩中直流充电口端子含义，如图3-1-8所示。引脚功能定义如表3-1-5所示。

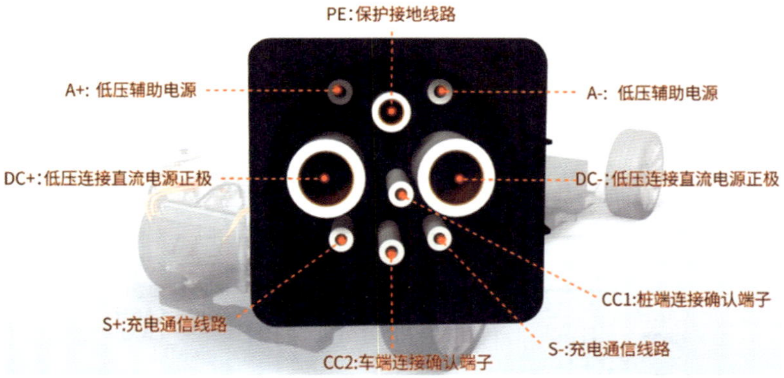

图3-1-8　直流充电口端子含义

表3-1-5　直流充电接口引脚功能定义

端子编号/功能	功能定义
1/直流电源正（DC+）	连接直流电源正极与电池正极
2/直流电源负（DC－）	连接直流电源负极与电池负极
3/保护接地（－）	连接供电设备地线和车辆底盘地线
4/充电通信CAN-H（S＋）	连接非车载充电机与电动汽车的通信线
5/充电通信CAN-L（S－）	连接非车载充电机与电动汽车的通信线
6/控制确认1（CC1）	充电连接确认1
7/控制确认2（CC2）	充电连接确认2
8/低压辅助电源正（A＋）	连接非车载充电机为电动汽车提供低压辅助电源正
9/低压辅助电源负（A－）	连接非车载充电机为电动汽车提供低压辅助电源负

直流充电接口引脚的电气参数额定值，即引脚的额定电压和额定电流应符合表3-1-6所示规定标准要求。

表3-1-6　直流充电接口引脚电气参数的额定值

引脚标识	额定电压和电流	引脚功能
DC+	600V　DC　300A	
DC－	600V　DC　300A	
PE		保护接地（PE）
S+		充电通信
S－	2A	充电通信
CC1		充电连接确认1
CC2		充电连接确认2（CAN屏蔽线）
A＋	12V/24V+　5A	低压辅助12V/24V+
A－	5A	低压辅助12V/24V—

在直流充电过程中，充电口引脚的连接顺序为：保护接地→电源正与电源负→辅助电源正与辅助电源负→充电通信引脚；当充电完成需脱开时，引脚的断开顺序为：充电通信引脚→辅助电源正与辅助电源负→电源正与电源负→保护接地，如图3-1-9所示。

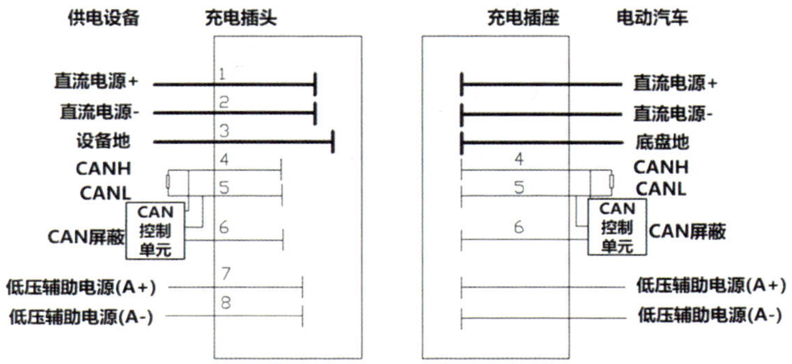

图3-1-9　直流充电口连接顺序

4．充电方法

动力电池根据充电电流的大小分为快速充电（>0.2C，<0.8C）、慢速充电（0C～0.2C）。

1）慢速充电。

该充电方式采用恒压、恒流的传统充电方式对电动汽车进行充电。由于只需将车载充电器的插头插到停车场或家中的电源插座上即可进行充电，所以充电过程一般由客户自己独立完成。这种充电方式对电网没有特殊要求，只要能够满足三相供电要求的供电质量，并配备专用地线就能够使用。

2）快速充电。

快速充电是指在极短的时间内完成动力电池的充电，原理是基于电化学模型，通过控制阳极电位恒高于析锂电位阈值，最大化输入充电电流，而电流的输入会影响阳极电位，从而形成一个闭环控制，使电池充电时间达到最小化。这种方法不考虑系统内部动态变化，也不能保证电池的耐久与安全性，很难做到不影响电池寿命。

5．充电模式标准

国际标准IEC 61851-1中规定了电动汽车中不同的充电模式如表3-1-7所示。

表3-1-7　电动汽车不同的充电模式

充电类型	充电模式	额定电压电流	通信方式	充电插头连接
交流充电	充电模式1	AC 220V/16A	无	插座
	充电模式2	AC 220V/8～16A	通过充电电缆内的模块	插座
	充电模式3	AC 220V/16～63A	通过充电站内的模块	交流充电桩
直流充电	充电模式4	AC 380V/30～300A	通过充电站内的模块	非车载充电机

1）充电模式1。

此模式为车辆通过充电枪线缆直接与交流电网连接，一般利用电动汽车便携式充电器充电，充电器的充电枪连接至车身充电口，另一端直接连接220V市电，如图3-1-10所示。

图3-1-10　充电模式1

2）充电模式2。

如图3-1-11所示，此模式是一种通过控制导线将家用电源与车辆建立连接与通信的充电模式，车辆通过带有控制保护装置的充电枪线缆直接与交流电网连接。与充电方式1相比，电动汽车充电时增加了充电电缆。车载充电机可接交流电网。车载充电机的主要功能是将交流220V电压转换成高压直流电源所用电压，这种充电方式满足了对车辆充电的基本要求。插座可采用16A空调插座。因此，充电模式2具有广泛的适用性，可用在家庭和公共充电站设施。

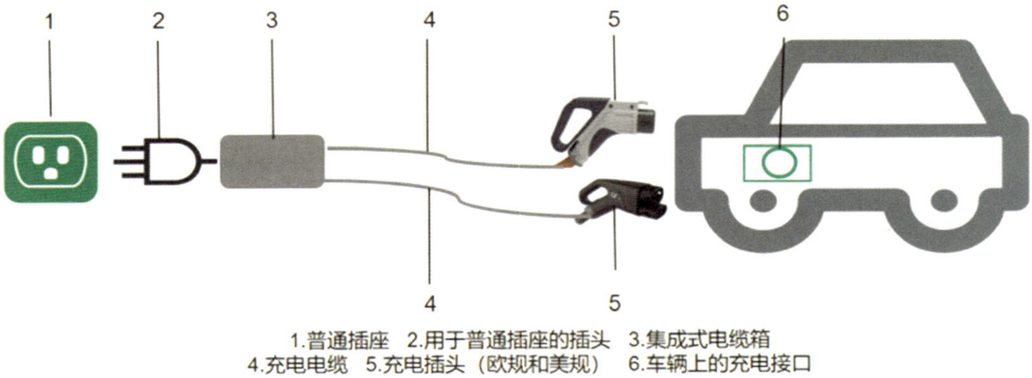

图3-1-11　充电模式2

3）充电模式3。

如图3-1-12所示，此模式是车辆通过充电枪电缆直接与交流充电网侧的专用供电设备相连，这种充电模式主要应用在公共交流充电桩的充电模式，与车辆之间的通信协议同充电模式2类似。在充电模式2中，电源插头连接集成式电缆盒，然后与汽车的充电接口进行连接，但是在充电模式3中，充电桩端的充电接口直接与车辆充电接口相连接。

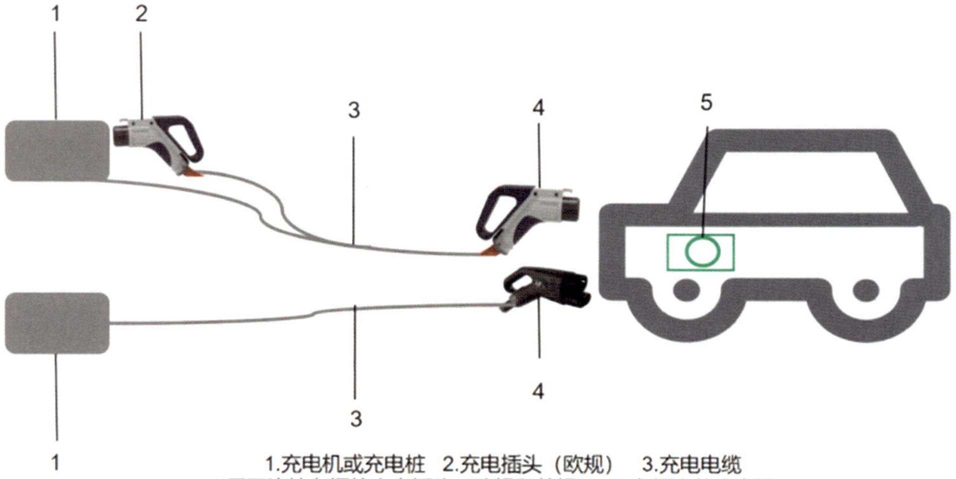

1.充电机或充电桩　2.充电插头（欧规）　3.充电电缆
4.用于连接车辆的充电插头（欧规和美规）　5.车辆上的充电接口

图3-1-12　充电模式3

4）充电模式4。

这种充电模式是车辆通过充电枪线缆直接与交流电网或直流电网侧的专用直流供电设备相连，主要应用于直流充电桩对电动汽车进行快速充电。但这种充电方式对电池的损害较大，对电池保护散热方面要求更高，所以并不是每款车型都可快速充电，如图3-1-13所示。

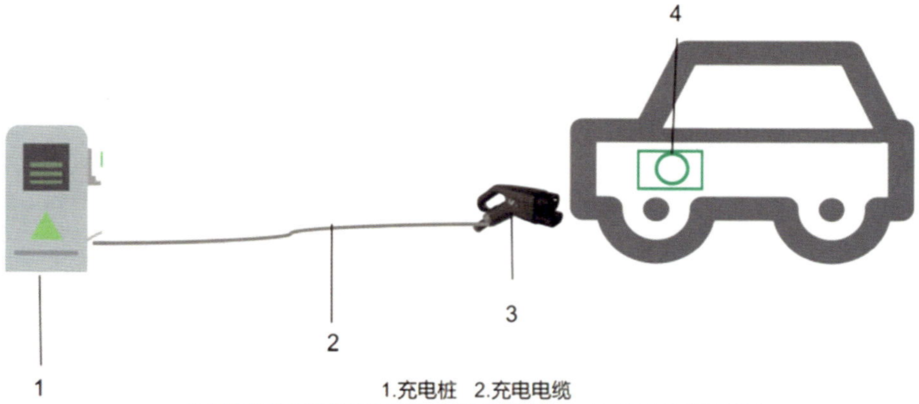

1.充电桩　2.充电电缆
3.用于连接车辆的充电插头（欧规和美规）　4.车辆上的充电接口

图3-1-13　充电模式4

（二）车载充电系统的组成及工作原理

1. 车载充电系统的组成及功能

1）车载充电系统组成。

车载充电系统是指在汽车上配置使用的，能够为动力电池提供外接能量的装置。车载充电系统主要由交流充电口、车载充电机、高压配电箱（分线盒）、动力电池管理器、动力电池包和车载充电机管理控制单元等部件组成，如图3-1-14所示。

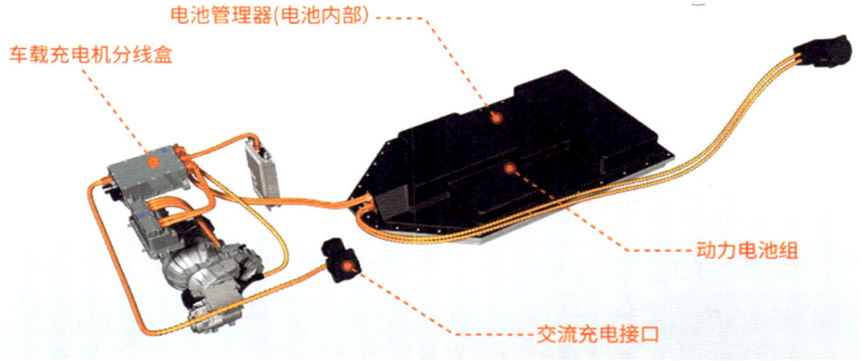

图3-1-14　车载充电系统组成

2）车载充电系统功能。

（1）应具有为电动汽车动力电池安全、自行充满电的能力。

（2）应具备高速CAN网络与BMS通信的功能。

（3）可通过高速CAN网络与车辆监控系统通信。

（4）充电系统需要安全防护措施，异常时停止充电。充电机还要有联锁和互锁功能，防止车辆启动和高压输出。同时，充电机要具备阻燃功能，提高安全性。

2. 车载充电系统转换电路原理

电网220V交流电由车辆交流充电枪通过车载充电口输入至车载充电机中，先进入车载充电机的交直流转换模块，交直流转换模块将220V交流电转换成高压直流电，高压直流电经过降压模块降压至动力电池所需要的直流电压，再由滤波模块将直流电中的杂波滤掉，从而得到高质量的直流电。图3-1-15所示的是车载充电机转换原理。

1）整流电路。

整流电路由交流整流滤波、DC-DC变换（高频变换）器等元器件组成，其作用是从单相或三相交流电网取得交流电，并将其转换为符合要求的直流电。

2）调整控制及保护电路。

调整控制电路采用PWM脉宽调制电路，它包括输出采样、信号放大、控制调节、基准比较等单元，其作用是对输出电压进行检测和取样，并与基准定值进行比较，从而控制高频开关功率管的开关时间比例，达到调节输出电压的目的。

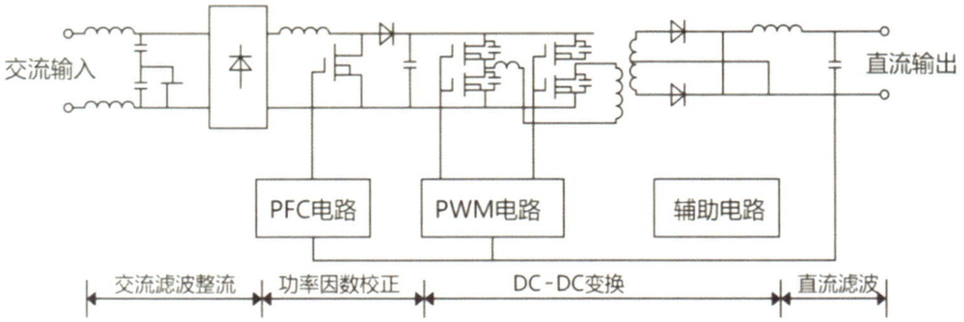

图3-1-15　车载充电机转换原理

3）功率因数校正网络。

功率因数校正网络是充电机的重要组成部分，其功能是通过控制过程，使输入电流波形跟踪正弦基波电流，且相位与输入电压同相，以保持输出电压稳定和功率因数接近于1.0。

3. 车载充电系统充电过程电路原理

交流充电枪插入车辆交流充电口后，充电机控制管理单元接收来自充电桩的充电确认等通信信号，回应后并向电池管理控制器发送充电连接信号，接收到充电感应信号后电池管理控制器控制交流充电继电器吸合，交流电从交流充电口输入车载充电机，转换后的直流电输入动力电池包，为动力电池包充电，车载充电系统充电过程电路图如图3-1-16所示。

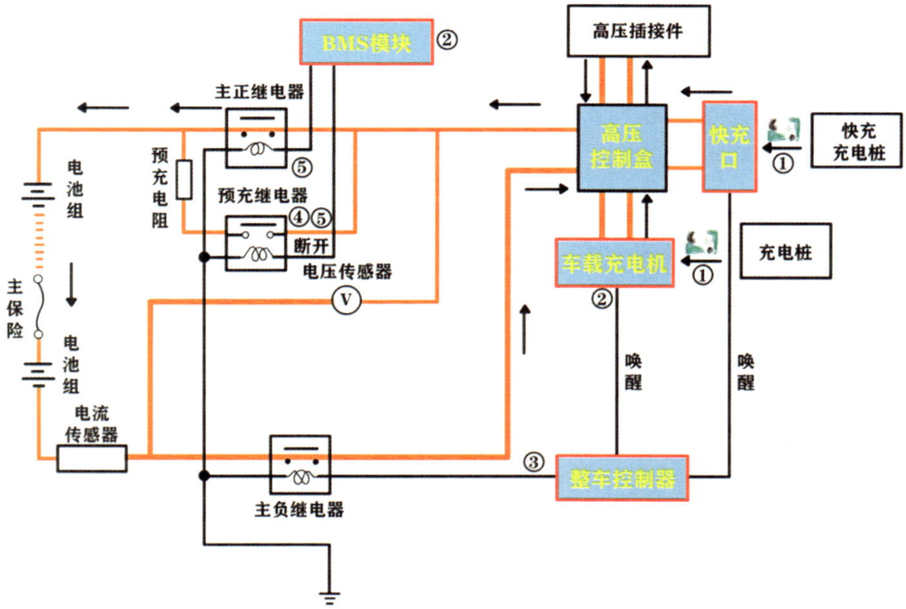

图3-1-16　车载充电系统充电过程电路图

4. 车载充电系统高压电路原理图

车载充电系统高压电路原理图为：220V的交流电由车载充电口输入车载充电机，经过整流逆变得到直流电，直流电通过高压配电箱配电，最后输入动力电池包，如图3-1-17所示。

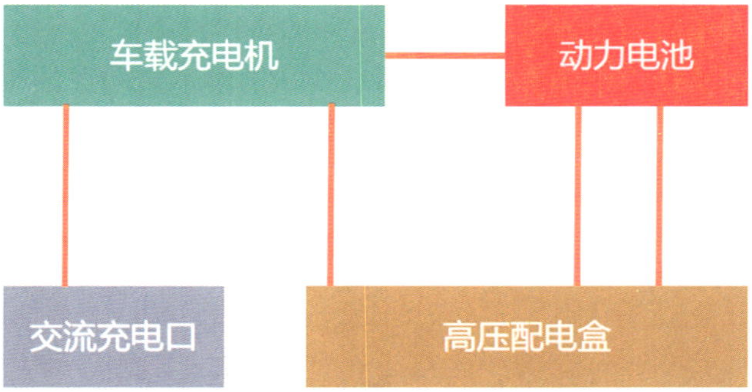

图3-1-17　车载充电系统高压电路示意图

（三）车载充电机

1. 车载充电机结构

以某车型为例，将车载充电机的内部分为主电路、控制电路、线束和标准件三部分，如图3-1-18所示。主电路的前端将交流电源转换为恒压直流电源，主要是全桥电路+PFC电路，后端是DC-DC变换器，将前端输出的直流高压电转换为合适的电压和电流为电池供电。控制电路用于实现对MOS晶体管开关的控制、与BMS的通信、对充电机状态的监控、与充电桩的连接确认等功能。主电路与控制电路、固定元器件与电路板的连接采用线束和标准件。

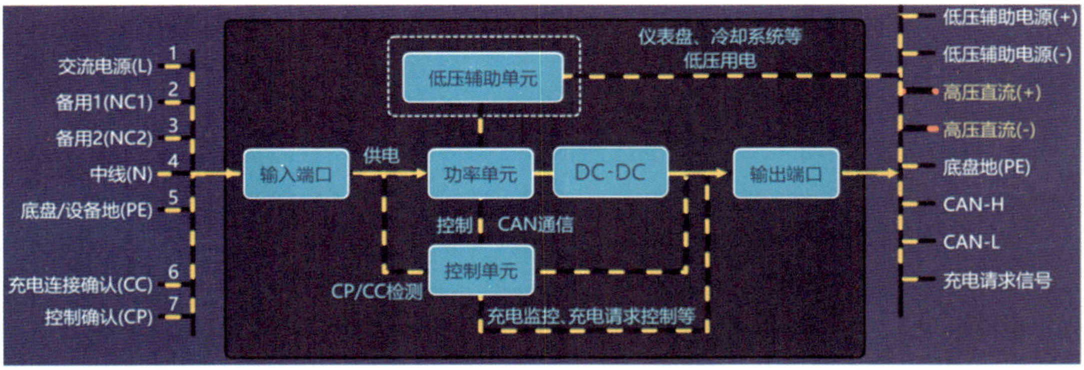

图3-1-18　车载充电机转换原理图

2. 车载充电机工作原理

如图3-1-19所示，车载充电机的功能是将单相220V、50Hz交流电转变成直流电，升压到车载动力电池的电压水平，再整流、滤波输出给动力电池充电。

1）交流转变为直流：交流电由左下侧两线输入，经交流熔丝管—高频交流抑制元器件—交流继电器—整流桥—滤波电容滤波形成稳定的直流电。

2）直流升压：直流电正经过变压器初级及线圈和开关管到达直流电负，开关管导通和截止时，初级线圈形成交流电，经次级线圈形成升压后的交流电。

3）整流过程：升压后的交流电经输出整流和滤波给动力电池充电。

4）滤波过程：在给动力电池充电时，如果冷却水泵不运转或缺少冷却液，那么会导致下板的两个整流和7个开关管过热。为防止过热，通常在散热器上装有热机械开关，在83℃时这个开关会闭合，这个信号会传给车载ECU，由车载ECU控制向外发送这个信息，同时控制交流继电器断开。

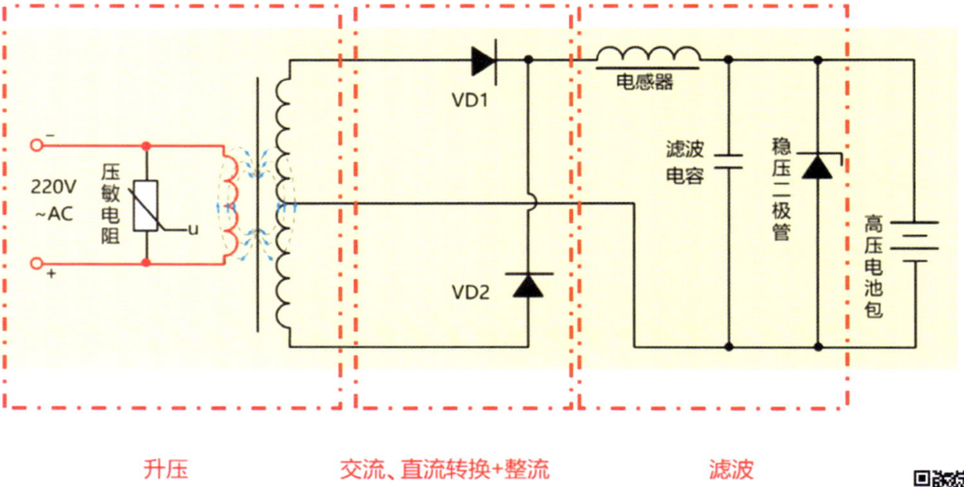

图3-1-19　车载充电机工作原理图

充电机的组成与工作原理

（四）充电系统检修

1. 充电系统指示灯

（1）充电系统指示灯。

以吉利EV450汽车车型为例，仪表充电系统相关的指示灯说明如表3-1-8所示。

表3-1-8　仪表充电系统相关的指示灯说明

序号	显示	名称	指示说明
1		动力电池充电指示灯	动力电池正在充电

（续表）

序号	显示	名称	指示说明
2	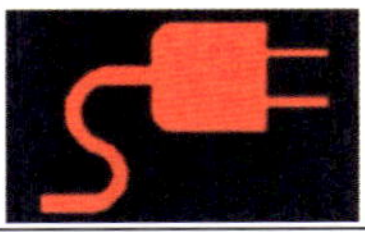	充电连接指示灯	点亮表示充电线连接。信号来源是VCU给出的硬线信号，低有效
3		电池电量指示灯	当前SOC范围　剩余电量表LED点亮数目 SOC>82%　5 82%≥SOC>62%　4 62%≥SOC>42%　3 42%≥SOC>22%　2 22%≥SOC>5%　1 SOC<5%　0
4		充电系统故障警告灯	点亮时提示充电系统存在异常

（2）充电指示灯状态意义。

吉利EV450车型充电指示灯位于车辆充电接口上方，用于指示不同的充电状态，任意电源挡位，当BCM收到BMS的充电状态信息时，驱动充电指示灯工作，显示充电状态，充电指示灯状态显示意义如表3-1-9所示。

表3-1-9　充电指示灯状态显示意义

颜色	状态	说明
白色	常亮 2 分钟	充电照明
黄色	常亮 2 分钟	充电加热
绿色	闪烁 2 分钟	充电过程
蓝色	常亮 2 分钟	预约充电
绿色	常亮 2 分钟	充电完成
红色	常亮 2 分钟	充电故障
蓝色	闪烁 2 分钟	放电过程

在上述显示信号中，“正在充电”状态显示为即时显示，“充电完成、充电故障”显示为延时关闭——即收到相应的状态信号时显示相应的状态15分钟后自动熄灭，期间若充电状态变化，则立即切换为相应的状态。充电指示灯由BMS信号提供给BCM，BCM控制指示灯状态。充电指示灯控制流程图如图3-1-20所示。

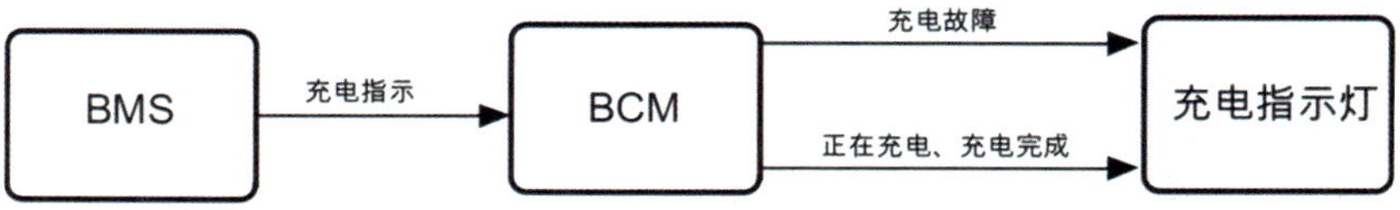

图3-1-20　充电指示灯控制流程图

2. 充电系统常见故障

充电系统常见故障如表3-1-10所示。

表3-1-10　充电系统常见故障

序号	故障名称	故障现象	故障原因
1	车辆无法充电	车辆在使用充电桩充电时，充电桩指示灯亮，充电机电源工作灯亮，车辆无法充电	动力电池控制器故障、动力电池故障、通信故障
2	充电时充电桩跳闸	车辆在使用充电桩充电时，出现充电桩跳闸，充电机无法充电	充电机内部短路
3	充电机指示灯不亮	车辆在使用充电桩充电时，充电机指示灯不亮，车辆无法充电	充电机内部故障、充电唤醒信号中断或互锁电路故障
4	充电桩显示车辆未连接	车辆在使用充电桩时，充电桩显示车辆已连接，无法充电	枪口端的CC与PE的电阻故障、车端CC电路故障
5	动力电池继电器未闭合	车辆在使用充电桩时，充电桩显示车辆已连接，无法充电	充电唤醒信号中断或互锁电路故障
6	充电电流为0	充电桩显示屏可以正常触屏，故障指示灯不亮，刷卡也正常，但显示充电的电流为0，车辆无法充电	充电桩主控板故障、继电器模块电源电路故障
7	无法刷卡	充电桩显示可以正常触屏故障指示灯不亮，但一直显示充电连接中，车辆无法充电	读卡器电路故障、读卡器故障、IC卡磁被磁化
8	车仪表盘上显示充电连接中	车辆仪表盘上充电指示灯点亮，但一直显示充电连接中，车辆无法充电	充电设备CP电路故障、车端CP电路故障
9	家用便携式充电枪无法充电	在家里用便携式充电枪无法充电，但外面的充电桩可以充电	便携式充电枪故障、家用电缺少地线
10	低压无13.5～14V输出	仪表盘上点亮低压电充电指示灯、车辆有高压电	DC-DC变换器本身故障、DC-DC变换器熔丝故障

3. 车载充电系统常见故障——以比亚迪E5车型为例

1）直流无法充电故障诊断方法。

（1）检查直流充电口总成高压线束。

a. 将电源开关置于“OFF”挡，拔出直流充电口总成高压线束，如图3-1-21所示。

b. 使用万用表分别测量直流母线的正极、负极电阻。若正常，则进行下一步检查；若异常，则更换直流充电口总成，如图3-1-22所示。

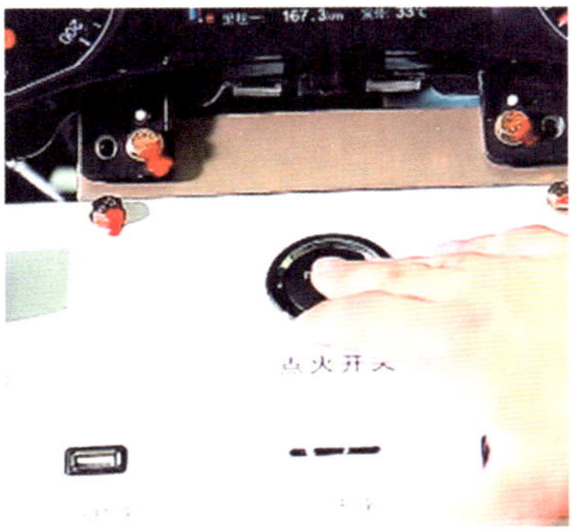

图3-1-21　按下启动开关

图3-1-22　测量直流母线的正极、负极电阻

（2）检查直流充电口总成低压线束。

a．将电源开关置于“OFF”挡。

b．使用万用表检测电池管理控制器接插件BMC 02与直流充电口总成接插件引脚之间的电阻，测量BMC 02的B4引脚和直流充电口总成接插件A3引脚之间的电阻，如图3-1-23和图3-1-24所示。

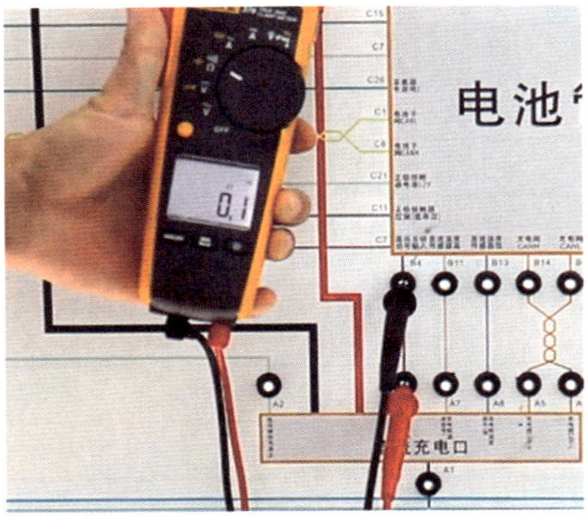

图3-1-23　测量BMC 02与接插件引脚之间的电阻

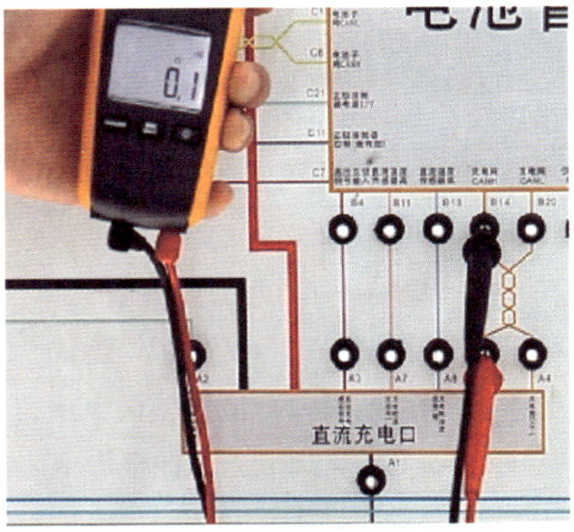

图3-1-24　测量BMC 02的B4引脚和A3引脚之间的电阻

c. 测量BMC 02的B15引脚和直流充电口总成接插件A5引脚之间的电阻。

d. 测量BMC 02的B20引脚和直流充电口总成接插件A4引脚之间的电阻。

e. 测量直流充电口总成接插件A1引脚和低压辅助电源正之间的电阻，如图3-1-25所示。

f. 测量直流充电口总成接插件A2引脚和低压辅助电源负之间的电阻，如图3-1-26所示。

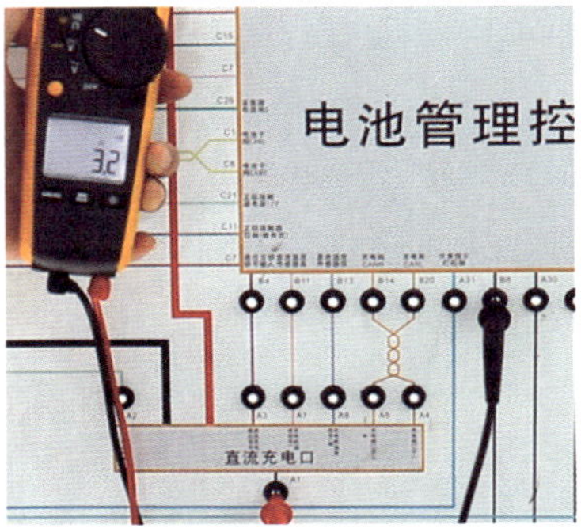

图3-1-25　测量A1引脚和低压辅助电源正之间的电阻

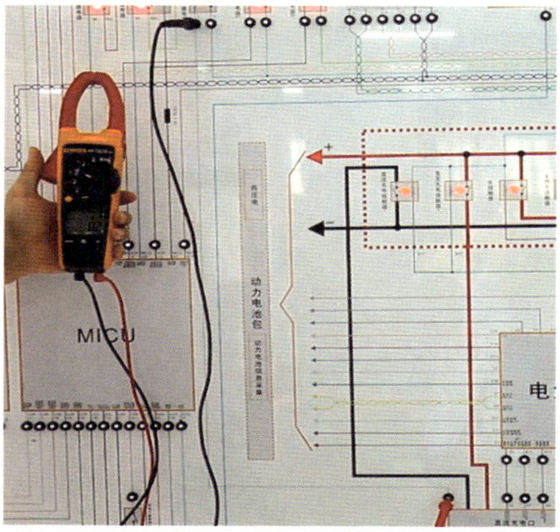

图3-1-26　测量直接插件A2引脚和低压辅助电源负之间的电阻

g. 测量直流充电口总成PE与车身地之间的电阻，如图3-1-27所示。

测量参数正常参考值如表3-1-11所示，以上均正常，则进行下一步检查；若有异常，则更换线束。

表3-1-11　测量参数正常参考值

端子编号/功能	正常数值
直流母线正极、负极之间的电阻值	无穷大
BMC 02的B4与A3之间的电阻值	小于1Ω
BMC 02的B4B、15与A5之间的电阻值	小于1Ω
BMC 02的B4、B20与A4之间的电阻值	小于1Ω
直流充电口总成接插件A1与低压辅助电源正之间的电阻值	小于1Ω
直流充电口总成接插件A2与低压辅助电源负之间的电阻值	小于1Ω
直流充电口总成PE与车身地之间的电阻值	小于1Ω

图3-1-27　测量直流充电口总成PE与车身地之间的电阻

（3）检查高压电控总成。

a．将电源开关置于“OFF”挡。

b．连接充电插头。

c．使用万用表测量BMC 02的B24引脚与车身地之间的电压，如图3-1-28所示。

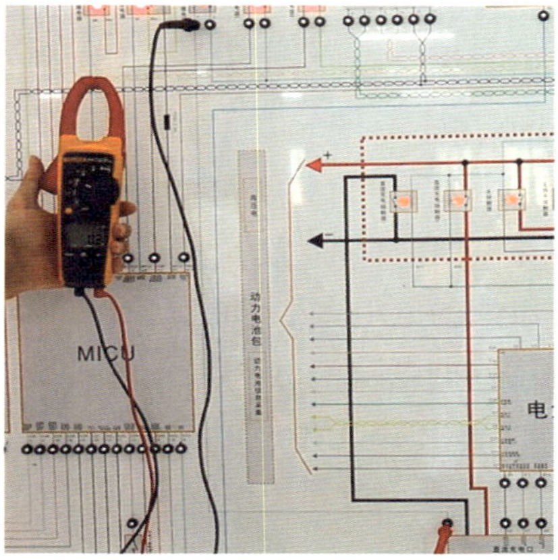

图3-1-28　测量BMC 02的B24引脚与车身地之间的电压

d．测量BMC 01的A33引脚与车身地之间的电阻。

e．拔下电池控制管理器接插件，将直流充电正极、负极继电器控制引脚与车身地短接，测量直流充电口总成DC＋和DC－之间的的电压，如图3-1-29所示。

图3-1-29　测量直流充电口总成DC＋和DC－之间的电压

测量参数正常参考值如表3-1-12所示，以上均正常，更换电池管理器；若有异常，则更换线束。

表3-1-12　测量参数正常参考值

端子编号/功能	正常数值
BMC 02的B24引脚与车身地之间的电压	12V左右
BMC 01的A33引脚与车身地之间的电阻	小于1Ω
直流充电口总成DC+和DC−之间的电压	650.9V

2）交流无法充电故障诊断方法。

（1）检查交流充电口总成高压线束。

a．将电源开关置于“OFF”挡，拔出交流充电口总成的高压线束。

b．使用万用表测量交流充电口L1电缆线的电阻（小于1Ω）。

c．测量交流充电口L2电缆线的电阻（小于1Ω）。

d．测量交流充电口L3电缆线的电阻（小于1Ω）。

e．测量交流充电口N电缆线的电阻（小于1Ω）。

以上均正常进行下一步检查，有一异常更换线束。

（2）检查交流充电口总成低压线束。

a．将电源开关置于“OFF”挡。

b．使用万用表测量车载充电机控制单元13号引脚与交流充电口接插件B2之间的电阻（小于1Ω）。

c．测量车载充电机控制单元47号引脚与交流充电口接插件B1之间的电阻（小于1Ω）。

以上均正常，进行下一步检查；若不正常，则更换线束。

（3）检查高压电控总成。

a．连接充电插头。

b. 使用万用表测量高压电控总成接插件交流充电感应信号引脚电压，即BMC 02的B18引脚与车身地电压（12V左右）。

以上若不正常，则检修或更换高压电控总成。

3）主预充继电器或控制线路故障诊断方法。

（1）读取故障码。

a．将电源开关置于“ON”挡，连接诊断仪接口。

b．进入汽车诊断系统，执行整车扫描。进入BMS管理系统模块读取故障码。

（2）检查相应的保险丝。

使用万用表分别测量MICU中的F2/33和F2/34保险丝的电阻（小于1Ω）。

以上正常进行下一步检查；若异常，则更换相应的保险丝。

（3）检查主预充继电器低压电源线束。

a．使用万用表测量电池管理控制器BMC 02的B25引脚与车身地之间的电压（12V左右）。

b．短接主预充继电器控制线路B29引脚，观察仪表盘上的故障显示是否消失，充电指示灯是否点亮。

以上正常（故障消失，点亮），进行下一步检查；若异常，则更换线束。

（4）检查电池管理器控制线路。

短接电池管理器BMC 02的A17引脚，观察仪表盘上的故障显示是否消失，充电指示灯是否点亮。

若故障现象不变，则更换线束。

4）充电口CP控制线路故障诊断方法。

（1）检查充电机控制单元与交流充电接口之间的CP信号线路。

a．将电源开关置于“OFF”挡，拆除维修开关，断开蓄电池负极。

b．分别断开充电机控制单元接插件和交流充电口低压接插件。

c．使用万用表测量充电机控制单元接插件21号引脚和交流充电口低压接插件7号引脚之间的电阻（小于1Ω）。

以上正常，进行下一步检查；若异常，则更换线束。

（2）检查充电机控制单元电压。

使用万用表测量充电机控制单元接插件5号引脚和10号引脚之间的电压（12V左右）。

以上正常，进行下一步检查；若异常，则更换线束。

（3）检查充电机控制单元。

a．将电源开关置于“OFF”挡，拆除维修开关，断开蓄电池负极。

b．更换充电机控制单元。

确认故障是否排除，若未排除，则更换交流充电口总成。

5）充电口CC控制线路故障诊断方法。

（1）检查充电机控制单元与交流充电接口之间的CC信号线路。

a．将电源开关置于“OFF”挡，拆除维修开关，断开蓄电池负极。

b．分别断开充电机控制单元接插件和交流充电口低压接插件。

c．使用万用表测量充电机控制单元接插件13号引脚和交流充电口低压接插件6号引脚之间的电阻（小于1Ω）。

以上正常，进行下一步检查；若异常，则更换线束。

（2）检查充电机控制单元电压。

使用万用表测量充电机控制单元接插件5号引脚和10号引脚之间的电压（12V左右）。

以上正常，进行下一步检查；若异常，则更换线束。

（3）检查充电机控制单元。

a．将电源开关置于“OFF”挡，拆除维修开关，断开蓄电池负极。

b．更换充电机控制单元。

确认故障是否排除；若未排除，则更换交流充电口总成。

四、任务实施

实训1　充电枪检测

（一）任务准备

1. 操作规范

操作人员按要求佩戴个人防护用品，规范操作。

2. 实训准备

（1）实训分组。

分组进行实训，完成“充电枪检测”任务。

（2）工具准备。

数字万用表、绝缘防护用品、绝缘工具套装、常规工具套装。

（3）设备准备。

交流充电枪。

充电枪检测

（4）车辆防护用品。

车内三件套、车外三件套、底盘垫块、车轮挡块。

（5）人员防护用品。

绝缘手套、绝缘鞋、护目镜、安全帽。

（6）辅助资料。

实训工作页。

7 充电枪检测-01 交流充电枪基本检查

（二）任务实施

1. 实训前准备

在实训开始前请穿戴好个人防护用品、准备好实训所需设备及工具、完成车内防护三件套铺设，并检查确认车辆状态正常。

2. 充电枪检测

（1）充电枪基本检查。

① 目视检查交流充电桩控制面板是否有损坏，若有损坏，则需及时维修，以免发生意外。

② 取下充电枪，目视检查其插头是否有损坏，检查各针脚是否有损坏，如图3-1-30所示。

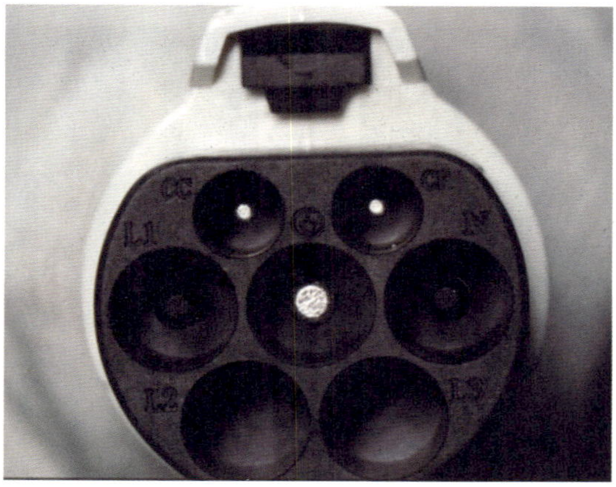

图3-1-30　检查充电枪插头

注意事项

若交流充电插座损坏，则禁止充电，否则可能导致短路或电击，轻则损坏车辆，重者威胁生命安全。

③ 按压检查充电枪上的锁止按钮，看其是否灵活、无卡滞。

（2）充电枪电阻检查。

① 取出万用表，并对万用表进行校表操作，检查万用表是否正常可用。

② 将万用表调至电阻测试挡。

③ 使用红色表笔连接充电枪的CC端子，黑色表笔连接充电枪PE端子，如图3-1-31所示。

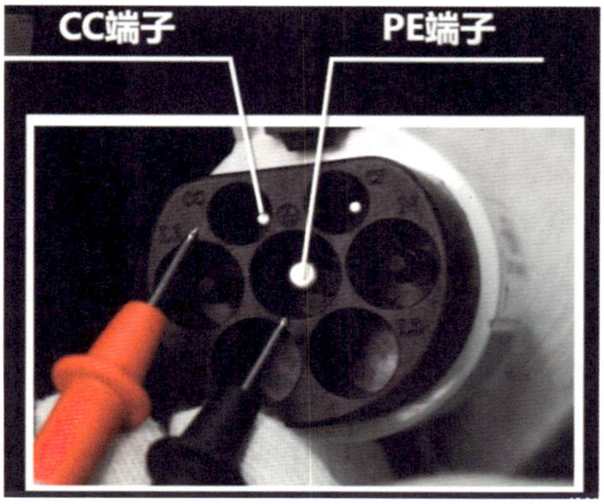

图3-1-31　万用表笔连接充电枪的CC端子和PE端子

7 充电枪检测-02 交流充电枪低压电路检测

④ 测量充电枪CC和PE之间的电阻值，标准值应为680Ω左右，如图3-1-32所示。

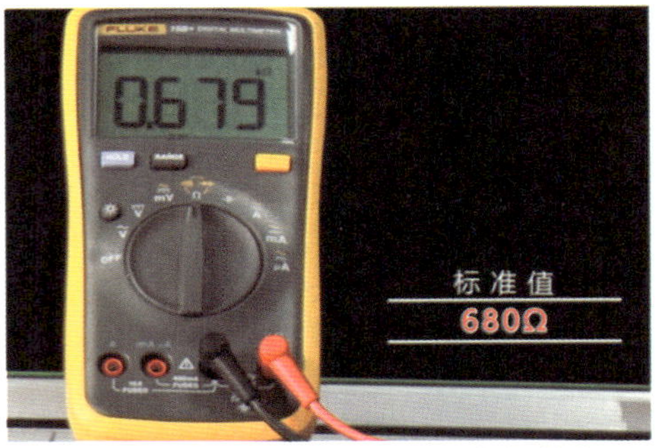

图3-1-32　检测充电枪CC和PE之间的电阻

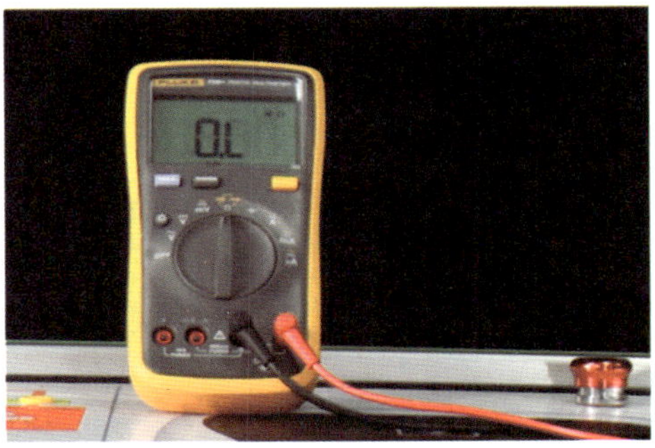

图3-1-33　按锁止按钮时CC和PE之间的电阻

⑤ 按下充电枪上的锁止按钮，此时电阻值应为无穷大，如图3-1-33所示。

⑥ 若测量值与标准值不符，则说明常闭开关及连接线断路损坏，需及时更换或维修。

注意事项

充电枪上的锁止按钮为常闭开关。

（3）充电枪电压检查。

7 充电枪检测-03 分割交流充电枪高压电路检测

① 连接交流充电桩电源线至220V电源插座。

② 打开交流充电桩电源按钮。

③ 按下交流充电桩控制面板塑壳断路器按钮。

④ 将万用表调至直流电压测试挡。

⑤ 红色表笔连接充电枪CP端子，黑色表笔连接充电枪PE端子，如图3-1-34所示。

图3-1-34　万用表连接CP和PE端子

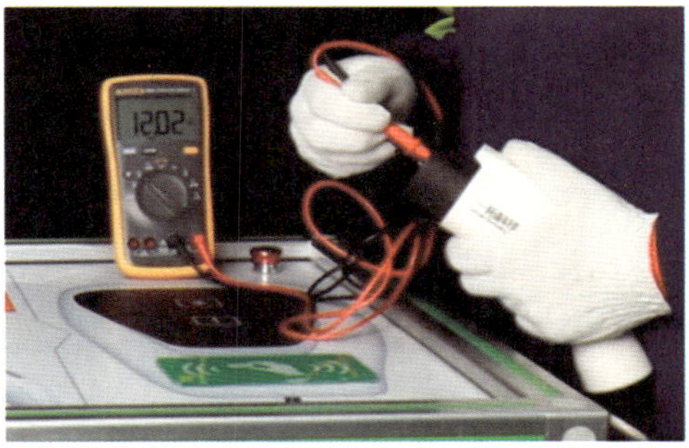

图3-1-35　检测CP和PE之间的电压

⑥ 检测充电枪CC与PE之间的电压值，标准值应为11～14V左右，如图3-1-35所示。

注意事项

若测量值与标准数值不符合，则说明CC与PE之间线路存在故障，需进一步检修。

3. 整理归位

（1）整理工具。

（2）设备整理。

（3）清洁场地。

实训2　交流充电口检测

（一）任务准备

交流充电口检测

1. 操作规范

操作人员按要求佩戴个人防护用品，规范操作。

2. 实训准备

（1）实训分组。

分组进行实训，完成“交流充电口检测”任务。

（2）工具准备。

数字万用表、兆欧表、绝缘防护用品、绝缘工具套装、常规工具套装。

（3）设备准备。

比亚迪E5拆解台架。

（4）车辆防护用品。

车内三件套、车外三件套、底盘垫块、车轮挡块。

（5）人员防护用品。

绝缘手套、绝缘鞋、护目镜、安全帽。

（6）辅助资料。

比亚迪E5动力电池包台架使用手册、道通MS908汽车智能诊断仪使用说明书、教材、实训工作页。

（二）任务实施

1. 交流充电口基本检查

（1）掀起前格栅保护垫，用手拉起充电口盖板手柄，打开充电口盖板。

（2）依次打开直流充电口和交流充电口充电保护盖。

（3）检查交流充电口连接孔是否正常；检查交流充电口保护盖是否存在卡滞。

注意事项

若充电口保护盖或者充电口连接孔存在异常现象，则需及时检修。

2. 交流充电口低压电路检测

（1）交流充电口分析。

交流充电口为7孔式，分别为：控制连接确认（CP）、充电连接确认（CC）、交流电源–零线（N）、交流电源–火线（L）、备用连接1（NC1）、备用连接2（NC2）和车身接地（PE），如图3-1-36所示。

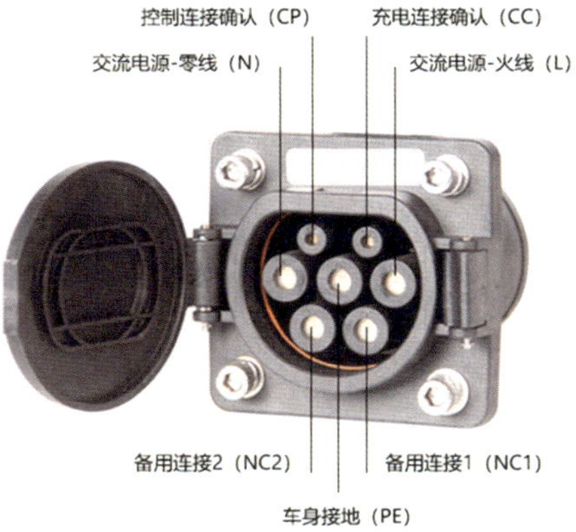

图3-1-36　充电口各接口名称

8 交流充电口检测-02 交流充电口低压电路检测

交流充电口低压电路检测。

① 取出数字万用表并校准，确保万用表正常可用。

② 将数字万用表旋转至直流电压挡。

③ 红表笔接交流充电口的CC，黑表笔接交流充电口的PE，测量充电确认信号电压，如图3-1-37所示。

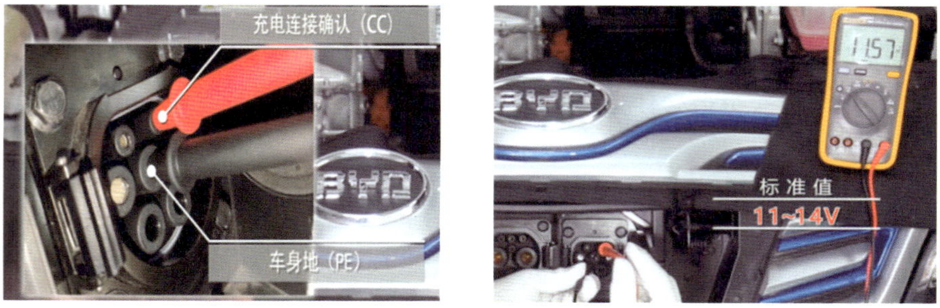

图3-1-37　检测充电口CC与PE之间的信号电压

④ 等数值稳定后，读取万用表数值标准值为11～14V。若检测值与标准值不符，则需进一步检修充电口及连接线束。

3. 拆卸高压维修开关

（1）断开低压蓄电池负极。

注意事项
拆卸低压蓄电池负极之后，需等待15分钟，待车上电容元器件放电完成，才能进行下一步操作。

（2）进入车内，抬起中控储物盒盖板。

（3）使用十字螺丝刀拆卸中控台储物格4颗自攻螺钉。

（4）取出储物格，断开储物格线束继电器，取下储物格。

（5）佩戴高压绝缘手套，松开动力电池高压维修塞保险器，拔出高压维修开关。

4．交流充电口及高压线束绝缘检测

（1）交流充电线束继电器拆卸。

① 使用一字螺丝刀，推出与交流充电口连接的高压线束继电器的保险器。

② 用手按压高压线束继电器锁扣，轻轻晃动高压线束继电器，拆下高压线束继电器，如图3-1-38所示。

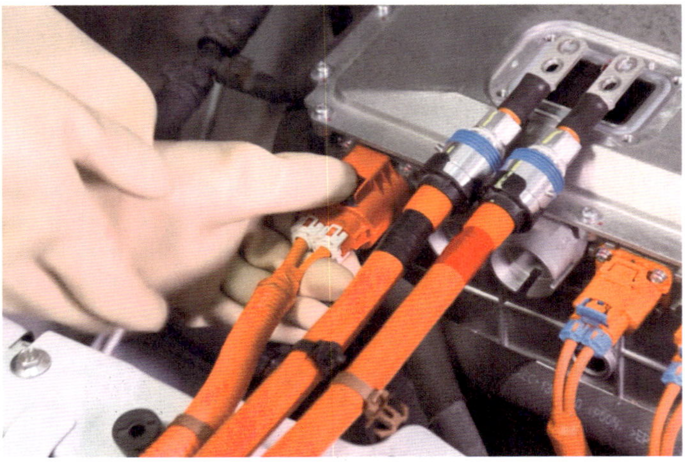

图3-1-38　拆下高压线束继电器

8 交流充电口检测-03 交流充电口绝缘检测

注意事项

拆卸高压线束继电器时，需佩戴高压绝缘手套。

（2）交流充电口及高压线束绝缘检测。

① 将数字兆欧表红表笔接交流充电口的L孔【交流电源（火线）（L）】，如图3-1-39所示。

② 将数字兆欧表调至1000V测试挡，旋转测试旋钮进行测试，待数值稳定后，读取绝缘值：标准值>20MΩ，如图3-1-40所示。

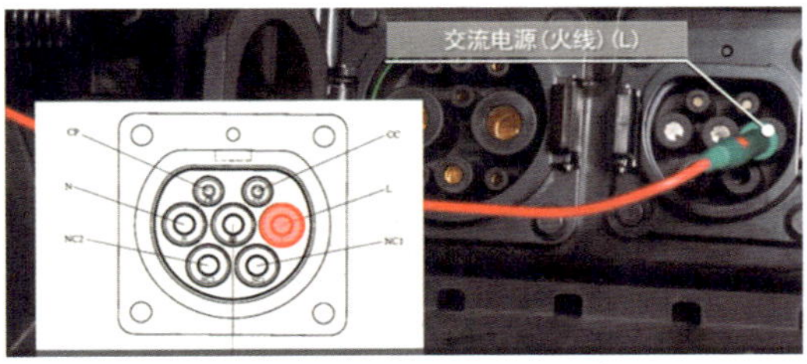

图3-1-39　检测交流电源N绝缘电阻

图3-1-40　交流电源N绝缘电阻值

③ 若测量值与标准数值不符，则说明交流充电口或高压线束存在绝缘故障，需进一

步检修。

④ 将数字兆欧表红表笔接交流充电口的N孔【交流电源（零线）（N）】，如图3-1-41所示。

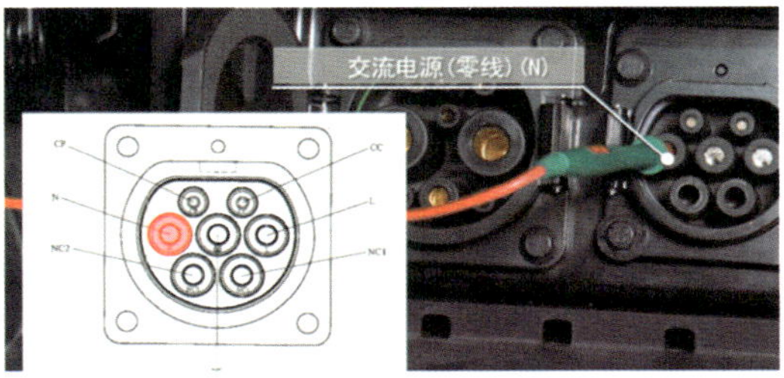

图3-1-41　检测交流电源L绝缘电阻

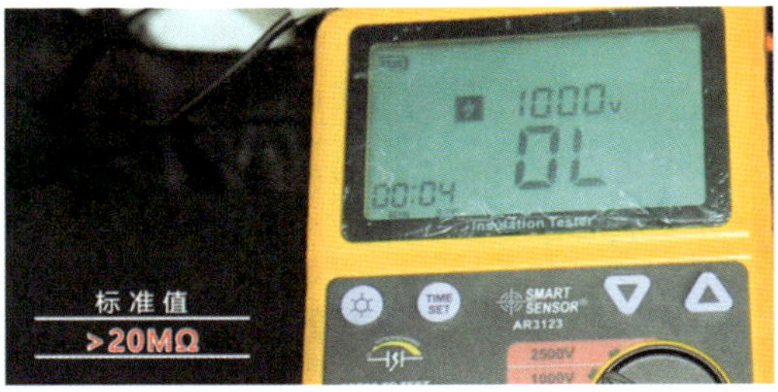

图3-1-42　交流电源L绝缘电阻值

⑤ 将数字兆欧表调至1000V测试挡，旋转测试旋钮进行测试，待数值稳定后，读取绝缘值：标准值>20MΩ，如图3-1-42所示。

⑥ 若测量值与标准数值不符，则说明交流充电口或高压线束存在绝缘故障，需进一步检修。

⑦ 关闭交流充电口保护盖，如图3-1-43所示。

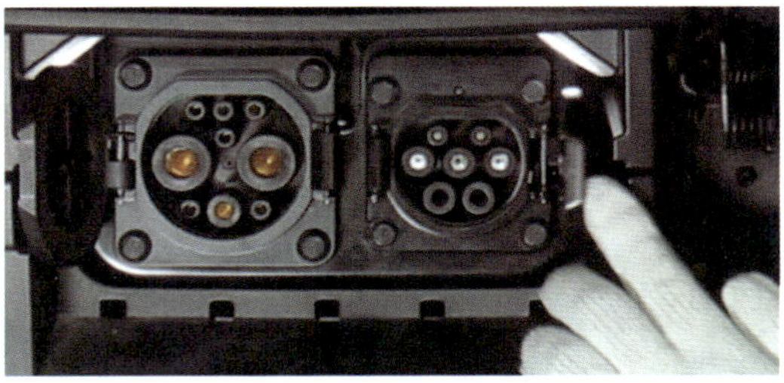

图3-1-43　关闭交流充电口保护盖

（3）交流充电高压线束继电器安装。

① 安装与交流充电口连接的高压线束继电器，如图3-1-44所示。

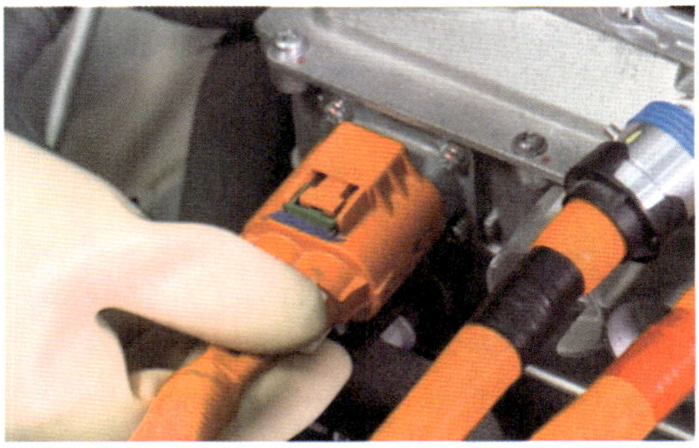

图3-1-44　安装充电口高压线束继电器

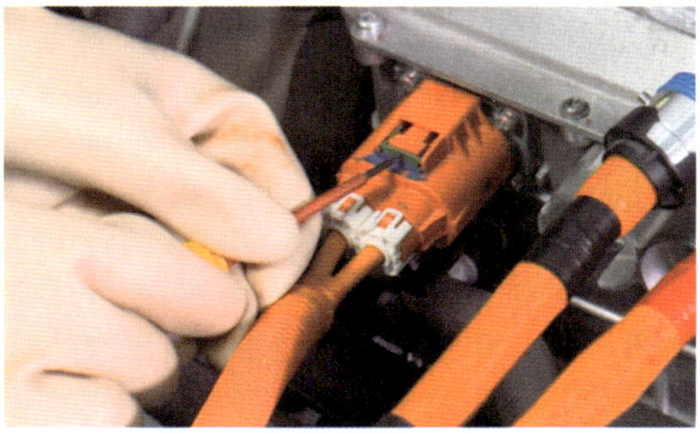

图3-1-45　锁止继电器保险器

② 将其安装到位，锁止继电器保险器，如图3-1-45所示。

5. 安装高压维修开关

（1）安装动力电池高压维修开关，如图3-1-46所示。

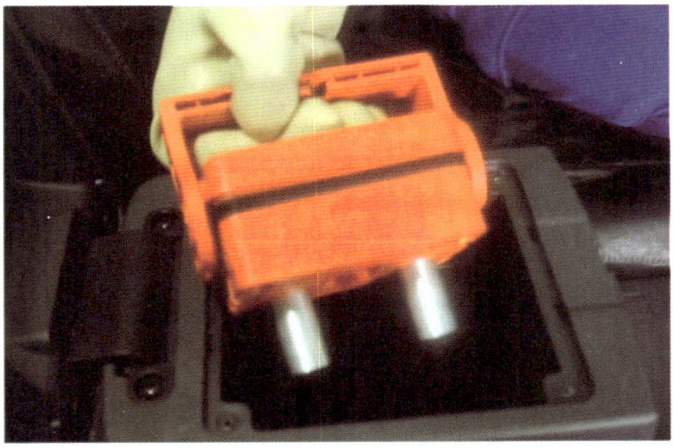

图3-1-46　安装动力电池高压维修开关

（2）安装储物格线束继电器，如图3-1-47所示。

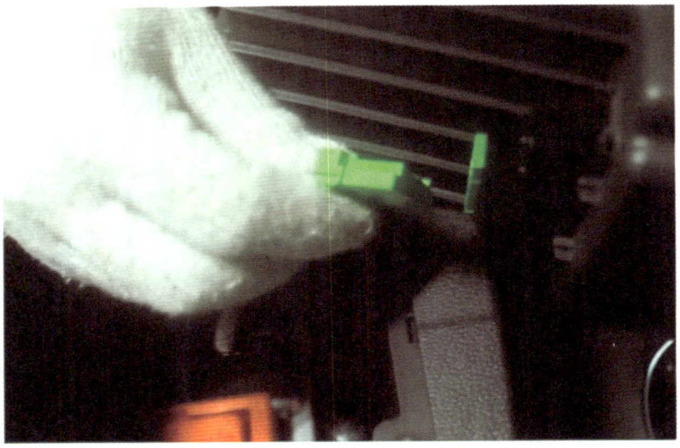

图3-1-47　安装储物格线束继电器

（3）使用十字螺丝刀安装中控台储物格4颗自攻螺钉。

（4）放下中控储物盒盖板。

（5）安装低压蓄电池负极。

6. 整理清洁

整理工具、清洁场地、设备复位。

任务 3.2　交直流充电桩认知

一、任务导入

张女士2021年购入一辆新能源汽车，在交流充电时出现刚开始能充电，充电一会后就不能充电了，经诊断仪诊断为充电枪过热，这种情况将使车辆出现严重的安全隐患。

如果你是接车的修理技术人员，应如何找出上述故障的原因。修理方案应如何制定？

二、任务目标

知识目标：

1．了解充电桩的作用及分类。

2．掌握交流充电桩的结构和工作原理。

3．掌握直流充电桩的结构和工作原理。

技能目标：

1．能正确进行直流充电操作。

2．能正确进行交流充电操作。

素质目标：

1．通过制定工作计划，培养学生主动沟通、团队协作的工作意识。

2．通过进行充电操作，提高学生的动手操作能力，帮助学生树立崇尚劳动的意识，进而培养学生的工匠精神。

3．通过进行充电操作，培养学生求真务实、精益求精；爱岗敬业、认真严谨；安全第一、生命至上的岗位精神。

4．通过团队协作进行车辆充电，培养学生的团队合作精神，并提高学生的沟通协调与组织管理能力。

三、知识链接

（一）充电桩概述

1. 充电桩的作用

充电桩是为电动汽车充电的充电设施，其功能类似于加油站里面的加油机，可以固定在地面或墙壁上，安装于公共建筑（公共楼宇、商场、公共停车场等）和居民小区停车场或充电站内，可以根据不同的电压等级为各种型号的电动汽车充电。充电桩的输入端与交流电网直接连接，输出端都装有充电插头用于为电动汽车充电。充电桩一般提供常规充电和快速充电两种充电方式。

2. 充电桩的分类

根据电流种类的不同，充电桩可分为交流充电桩和直流充电桩两种。

交流充电桩即为慢充充电桩，它安装在电动汽车外，与交流电网连接，为电动汽车车载充电机提供交流电源的供电装置，同时具备计量计费功能。

直流充电桩即为快充充电桩，它安装在电动汽车外，与交流电网连接，为电动汽车动力电池提供小功率直流电源的供电装置，具有充电机功能，可以实时监视并控制被充电电池状态，同时还可以对充电电量进行计量。

（二）充电桩的组成结构与工作原理

1. 交流充电桩的组成结构与工作原理

（1）交流充电桩的组成结构。

7kW交流充电桩主要由桩体、LED指示灯板、LCD显示屏、刷卡器、接线排、启动开关、浪涌防护器（防雷器）、智能电表、输入交流接触器、辅助电源、主控模块、辅助继电器模块、门禁开关、急停开关、交流充电枪和线束等组成，如图3-2-1所示。

（2）交流充电桩的工作原理。

交流充电桩是固定安装在电动汽车外、与交流电网连接，为电动汽车车载充电机（即固定安装在电动汽车上的充电机）提供交流电源的供电装置。交流充电桩只提供电力输出，没有变压整流功能，需连接的车载充电机为电动汽车充电。交流充电桩的工作原理可以分为三个步骤：输入电源、电源转换、输出电源，如图3-2-2所示。

① 输入电源：交流充电桩从电网接收交流电，通过电缆和插头传输到电动汽车的电池中。

② 电源转换：交流充电桩使用整流器将交流电转换为直流电，以供电动汽车的电池充电。

③ 输出电源：交流充电桩通过充电控制器监测电池状态，调整输出电源的电压和电流，确保电池正确充电，避免过充或过放电。

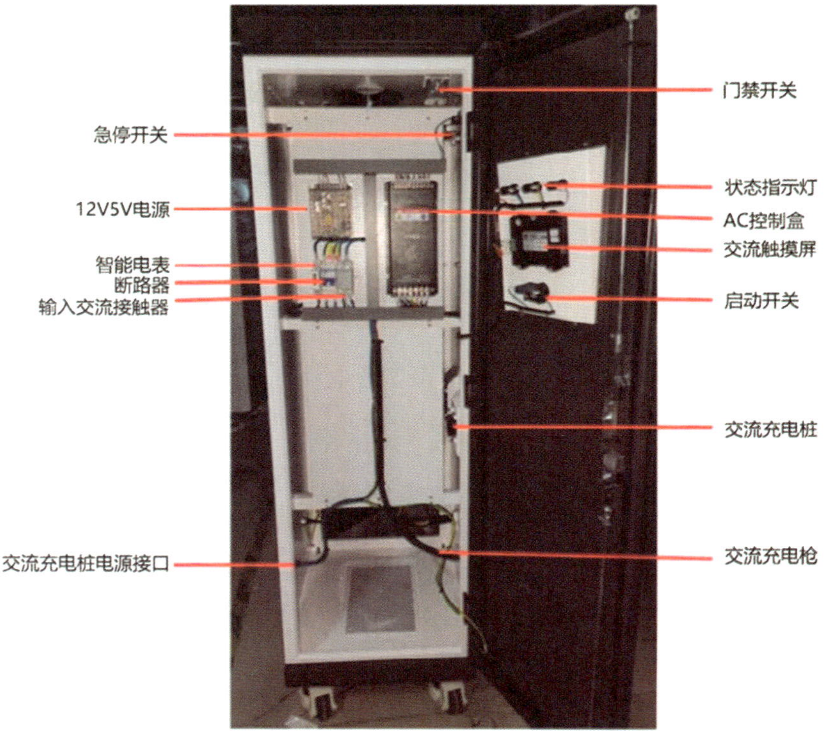

图3-2-1　交流充电桩的组成结构

交流充电桩的工作原理

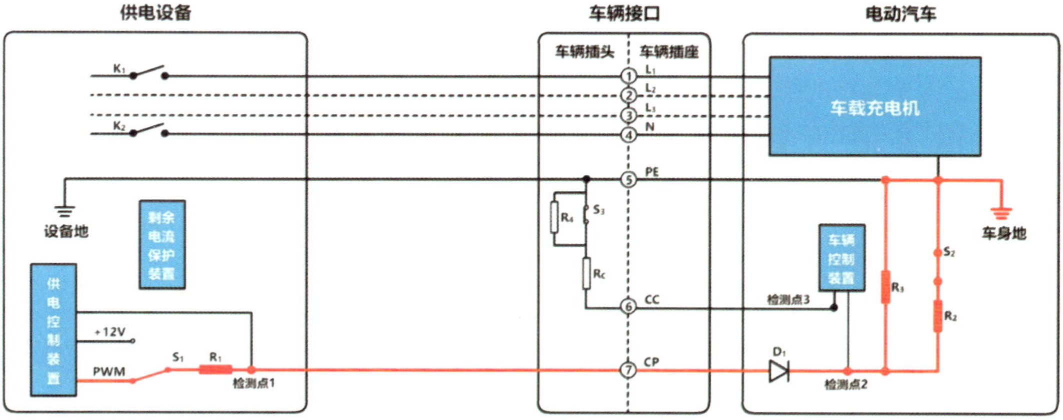

图3-2-2　交流充电桩的工作原理

交流充电桩的工作原理是将交流电转换为直流电，并将其输送到电动汽车的电池中。这个过程需要使用整流器和充电控制器等设备来确保电动汽车的电池得到正确的充电。随着电动汽车的普及，交流充电桩将成为未来的主流充电设备，为人们提供更加便捷和环保的出行方式。

2．直流充电桩的组成与工作原理

（1）直流充电桩的组成。

直流充电桩一般固定安装在社区停车场、大型商场、服务区、路边停车场等场所，接入电网，经内部控制整流，为电动汽车的动力电池直接提供可控的直流电的供电装置。直流充电桩可实现快速充电，常见的功率有30kW、60kW、90kw、120kW。这里介绍60kW直流单枪充电枪。

60kW直流充电桩一般主要由桩体、LED指示灯板、LCD显示屏，读卡器、整流器（两个30kW）、无线网络模块、开关电源、主控板、防反板、充电电子锁模块、保险、电能表、（A+）空气开关、漏电断路器、防雷器、单相空气开关、外部输入接线排、门禁开关、分流器、急停开关、冷却风扇等组成，如图3-2-3所示。

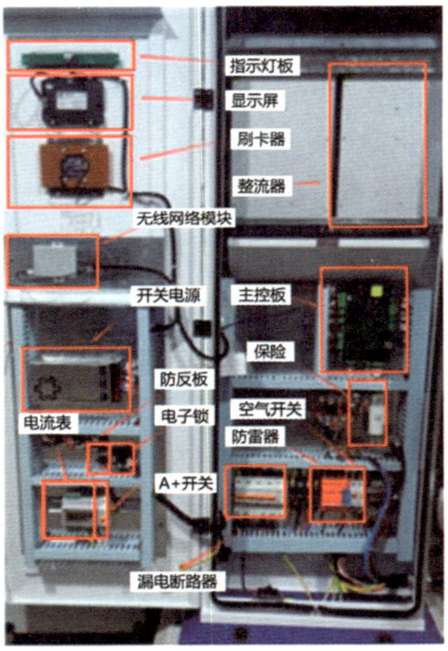

图3-2-3　60kW直流充电桩实物内部图

直流充电桩的工作原理

（2）直流充电桩的工作原理。

根据直流充电桩的工作原理，其工作过程分为车辆接口连接确认阶段、直流充电桩自检阶段、充电准备就绪阶段、充电阶段、充电结束阶段。

① 车辆接口连接确认阶段。

当我们插入充电枪并按下按键后，充电桩会检测到电平变化。如果检测到4V，则充电桩会确认充电枪插入成功，车辆接口完全连接，并锁定电子锁，防止枪头脱落。

② 直流充电桩自检阶段。

在车辆接口连接完成后，充电桩会闭合K3、K4，为电动汽车控制装置供电（某些车辆可能不需要供电）。接着闭合K1、K2，进行绝缘检测，确保DC线路的绝缘性能，保证充电过程的安全。绝缘检测完成后，充电桩会释放能量并断开K1、K2，同时开始周期性发送通信握手报文，如图3-2-4所示。

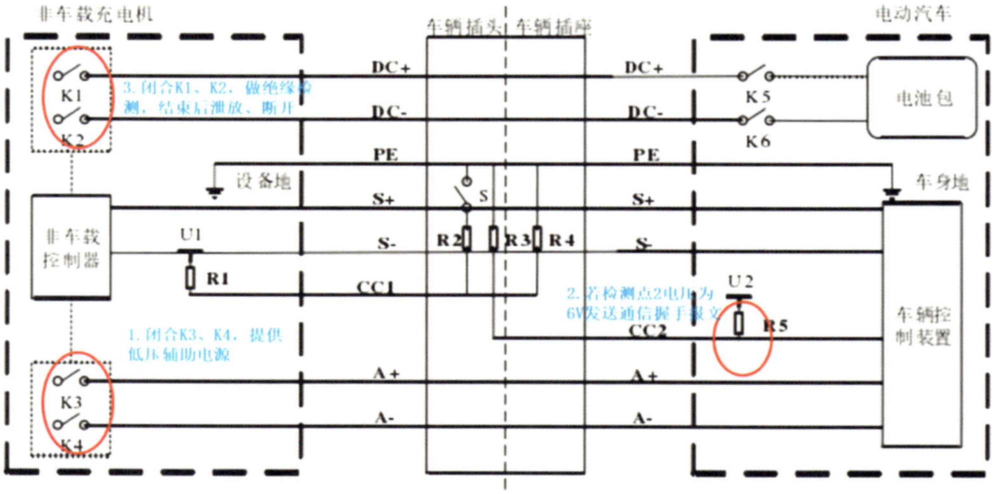

图3-2-4　直流充电桩自检电路

③ 充电准备就绪阶段。

车辆控制K5、K6闭合，使充电回路导通。充电桩检测到车辆端电池电压正常后，闭合K1、K2，使直流充电线路导通，电动汽车便可以开始充电了，如图3-2-5所示。

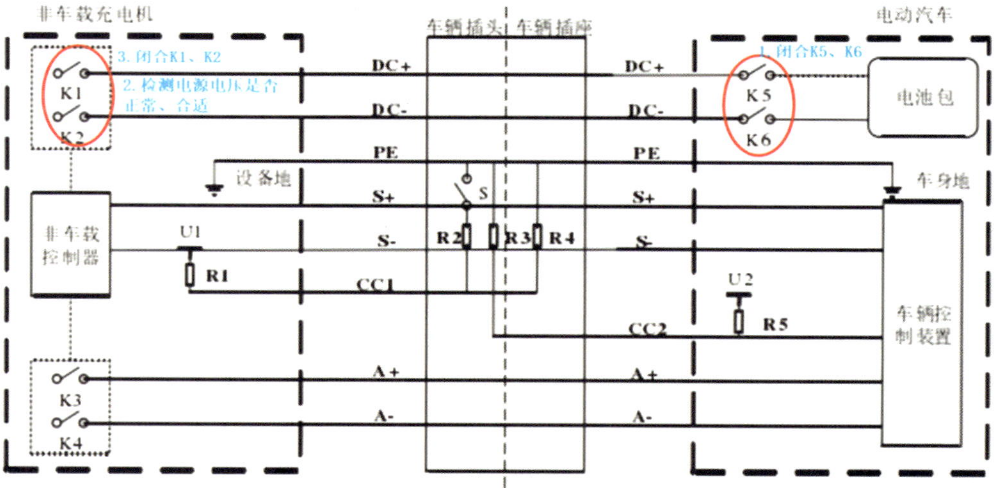

图3-2-5　充电准备就绪阶段电路

④ 充电阶段。

在充电阶段，车辆向充电桩实时发送电池充电需求的参数，充电桩会根据该参数实时调整充电电压和电流，并相互发送各自的状态信息，如图3-2-6所示。

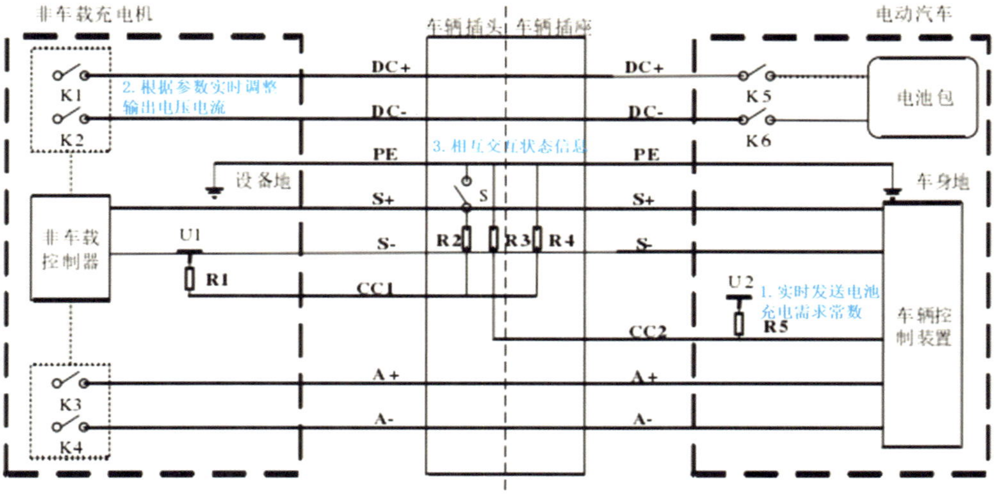

图3-2-6　充电阶段电路

⑤ 充电结束阶段。

车辆会根据电池管理系统（BMS）是否达到充满状态或收到充电桩发来的“停止充电”报文来判断是否结束充电。

如果满足以上条件，则车辆会发送“停止充电”报文，然后断开充电回路。

充电桩在达到操作人员设定的充电结束条件或收到车辆发来的“停止充电”报文后，会发送“停止充电”报文，并控制充电桩停止充电，然后断开充电回路，如图3-2-7所示。

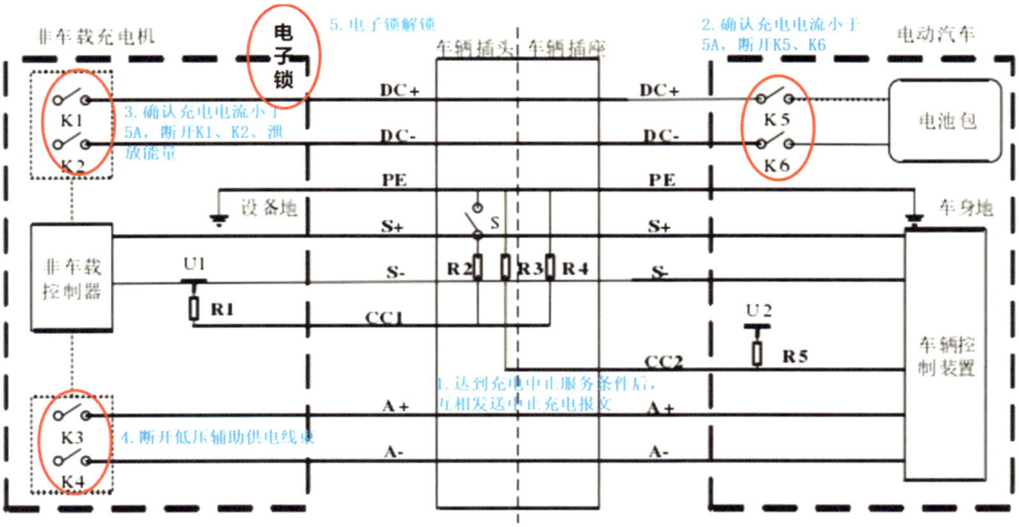

图3-2-7　充电结束阶段电路

四、任务实施

实训1 交流充电操作

（一）任务准备

1. 操作规范

操作人员按要求佩戴个人防护用品，规范操作。

2. 实训准备

（1）实训分组。

分组进行实训，完成“交流充电操作”任务。

（2）工具准备。

数字万用表、兆欧表、绝缘防护用品、绝缘工具套装、常规工具套装。

（3）设备准备。

交流充电桩、车辆。

（4）车辆防护用品。

车内三件套、车外三件套、底盘垫块、车轮挡块。

（5）人员防护用品。

绝缘手套、绝缘鞋、护目镜、安全帽。

（6）辅助资料。

教材、实训工作页。

（二）任务实施

1. 壁挂式三相交流充电盒充电操作步骤

1）壁挂式三相交流充电盒即时充电操作步骤（以比亚迪E5为例）。

（1）车辆驶入充电位停好，将电源挡位置于“OFF”挡，如图3-2-8所示。

（2）打开车辆交流充电插座的舱盖和保护盖，如图3-2-9所示。

（3）按下锁止按钮，取出充电插头。

（4）把充电插头与充电插座对齐，插入交流充电插座，如图3-2-10所示。

（5）查看组合仪表盘上的充电指示灯是否点亮，如图3-2-11所示。

（6）当家用充电机上的准备指示灯点亮时，按下启动按钮，同时指示灯闪烁。

（7）在充电过程中，组合仪表盘上显示相关的充电参数及画面。

（8）按下停止按钮或电量已充满，则结束充电。

（9）按下充电插头的锁止按钮，如图3-2-12所示，拔出充电插头，将其归回家用充电枪座，如图3-2-13所示。

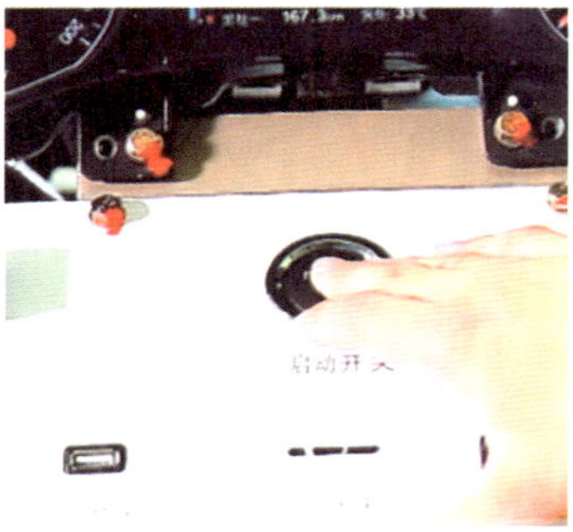

图3-2-8　关闭启动开关

图3-2-9　打开车辆交流充电插座的舱盖和保护盖

图3-2-10　充电插头插入交流充电插座

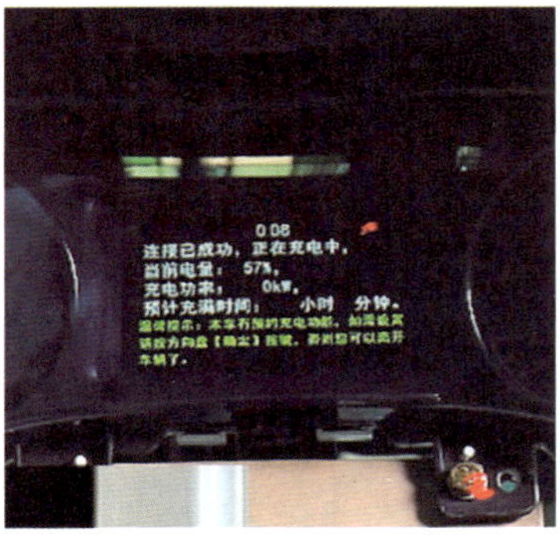

图3-2-11　组合仪表盘上的充电指示灯

图3-2-12　按下充电插头的锁止按钮

图3-2-13　拔出充电插头

（10）合上交流充电插座的保护盖和舱盖。

2）壁挂式单相交流充电盒预约充电操作步骤（以比亚迪E5为例）。

交流充电桩的使用

（1）车辆驶入充电位停好，电源挡置于“OFF”挡。

（2）打开车辆交流充电口盖和保护盖。

（3）按下锁止按钮，取出充电插头。

（4）把充电插头对齐充电插座，插入车辆交流充电插头。

（5）查看组合仪表盘上充电指示灯是否点亮。

（6）充电界面显示当前充电信息，如图3-2-14所示。按下方向盘上的“确定”按钮，进入预约充电界面，如图3-2-15所示。

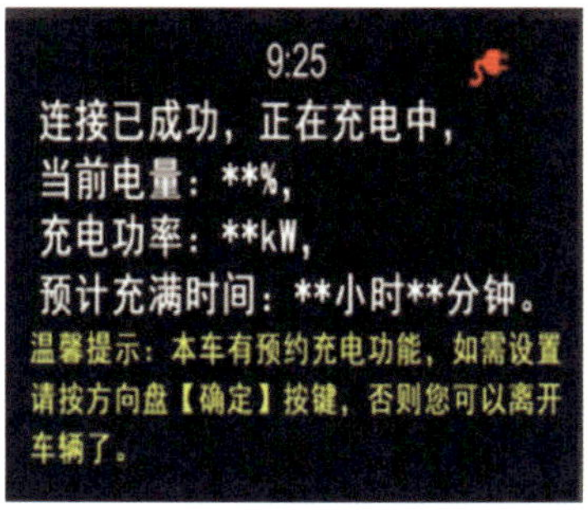

图3-2-14　充电界面显示当前充电信息

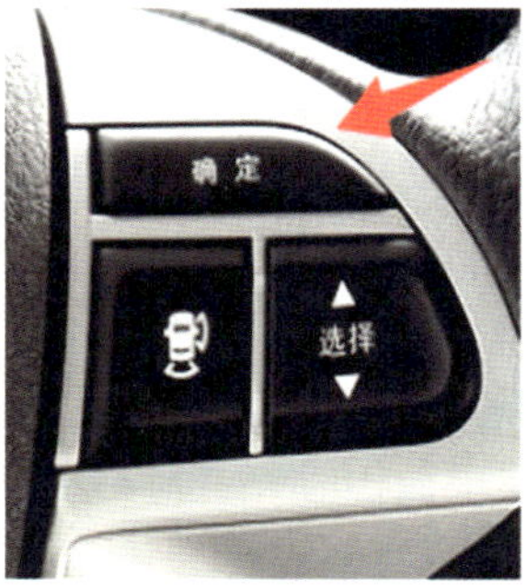

图3-2-15　按下方向盘上的“确定”按钮

（7）预约充电时间设置界面，如图3-2-16所示。可以通过按方向盘上的选择键加减时间，并按“确定”按钮进行保存，如图3-2-17所示。

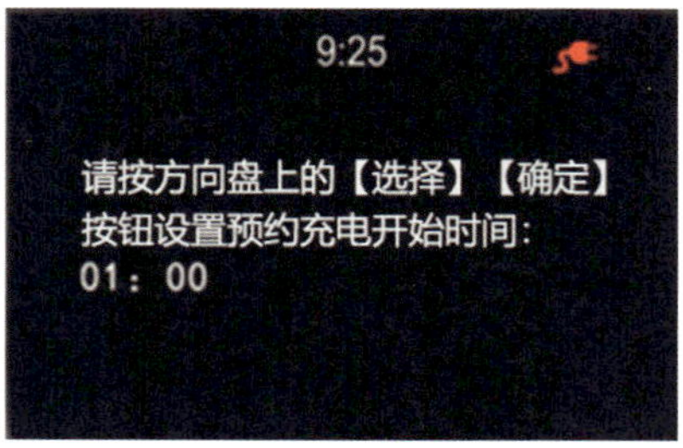

图3-2-16　预约充电时间设置界面

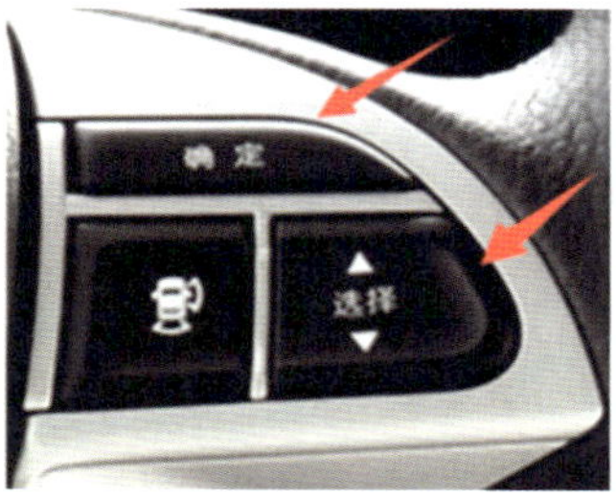

图3-2-17　按下方向盘上的“确定”按钮

（8）当电量充满时，按下“停止”按钮或检测电量达到充电截止阈值，则结束充电，如图3-2-18所示。

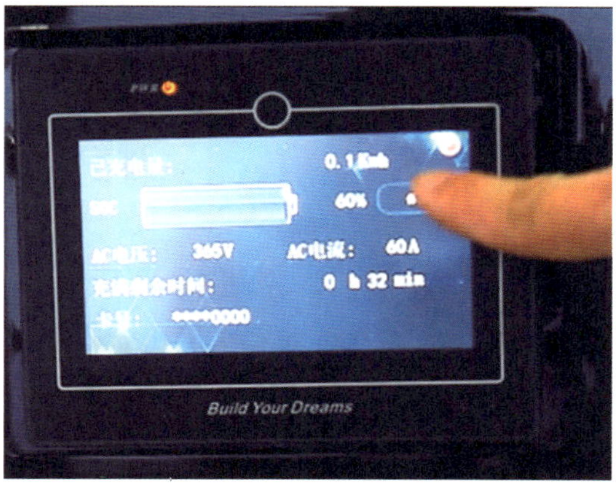

图3-2-18　按下停止按钮

（9）按下充电插头上的“锁止”按钮，拔出充电插头，将其归回家用充电枪座。

（10）合上交流充电插座的保护盖和舱盖。

实训2 直流充电操作

（一）任务准备

1. 操作规范

操作人员按要求佩戴个人防护用品，规范操作。

2. 实训准备

（1）实训分组。

分组进行实训，完成“直流充电操作”任务。

（2）工具准备。

数字万用表、兆欧表、绝缘防护用品、绝缘工具套装、常规工具套装。

（3）设备准备。

直流充电桩、车辆。

（4）车辆防护用品。

车内三件套、车外三件套、底盘垫块、车轮挡块。

（5）人员防护用品。

绝缘手套、绝缘鞋、护目镜、安全帽。

（6）辅助资料。

比亚迪E5动力电池包台架使用手册、道通MS908汽车智能诊断仪使用说明书、教材、实训工作页。

（二）任务实施

1. 直流充电桩的充电操作步骤

（1）电源挡位退至“OFF”挡（启动开关按钮上的绿灯不亮）。

（2）打开直流充电口盖。

（3）连接实训设备与充电桩或壁挂式充电盒。

① 双手紧握充电枪，右手大拇指按下充电枪上的红色按钮，拔下充电枪。

② 一手紧握充电枪手柄，一手拉充电枪电线缆，如图3-2-19所示。

③ 把充电枪口对齐充电口，插入充电口，听到“咔”的响声，代表卡口已经卡到卡槽中，确认已连接完成，如图3-2-20所示。

（4）检测仪表盘上的充电指示灯是否点亮，如图3-2-21所示。

（5）启动充电，如图3-2-22所示。

（6）停止充电：直流充电桩或壁挂式充电盒会自动结束充电；或自行结束充电，关闭充电盒，如图3-2-23所示。

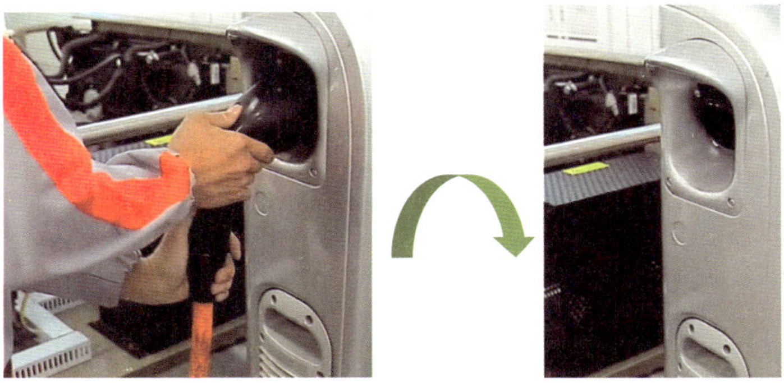

图3-2-19　连接充电设备

直流充电桩的使用

图3-2-20　充电枪口对齐充电口

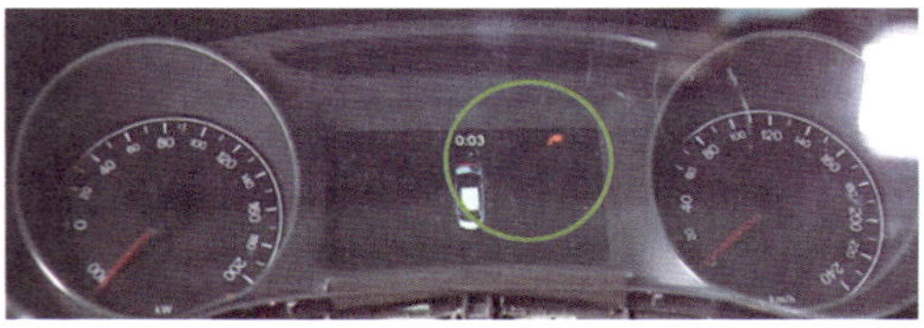

图3-2-21　查看充电指示灯

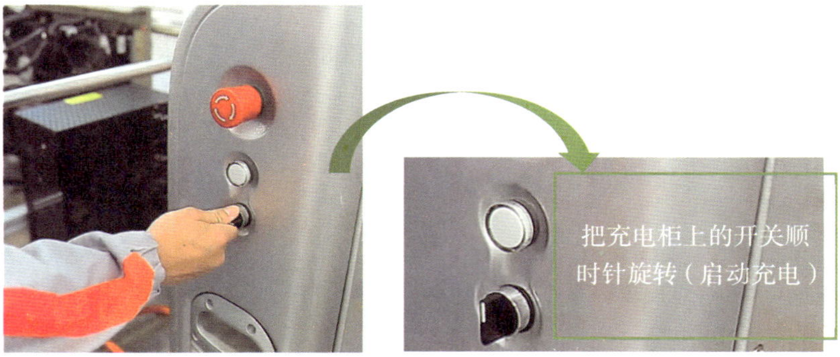
把充电柜上的开关顺
时针旋转（启动充电）

图3-2-22　启动充电

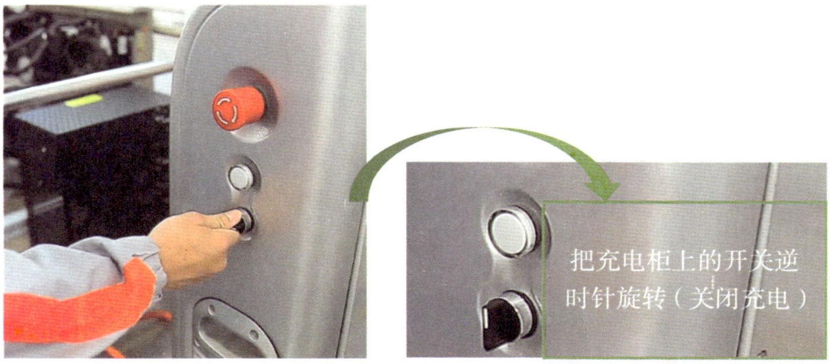
把充电柜上的开关逆
时针旋转（关闭充电）

图3-2-23　停止充电

（7）拔下充电枪，插入充电盒或充电桩上。

（8）关闭直流充电口盖。

注意事项

1. 不要在充电口盖打开的状态下关闭充电口舱门。

2. 不要用力拉或者扭转充电电缆。

3. 不要使充电设备承受撞击。

4. 不要在温度高于50℃的环境下存放或者使用充电设备。

5. 不要把充电设备放在靠近加热器或其他热源的地方。

6. 充电时电源挡位需置于“OFF”挡，禁止电源置于“OK”挡时充电。停止充电时应先将充电柜或充电桩关闭，再断开充电连接器；家用交流充电时应先断开交流充电连接器，再断开充电插座端电源。

7. 如果车辆长时间未曾使用，为延长动力电池的使用寿命，建议每3个月充电一次。

2. 直流充电桩的拔插方法

直流充电插头上配置有锁止开关，其作用是固定插头与插座的连接。当要从直流充电桩上取下和从车辆直流充电插座上取下时都需要按下插头上的锁止按钮，如图3-2-24所示。

图3-2-24　汽车充电

任务 3.3　DC-DC 变换器的结构与检测

一、任务导入

修理工在某新能源汽车4S店工作，一天接了一辆纯电动汽车，经过询问以及客户反映，该车无法启动、无法进行慢充充电，仪表盘上的蓄电池报警灯点亮。经过修理工询问得知12V蓄电池使用半年，检查初步判断为DC-DC变换器不能给12V蓄电池充电，你能正确进行检修吗？

二、任务目标

知识目标：

1. 了解DC-DC变换器的作用。
2. 掌握DC-DC变换器的组成结构和工作原理。
3. 理解DC-DC变换器的日常维护要求。
4. 掌握DC-DC变换器故障排除思路。

技能目标：

1. 能识别DC-DC变换器各接口，并说出其名称和作用。
2. 能正确检修DC-DC变换器。

素质目标：

1. 通过制定工作计划，培养学生主动沟通、团队协作的工作意识。

2. 通过进行DC-DC变换器检测，提高学生的动手操作能力，帮助其树立崇尚劳动的意识，进而培养学生的工匠精神。

3. 通过进行DC-DC变换器检测，培养学生求真务实、精益求精；爱岗敬业、认真严谨；安全第一、生命至上的岗位精神。

4. 通过协作进行DC-DC变换器检测，培养学生团队合作的工匠精神，并提高学生的沟通协调与组织管理能力。

三、知识链接

（一）DC-DC变换器的组成结构及工作原理

1. DC-DC变换器的功用和组成结构

DC-DC变换器的作用是完成高压、低压转换。当车辆启动时，低压电主要靠辅助蓄电池供电，动力蓄电池组完成上电后，动力蓄电池组将高压直流电通过高压配电系统输入DC-DC变换器，DC-DC变换器将高压直流电转换为低压直流电，为全车低压用电设备供电，当检测到端辅助蓄电池的电压不足时，DC-DC变换器为辅助蓄电池充电。

DC-DC变换器主要由箱体、电路板等部件组成。其中，电路面板上共有4处接线口，分别为低压输出正极、低压输出负极、高压输入端和低压控制端，如图3-3-1所示。

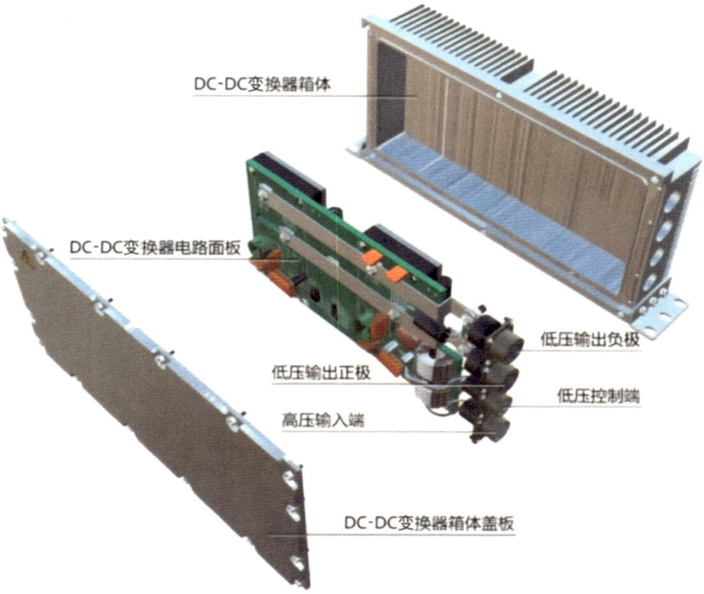

图3-3-1　DC-DC变换器的组成结构

2．DC-DC变换器的工作原理

（1）整车ON挡上电之后，通过低压控制系统唤醒整车控制系统，整车控制器给DC-DC变换器发送控制指令，DC-DC变换器开始工作。

（2）此时动力电池中的320V直流电经由高压控制盒输送到DC-DC变换器，该高压电经过变换器内部的降压器、整流器、振荡电路、滤波器等一系列的作用之后，形成一个14V左右的低压直流电，输出并存储至蓄电池中，供整车低压系统使用，如图3-3-2所示。

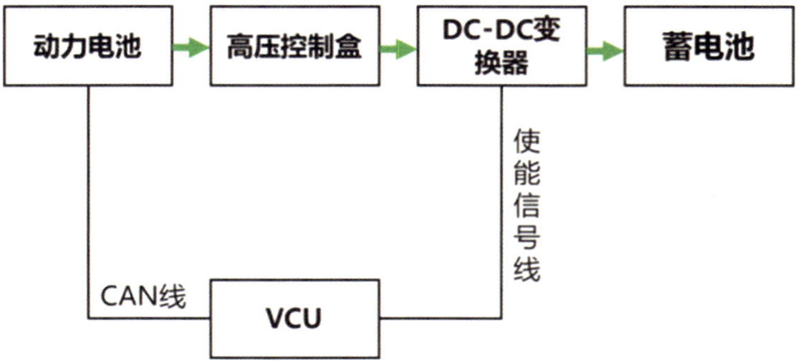

图3-3-2　DC-DC变换器工作流程示意图

DC-DC 变换器的组成结构和工作原理

（二）DC-DC变换器维护与故障检修

1．DC-DC变换器日常维护

DC-DC变换器日常维护的要求为：（1）穿戴好工服、绝缘鞋等，做好个人安全防护；

（2）做好车辆防护（铺设方向盘套、座椅套、地板垫和车外三件套）。DC-DC变换器日常维护的内容如表3-3-1所示。

表3-3-1　DC-DC变换器日常维护的内容

保养类别	日常维护
A类	检查外壳是否有明显碰撞痕迹，各连接导线应无破损、碰擦，良好连接，高压、低压接线端子连接牢靠，无松动。散热齿上尽可能减少杂物，保证散热时通风畅通，必要时清洁外表面
B类	检查DC-DC变换器外壳是否有明显碰撞痕迹，各连接导线应无破损、碰擦，良好连接，高压、低压接线端子连接牢靠、无松动。端子无锈蚀、紧固力矩足够。散热齿上尽可能减少杂物，保证散热时通风畅通，必要时清洁外表面。检测DC-DC变换器绝缘电阻，使用绝缘电阻表，测量DC-DC高压输入与车身（外壳）的绝缘电阻，应大于20MΩ

2. DC-DC变换器常见故障检修方法

1）常见故障。

DC-DC变换器在车辆行驶过程中出现故障的主要原因有：接插件连接不正常，动力电池高压熔断器熔断导致动力电池高压无法输出，DC-DC使能信号输入不正常以及DC-DC变换器本体故障等。

2）DC-DC故障排除思路。

（1）DC-DC高压系统检测。

某车型DC-DC变换器工作电路，如图3-3-3所示。检查高压分线盒中的DC-DC变换器内熔丝是否正常，接触面是否烧蚀、生锈，紧固螺钉是否松动。

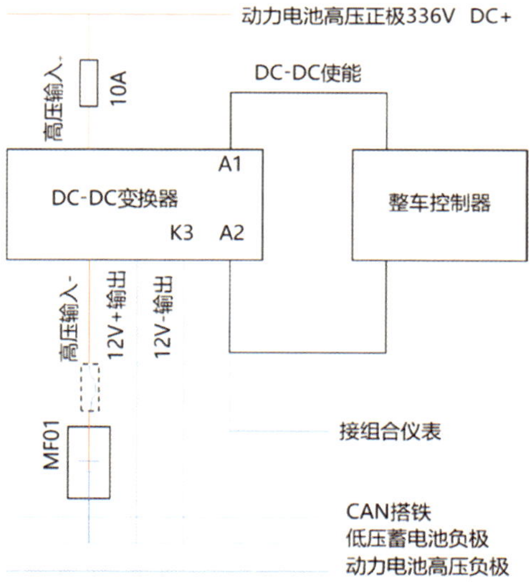

图3-3-3　某车型DC-DC变换器工作电路

（2）DC-DC变换器低压系统检测。

DC-DC变换器低压系统检测如表3-3-2所示。

表3-3-2　DC-DC变换器低压系统检测

被检测系统名称	检测项目
低压输出极	接地情况/是否接主保险丝盒DC-DC变换器熔丝
DC-DC主熔丝	是否完好
信号使能线	检查DC-DC变换器低压控制接插件A脚是否与车辆连接控制器针脚导通，查看车辆正常启动后，DC-DC变换器低压接插件A脚电压是否为12V
故障信号线	检查DC-DC变换器低压控制接插件针脚与整车控制器针脚是否导通。如果没有电压，则检查整车控制器，必要时需更换整车控制器

3）通过诊断系统进行诊断检测。

启动车辆后，连接诊断仪，选择对应车型，进入整车控制器界面，查看动力系统故障码，分析实际工况对应的数据流。读取数据流，选择电源电压，进行车辆路试。对车辆道路的实验数据和结果进行分析，找出准确的故障点，如图3-3-4所示。

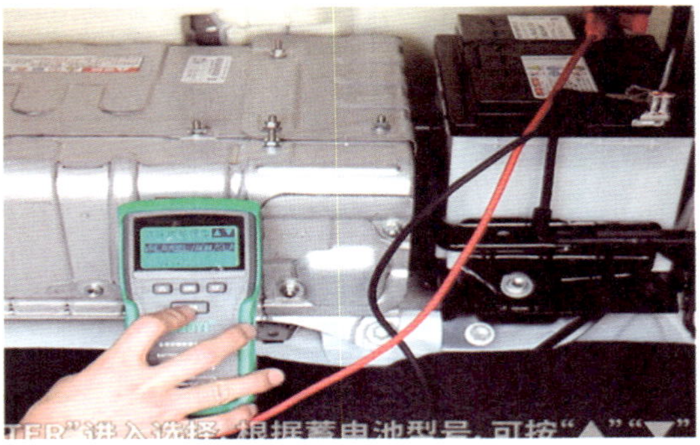

图3-3-4　DC-DC变换器输出电压检测

四、任务实施

实训1　检测DC-DC变换器

（一）任务准备

1．操作规范

操作人员按要求佩戴个人防护用品，规范操作。

2．实训准备

（1）实训分组。

分组进行实训，完成“检测DC-DC变换器”任务。

（2）工具准备。

数字万用表、兆欧表、绝缘防护用品、绝缘工具套装、常规工具套装。

（3）设备准备。

纯电动汽车2台、绝缘工具2套、防护用具2套、车间安全防护用具2套、工具车和绝缘工具2套、检测仪器（绝缘万用表、放电工装、电流钳等）2套。

（4）车辆防护用品。

车内三件套、车外三件套、底盘垫块、车轮挡块。

（5）人员防护用品。

绝缘手套、绝缘鞋、护目镜、安全帽。

（6）辅助资料。

教材、实训工作页。

DC-DC 变换器的检测

11 检测 DC-DC 变换器-01DCDC 变换器结构认知及输出电压检测

11 检测 DC-DC 变换器-02DCDC 变换器与低压蓄电池负极的连接线束

（二）任务实施

1. DC-DC变换器结构认知及输出电压检测

（1）进行DC-DC变换器外观检查（外观、线束是否有破损）。

（2）在进行DC-DC变换器是否正常工作检查时，一般采用测量输出电压的方式就可以判断。

2. 检测DC-DC变换器与低压蓄电池负极的连接线束

（1）断开H1d继电器，将万用表调至欧姆挡位，用万用表红、黑表笔测量继电器至蓄电池负极的电阻值，如图3-3-5所示。

图3-3-5　检测DC-DC变换器与低压蓄电池负极的连接线束

（2）标准电阻值：小于1Ω；若测量值与标准数值不符合，则说明该线路断路损坏。

（3）测量完成，仪器归位。

3. 检测DC-DC变换器与低压蓄电池正极的连接线束

（1）断开H1c继电器，将万用表调至欧姆挡位，用万用表红、黑表笔测量继电器至蓄电池正极的电阻值，如图3-3-6所示。

（2）标准电阻值：小于1Ω；若测量值与标准数值不符合，则说明该线路断路损坏。

（3）测量完成，仪器归位，如图3-3-7所示。

4. 检测DC-DC变换器与高压控制盒负极线束

（1）断开HT4a继电器，将万用表调至欧姆挡位，用万用表黑表笔测量HT4继电器，用红表笔测量HT4a的G端子，测量两端子之间的电阻值，如图3-3-8、图3-3-9和图3-3-10所示。

图3-3-6　检测DC-DC变换器与低压蓄电池正极的连接线束

11 检测 DC-DC 变换器-03 检测 DCDC 变换器与低压蓄电池正极的连接线束

图3-3-7　测量完成

11 检测 DC-DC 变换器-04 检测 DCDC 变换器与高压控制盒负极线束

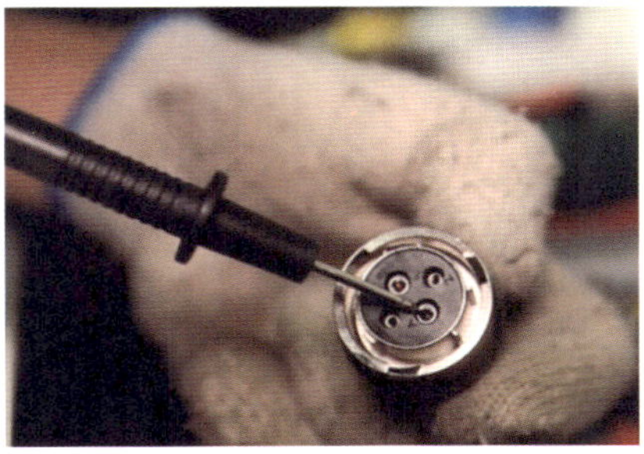
图3-3-8　测量HT4a继电器

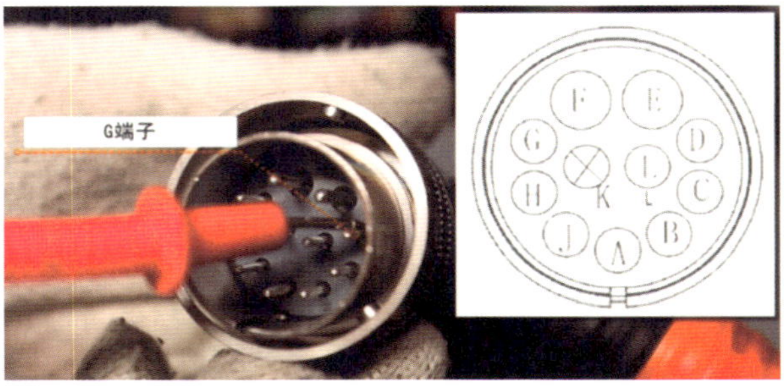

图3-3-9　测量HT4a的G端子

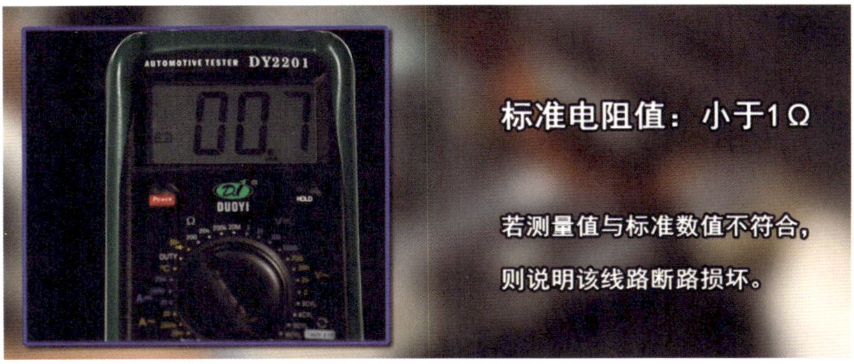

图3-3-10　读取测量值

（2）标准电阻值：小于1Ω；若测量值与标准数值不符合，则说明该线路断路损坏。

（3）测量完成，仪器归位。

项目四　动力电池管理系统故障检测与维修

任务4.1　动力电池管理系统控制策略

一、任务导入

李女士最近打算购置一辆新能源汽车，但她更关心车辆的续航能力和安全性能。在了解到动力电池管理系统对新能源汽车的续航能力和安全性有着至关重要的作用后，李女士想进一步了解动力电池管理系统的控制策略。恰巧她的一个朋友是中职学校新能源汽车专业的教师，于是她希望朋友能帮助她更好地理解动力电池管理系统控制策略以及如何通过这些策略提高汽车性能。

作为新能源汽车专业的学生，你是否能运用所学的专业知识，为李女士详细解释动力电池管理系统的控制策略及其在新能源汽车中的应用呢？如果你现在还无法回答这些问题，请不要担心。通过本任务的学习，你将会掌握动力电池管理系统的控制策略知识，从而能够为李女士提供满意的解答。

二、任务目标

知识目标：

1. 了解动力电池管理系统的作用。
2. 理解动力电池管理系统的主要功能。
3. 掌握动力电池管理系统的结构组成。
4. 理解动力电池管理系统的控制策略。

技能目标：

1. 能规范进行电池管理系统检测任务。
2. 能独立完成电池管理系统在线检测。
3. 能判断动力电池管理系统的检测数据。

素质目标：

1. 通过制定工作计划和团队协作完成任务，培养学生的团队合作精神，并提高学生的自主学习、沟通协调和组织管理能力。

2．通过工学结合的方式，提高学生对专业知识的实际应用能力，让学生提前适应工作岗位，培养其诚实守信的职业操守，避免在今后工作中发生欺瞒客户、夸大故障等不良现象。

3．通过规范进行电池管理系统的检测任务，提高学生的动手操作能力，帮助其树立崇尚劳动的意识，进而培养学生的工匠精神。

4．通过进行电池管理系统在线检测，培养学生求真务实、精益求精；爱岗敬业、认真严谨；安全第一、生命至上的岗位精神。

三、知识链接

（一）动力电池管理系统的作用及结构

动力电池管理系统（BMS）能监控电池的充电电压、电流，并能进行温度、充电、放电控制，同时进行实时诊断，从而确保电池及整车的安全运行，如图4-1-1所示。

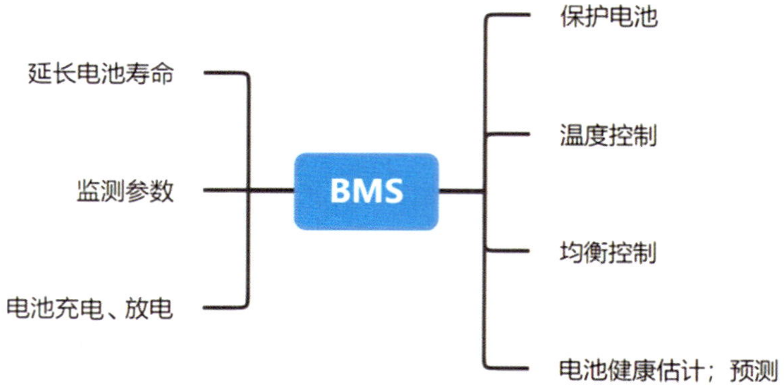

图4-1-1　动力电池管理系统的作用

动力电池管理系统的组成构造主要包括电池单体监测单元、电池组监测模块、控制器、电池继电器、温度传感器、电池均衡模块和通信接口模块等。

（二）动力电池管理系统的控制策略

动力电池管理系统的控制策略通过监测电池参数、实施均衡控制、热管理和与其他系统通信，确保电池在安全、高效的条件下工作，以提高系统性能并延长电池寿命，如图4-1-2所示。

1．充电控制策略

充电控制策略是动力电池管理系统中的关键组成部分，其目的是确保电池在安全、高效的条件下进行充电，提高充电效率并延长电池寿命。充电控制策略如图4-1-3所示，主要包括以下几个方面。

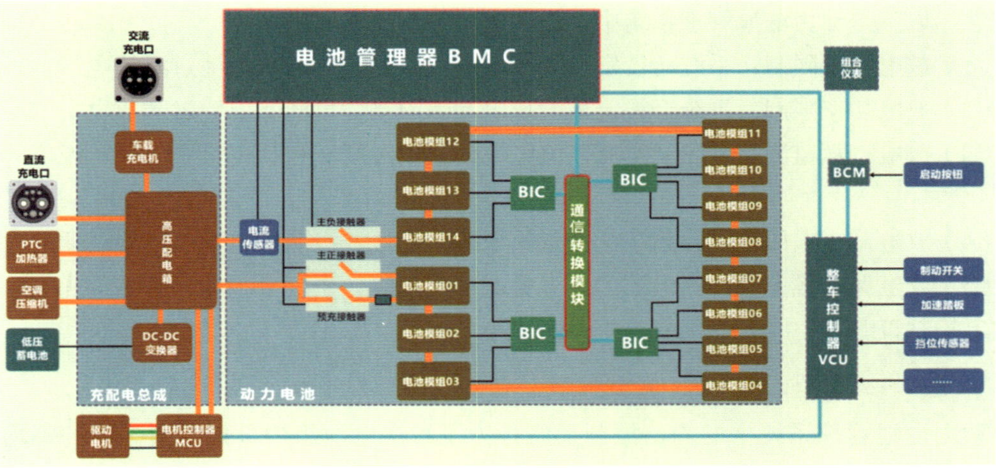

图4-1-2　动力电池管理系统的控制策略

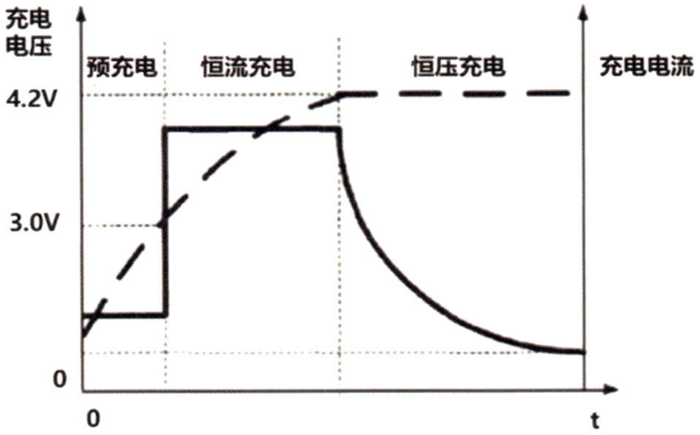

电池管理系统工作原理

图4-1-3　恒流充电与恒压充电

（1）恒流充电。

恒流充电是充电过程中的第一个阶段，即以固定的充电电流对电池进行充电。

（2）恒压充电。

当电池电压达到设定值后，充电进入恒压阶段。在此阶段，充电器将维持恒定的充电电压，而充电电流会逐渐降低。

（3）充电终止判断。

为了保证电池的安全和性能，充电控制策略需要设定充电终止条件。

（4）温度控制。

充电控制策略需要实施温度控制，包括监测电池温度、调整充电电流和启动热管理系统等。

2．放电控制策略

动力电池管理系统中的放电控制策略是为了确保电池在放电过程中的安全性和性能

稳定性。以下是动力电池管理系统中常见的放电控制策略。

（1）放电电流限制：系统会设定最大放电电流限制，以防止电池过载放电。

（2）放电功率限制：系统会设定最大放电功率限制，以防止电池过载放电。

（3）放电过程监测：系统会实时监测电池的放电过程，包括电流、电压、温度等参数的变化。

（4）放电截止电压设定：系统会设定放电截止电压，以防止电池放电至过低的电压。

（5）放电保护优先级：当电池出现多重保护需求时，系统会根据设定的优先级顺序进行放电控制策略。

3. 均衡控制策略

动力电池管理系统中的均衡控制策略是为了解决电池组中单体电池之间的不均衡问题，以保证电池组整体性能的稳定和延长电池寿命。以下是动力电池管理系统中常见的均衡控制策略。

（1）电压均衡：通过监测电池组中每个单体电池的电压，系统可以确定电压较高或较低的单体电池，并采取措施使其电压趋于均衡。

（2）容量均衡：通过监测电池组中每个单体电池的容量，系统可以确定容量较低的单体电池，并采取措施使其容量趋于均衡。

（3）温度均衡：通过监测电池组中每个单体电池的温度，系统可以确定温度较高或较低的单体电池，并采取措施使其温度趋于均衡。

（4）时间均衡：在电池组长时间使用的过程中，单体电池之间的不均衡问题可能会逐渐增加。因此，系统可以定期进行均衡操作，以保持电池组的长期稳定性。

4. 状态估计与预测

动力电池管理系统（BMS）通过状态估计与预测掌握电池的各项状态，提高电池的性能和使用寿命。以下几个方面是状态估计与预测的主要内容。

动力电池管理系统中的状态估计与预测的控制策略主要包括电流、电压和温度的估计，以及SOC、SOH和剩余寿命的预测。通过测量电池组的电流、电压和温度等参数，结合电池模型和滤波算法，对电池的状态进行估计。同时，通过建立电池的动态模型和预测算法，对电池的SOC、SOH和剩余寿命进行预测。这些状态估计和预测结果为电池管理系统提供准确的状态信息，从而优化电池的使用和控制策略。

5. 故障诊断与保护

动力电池管理系统的故障诊断与保护策略主要包括以下几个方面。

（1）故障检测：通过对电池组的电流、电压、温度等参数进行实时监测和分析，检测电池组中可能存在的故障，如单体电池的异常、电池组的不平衡等。

（2）故障诊断：根据故障检测的结果，进一步分析和诊断故障的具体原因，确定故障发生的位置和类型，如单体电池的断路、短路等。

（3）故障保护：一旦发现电池组中存在故障，应及时采取保护措施，如切断电池组的电流输出、降低电池组的充电、放电速率等，以避免故障进一步扩大和影响电池的安全性与性能稳定性。

（4）故障报警与通知：在发生故障时，及时通过声音、光信号或通信系统发送警报和通知，以提醒操作人员或系统管理者注意故障情况，并采取相应的应对措施。

任务4.2　电池热管理系统认知与检查

一、任务导入

李小姐是一位热爱环保的年轻人，她近期在考虑购买一辆新能源汽车以减少碳排放，同时节省日常通勤的油费，但是在选择品牌时对电池热管理系统产生了疑问。

正好她的朋友小王在一所职业学校学习新能源汽车专业，于是李小姐向小王请教关于电池热管理系统的相关知识。小王很乐意帮助李小姐，将她带到学校实训室进行演示并向李小姐讲解了电池热管理系统的功能、类型、组成与工作原理，以及如何检查这一系统。他还向李小姐解释了温度对电池性能的影响，以及一个好的热管理系统如何提高电池性能和延长电池寿命。

通过本任务内容的学习，你将能够像小王一样，帮助其他人了解电池热管理系统的重要性，并具备评估和检查这一系统的能力。这将有助于你在实际工作中更好地维护和管理电池热管理系统，确保电动汽车的性能和安全。

二、任务目标

知识目标：

1. 了解温度对电池性能的影响原理。
2. 了解电池热管理系统的功能和类型。
3. 掌握电池热管理系统的组成与工作原理。

技能目标：

1. 能学会电池热管理系统的检测流程。
2. 能完成电池热管理系统的检测。

素质目标：

1. 通过制定工作计划，培养学生主动沟通、团队协作的工作意识。

2．通过进行电池热管理系统检测，提高学生的动手操作能力，帮助其树立崇尚劳动的意识，进而培养学生的工匠精神。

3．通过进行电池热管理系统检测，培养学生求真务实、精益求精；爱岗敬业、认真严谨；安全第一、生命至上的岗位精神。

4．通过协作进行电池热管理系统检测，培养学生团队合作的工匠精神，并提高学生的沟通协调与组织管理能力。

三、知识链接

动力电池热管理系统直接关系到动力电池的使用性能、安全性能及使用寿命，从而影响整车的续航里程和使用体验。

动力电池热管理系统的核心任务是在各种工况和环境条件下对电池进行有效的温度控制，如图4-2-1所示。新能源汽车的电池热管理系统主要包括电池冷却系统和电池加热系统，不同车型的动力电池采用的电池冷却和电池加热的方式不同，同样其冷却和加热的组成和工作原理也稍微会有差异。这里主要介绍典型车型比亚迪E5的动力电池热管理系统的组成、工作原理、特点及新能源汽车热管理系统的检修方法。

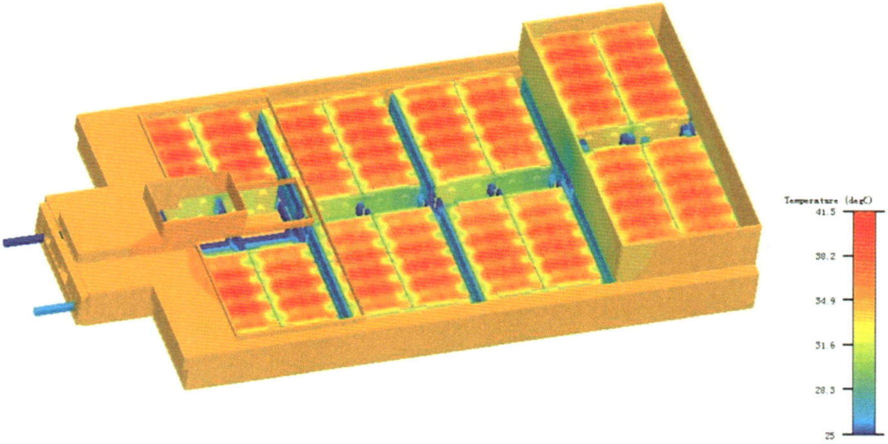

图4-2-1　动力电池的热管理

电池热管理认知

（一）电池热管理系统的组成、工作原理与特点

根据结构形式不同，比亚迪E5整车有四合一平台（含高压电控总成）和三合一平台（含充配电总成）两种形式。比亚迪E5的电池热管理系统可以通过对充电、放电过程中的动力电池进行高温冷却或低温加热，使其维持在合适的工作温度范围，其主要由电池冷却系统和电池加热系统组成。整车结构形式不同，电池热管理系统的组成和工作原理也有所不同。这里，主要介绍比亚迪E5整车三合一和四合一结构形式的电池热管理系统的组成、工作原

理及特点。

1. 比亚迪E5电池冷却系统的组成和工作原理

比亚迪E5电池冷却系统为液冷式冷却系统，其主要有两种工作模式，分别为被动式液冷模式和主动式液冷模式，被动式液冷模式的冷却效果相对较弱，主动式液冷模式的冷却效果相对较强。

（1）比亚迪E5电池冷却系统的组成（三合一平台）。

比亚迪E5的电池冷却系统主要由储液罐、电子水泵、动力电池包内冷却管路、进水口温度传感器、板式换热器、电池电子膨胀阀以及空调制冷循环系统部件（电动压缩机、冷凝器/干燥器、温度压力传感器、压力传感器）等组成，如图4-2-2所示。

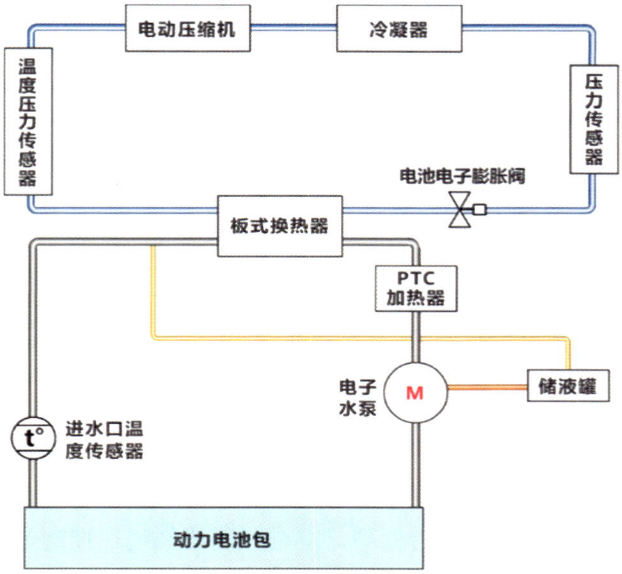

图4-2-2 电池冷却系统的组成

其中储液罐、电子水泵、动力电池包内冷却管路、板式换热器以及动力电池包的进出口水温度传感器为电池冷却循环系统，也可称为电池冷却内循环系统，这个系统的电子水泵带动冷却液经板式换热器、动力电池包等组成的冷却管路中循环，可以通过循环的冷却液带走动力电池的热量，再从板式换热器中散发；而板式换热器、电池电子膨胀阀及空调制冷循环系统部件（电动压缩机、冷凝器/干燥器、温度压力传感器、压力传感器）为电池制冷循环系统，也称为电池冷却外循环系统，如图4-2-2中的蓝色部分，这个系统的电动压缩机通过压缩制冷剂，经冷凝器/干燥器、电池电子膨胀阀、板式换热器中循环，因而可以通过控制板式换热器的温度而调节动力电池的温度。

（2）比亚迪E5电池冷却系统的工作原理（三合一平台）。

比亚迪E5液冷式冷却系统可以在被动式液冷模式下工作，也可以在主动式液冷模式下工作，下面分别介绍两种冷却模式的工作过程。

① 被动式液冷模式工作过程。

当按下比亚迪E5启动开关，电子水泵（电池包冷却水泵）开始低速转动，带动冷却液在电池包内的管路低速流动，经过板式换热器，再回到电子水泵（电池包冷却水泵），如此循环工作。

在比亚迪E5工作过程中，空调控制器根据电池管理器BMC发送来的动力电池温度信号和进水口温度信号，通过LIN线发出相应的控制指令，来调节电子水泵的转速，改变动力电池包内冷却液的流动速度，这样冷却液带走动力电池包的热量通过板式换热器散热，从而将动力电池包的温度控制在合适（最佳的）的范围内，如图4-2-3所示。

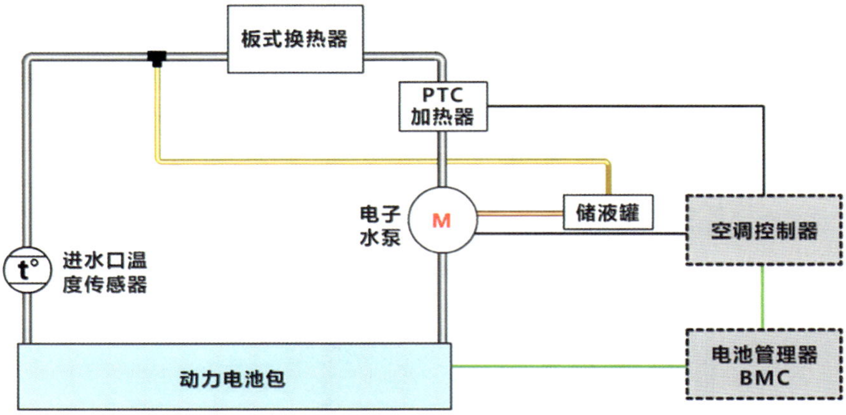

图4-2-3 比亚迪E5电池冷却系统工作过程（被动式）

② 主动式液冷模式工作过程。

在比亚迪E5汽车工作过程中，当电池管理器BMC监测到动力电池温度过高，并将监测到的信号送给空调控制器，根据分析处理，空调控制器判定在控制电子水泵带动冷却液的循环工作不足以将动力电池温度控制到正常的温度范围以内时，因为空调控制器还控制空调压缩机和电子膨胀阀进入工作状态，主动式液冷模式工作开始。当主动式液冷模式工作时，电池冷却循环系统和电池制冷循环系统都工作。

当电池管理系统处于主动液冷模式时，电动压缩机压缩制冷剂在电池制冷循环系统中循环，经冷凝降温、除水分及雾化过程，变成低温低压的气态制冷剂送给板式换热器（此时的板式换热器相当于空调制冷系统中的蒸发器），为板式换热器降温后，再从板式换热器出来经压力温度传感器回到电动压缩机，如此循环，从而达到为板式换热器降温的目的。此时，动力电池的电子水泵带动冷却液依次经过板式换热器散热后变成低温冷却液，低温冷却液从动力电池包进水口进入电池包内部的组件，通过热交换带走动力电池的热量而升温，再从动力电池出水口出来经板式换热器降温散热后回到水泵，如此循环，从而为动力电池降温。

在整个工作过程中，空调控制器根据电池的温度信号和动力电池包进水温度信号通过控制电子膨胀阀的开度、电动压缩机的转速和电动水泵的转速来控制动力电池包的温度，如图4-2-4所示。

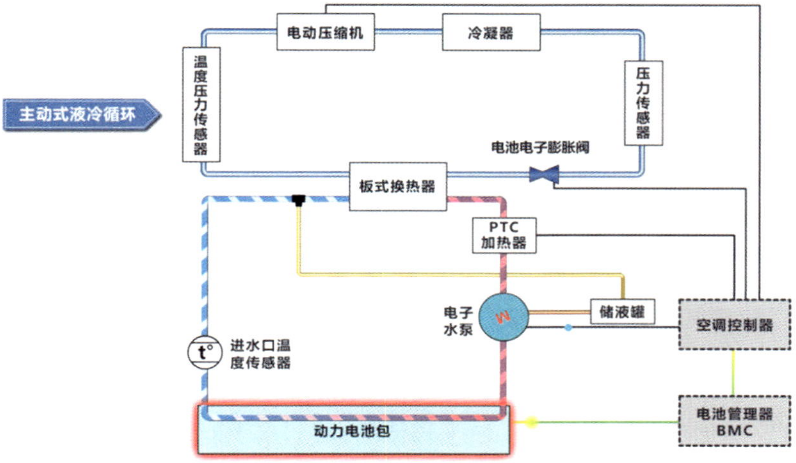

图4-2-4　比亚迪E5电池冷却系统工作过程（主动式）

（2）比亚迪E5电池冷却系统组成（四合一平台）。

比亚迪E5整车四合一平台电池冷却系统的组成和工作原理与三合一平台基本相同，从系统组成上来看，在电池冷却循环系统中多了一个PTC加热器，如图4-2-5所示，且在电池冷却系统的工作过程中，这个PTC加热器相当于冷却水管。其工作原理与整车三合一平台的基本相同，这里不再赘述。

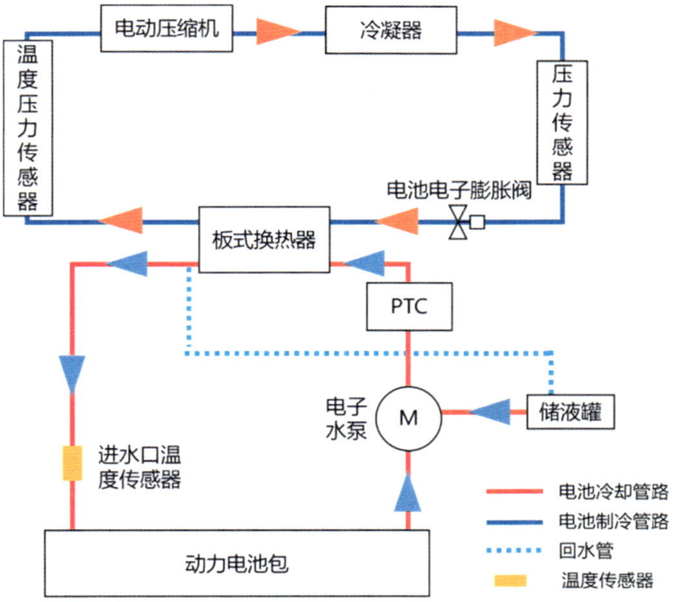

图4-2-5　比亚迪E5电池冷却系统工作过程（四合一）

2. 比亚迪E5电池加热系统的组成和工作原理

比亚迪E5动力电池的加热采用的是PTC水加热循环方式，但是比亚迪E5整车三合一平台和四合一平台的组成和工作原理不同，这里分别介绍两种整车平台加热系统的组成和工作原理。

（1）比亚迪E5电池加热系统的组成与工作原理（三合一平台）。

比亚迪E5三合一平台的动力电池加热系统主要由储液罐、电子水泵、板式换热器、四通水阀、加热水泵以及PTC水加热器、暖风芯体、动力电池包内冷却管路和进出水管等组成，如图4-2-6所示。储液罐为动力电池冷却循环和加热管路补充冷却液，通常情况下不参与冷却液的循环；板式换热器在动力电池冷却工作时才起作用，在PTC水加热系统工作时它相当于冷却水管；暖风芯体在空调加热系统工作时才起作用，在PTC水加热系统工作时它相当于水管；电子水泵负责驱动冷却液在电池循环回路中流动，车辆起动后就开始工作；加热水泵负责驱动加热回路中的冷却液循环流动；四通水阀能接受空调控制器的制冷指令，来改变四通水阀阀门的状态，从而调整液体的循环路径。

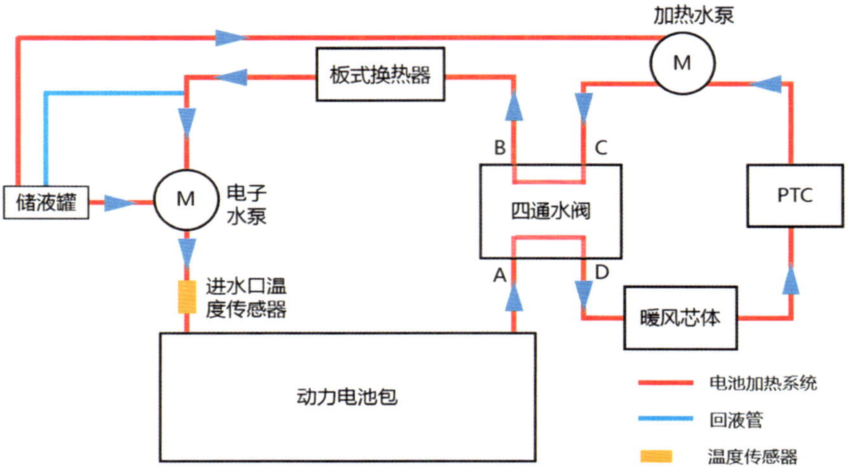

图4-2-6　PTC水加热系统组成（三合一）

在比亚迪E5汽车工作过程中，当电池管理器BMC监测到动力电池温度过低需要加热时，将电池加热需求信号发送给空调控制器，空调控制器控制加热水泵和电池水泵工作，使电池加热循环系统开始工作。且空调控制器根据电池管理器BMC的加热需求，控制四通水阀阀门的开关来控制加热循环路径。

此时，电池冷却液通过PTC加热器加热升温，在PTC水加热器中加热后的电池冷却液通过电动水泵带到动力电池包里面与电池进行热交换，从而传递热量给电池升温，将动力电池包的温度控制在正常工作范围以内。具体的加热工作循环路径为：电子水泵带动冷却液，经进水口温度传感器、动力电池包内冷却管路、四通阀A-D、暖风芯体、PTC加热器、加热水泵、四通阀C-B、板式换热器，回到电子水泵。在热循环过程中，加热的冷却液流经动力电池包后冷却液的温度降低，通过四通水阀回到加热回路中再次加热。如此循环往复，以保证动力电池能加热到合适的温度范围内工作。

（2）比亚迪E5电池加热系统的组成与工作原理（四合一平台）。

比亚迪E5四合一平台的动力电池加热系统由储液罐、电子水泵、PTC水加热器、板式换热器、动力电池包内冷却管路和进出水管等组成，如图4-2-7所示。板式换热器在动力电池冷却工作时才起作用，在PTC水加热系统工作时它相当于冷却水管。其他部件与上面的三合一平台相同，这里不重复介绍。

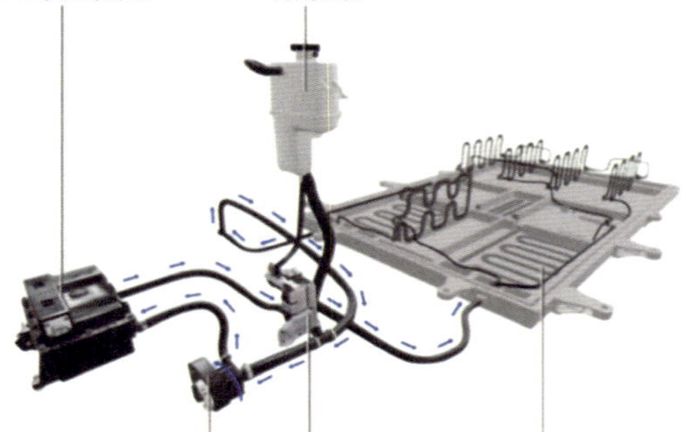

图4-2-7　PTC水加热系统组成（四合一平台）

在比亚迪E5汽车工作过程中，当电池管理器BMC监测到动力电池温度过低需要加热时，将电池加热需求信号发送给空调控制器，空调控制器控制PTC水加热器和电子水泵工作，使动力电池开始加热工作。具体的加热循环为：电子水泵带动冷却液经PTC水加热器、板式换热器，从动力电池进水管进入动力电池包冷却管路通过热交换给电池加热，之后从动力电池出水管出来回到电子水泵，如此循环。在热循环过程中，加热的冷却液流经动力电池包后冷却液的温度降低，通过PTC水加热器再次加热，如此循环往复加热，从而保证动力电池能加热到合适的温度范围内工作。

（三）电池热管理系统在线检测

1. 基本检查

（1）检查电池储液罐内冷却液位是否在最高液位和最低液位之间，若液位低于标准值，则需及时确认冷却系统是否存在泄漏；若无泄漏，则应及时添加冷却液。

（2）检查电池液冷却系统主要部件：储液罐、水泵、冷却管路、板式换热器等器件是否有破损、裂纹等现象，若有，则及时维修。

（3）检查电池热管理系统相关器件继电器连接是否可靠，线束是否有破损，若有，则及时检修。

（4）检查冷却系统相关管路，查看是否存在裂纹、渗液和漏液等状况，若有，则及时检修。

2．在线检测（初步诊断）

在汽车启动以后，连接诊断仪读取电池管理系统和空调系统的相关数据流，根据数据流分析电池热管理系统的工况，需要读取的数据主要有：动力电池温度、进水口温度、空调压力传感器、空调压力温度传感器、PTC加热器CAN-H和CAN-L等数据。同时，用诊断仪驱动冷却水泵和加热水泵，看其能否正常工作。

3．冷却液品质检测

（1）外观检查。

观察冷却液的外观，辨别其气味，进行直观判别，冷却液应透明，无异味，无沉淀。若发现外观浑浊，气味异常，有悬浮物时，则说明冷却液已经变质，应立即停止使用并更换新的冷却液。

（2）冷却液冰点测试。

冰点测试是对冷却液能否在寒冷天气里使用的一种防冻性能测试，采用冰点测试仪，能快速检测出冷却液的结晶冰点。在测量电池液时，注意不要洒在皮肤和眼睛上，以防烧伤，测试后仔细擦净仪器。具体使用方法如下。

① 冰点检测仪校准。

将折光棱镜对准光亮方向，按照要求调整目棱镜视度环，直到标线清晰为止。校准的正确做法为：清洁棱镜表面，取1～2滴蒸馏水或纯净水滴在棱镜的表面，盖好盖板，调节校正旋钮，直到蓝、白色交界线与0℃基准线重合后，校准完成，如图4-2-8（a）所示。

② 测量冷却液冰点。

掀开冰点检测仪盖板，用柔软的绒布将盖板及棱镜表面擦拭干净。将取样后的冷却液滴在棱镜表面。之后合上盖板，并轻微按压。最后将冰点检测仪对向光线明亮处，旋转目镜，使视场内刻度清晰。此时，会看到一条蓝白相间的观察线，上部为蓝色，下部为白色，如图4-2-8（b）所示。分界线对应的刻度（–20℃）即为测量结果。正常情况下，未使用的冷却液冰点可达到–40℃以下，汽车行驶一定里程后，由于长时间使用，冷却液冰点会升高，但应低于当地最低气温10℃以上才能起到防冻效果。测试完毕后，用柔软绒布将盖板和棱镜表面擦拭干净，之后使用纯净水清洗吸管。完成后，放置于包装盒内。注意冰点检测仪不要在相对湿度大于85%的环境中长期放置，以免光学系统受到影响。

③ 清洁放置。

测量完毕后，直接用潮湿绒布擦干净棱镜表面及盖板上的附着物，待干燥后，妥善保存起来。

4．冷却系统压力检测

电池液冷却系统压力偏高或偏低会影响电池冷却液的循环，从而使电池温度异常，严重时会影响电池系统的寿命。电池液冷却系统压力的就车测试一般采用液冷却系统压力测试仪进行测试。具体方法如下：确保车辆处于冷车状态，拆卸储液罐盖，检查冷却液液位，不满时要将其加满；从测试套装中，选择与车型匹配的适配器，并安装到车辆上；连接打气泵至适配器上，并给冷却系统打气，观察压力表的指针，直到指针指到维修资料要求的规范值，并保持一定时间；观察指示表的压力显示，并根据压力变化判定冷却系统故障，若检测冷却系统压力异常，则需及时检修。同时，可以用同样的方法检测储液罐盖是否正常，若储液罐盖异常，则需要更换新的储液罐盖。

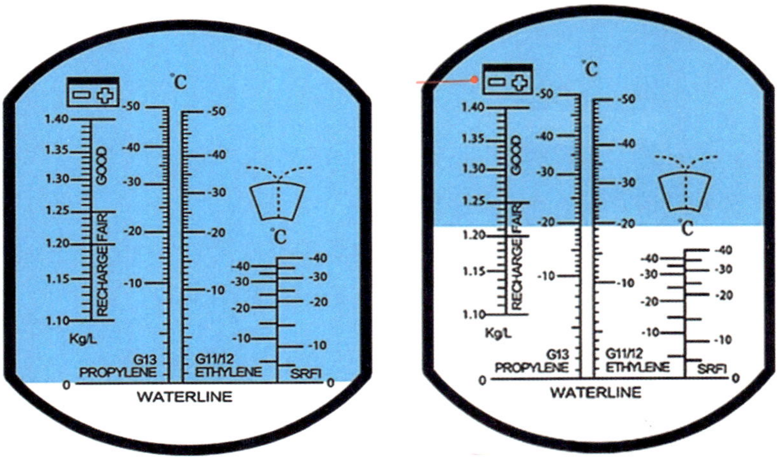

（a）校准后显示　　（b）冰点为−20℃显示

图4-2-8　冰点测试仪校准与读数

四、任务实施

实训　电池热管理系统检测（比亚迪秦 EV）

（一）任务准备

1. 操作规范

操作人员按要求佩戴个人防护用品，规范操作。

2. 实训准备

（1）实训分组。

分组进行实训，完成“电池热管理系统检测”任务。

（2）工具准备。

绝缘工具套装、绝缘胶带、维修组合工具、万用表。

（3）设备准备。

比亚迪秦EV汽车、比亚迪专用诊断仪。

（4）车辆防护用品。

车内三件套、车外三件套、底盘垫块、车轮挡块。

（5）人员防护用品。

绝缘手套、绝缘鞋、护目镜、安全帽。

（6）辅助资料。

维修手册、技能视频、学习工作页。

（7）消耗材料。

干净抹布。

（二）任务实施

1. 前期准备

（1）在实训开始前请穿戴好个人防护用品。

（2）准备好实训所需设备及工具，铺设车内防护三件套。

（3）检查确认车辆状态正常，并完成车外防护三件套的安装。

电池热管理系统检测（比亚迪秦 EV）

2. 电池热管理系统在线检测

12 电池热管理系统检测-01 电池热管理系统在线检测

（1）连接诊断仪至车辆诊断接口，并确保连接可靠。

（2）打开车辆电源开关。

（3）打开诊断仪，选择对应车型，进入诊断界面。

（4）选择“ECU模块”进行全车模块扫描。

（5）待扫描完成后，选择“电池管理器”模块，如图4-2-9所示。

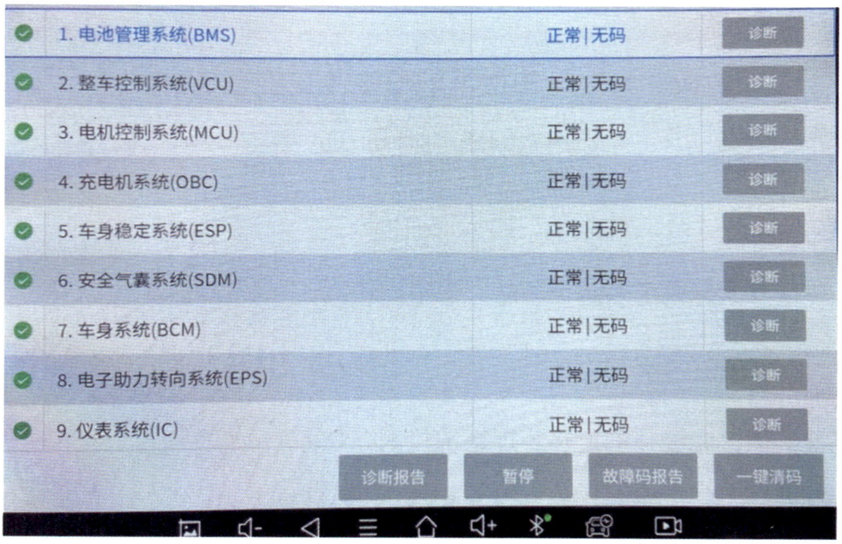

图4-2-9　“电池管理器”模块

（6）读取故障码，查看是否存在故障。

（7）读取与“电池管理器”相关的数据流，查看数据是否正常，如图4-2-10示。

（8）检测完毕，退出诊断界面。

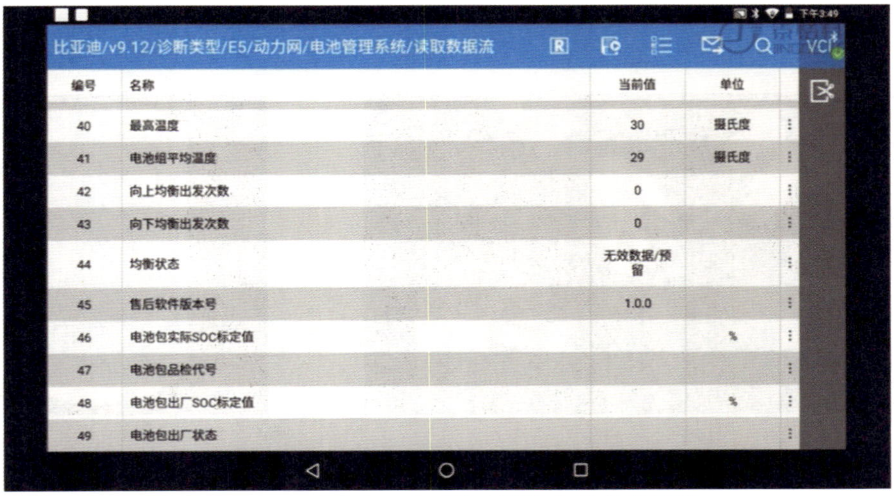

图4-2-10　读取与“电池管理器”相关的数据流

3. 电池热管理系统基本检查

（1）观察冷却液壶中的冷却液液位。

（2）确认液位处于MAX（最高）标记和MIN（最低）标记之间。若低于最低值，则需及时添加冷却液至标准位置，如图4-2-11所示。

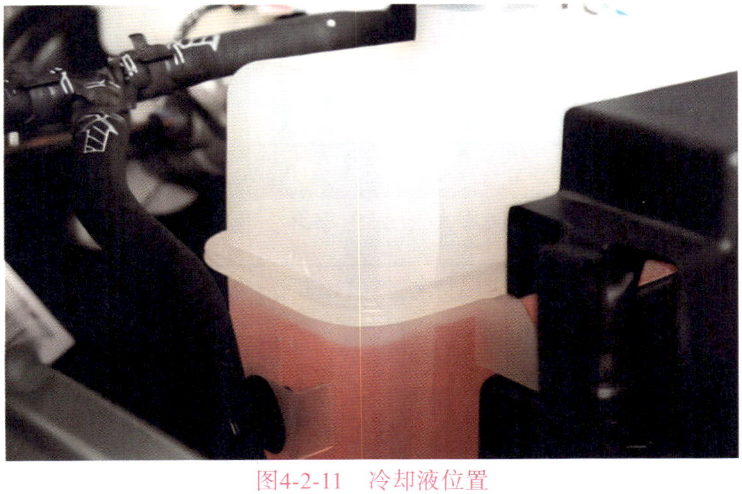
图4-2-11　冷却液位置

（3）检查冷却系统相关管路是否有破损。

（4）检查冷却水泵及连接管路是否有泄漏及外观损伤。

12 电池热管理系统检测-03 冷却液冰点测试

4. 冷却液冰点测试

（1）冰点测试仪校准。

① 取出冰点测试仪，目视检查冰点检测仪外观是否良好。

② 用棉布清洁冰点测试仪折光棱镜。

③ 用吸管吸取少量纯净水，滴于折光棱镜上，如图4-2-12所示，盖上盖板并轻轻压平，确保没有气泡。

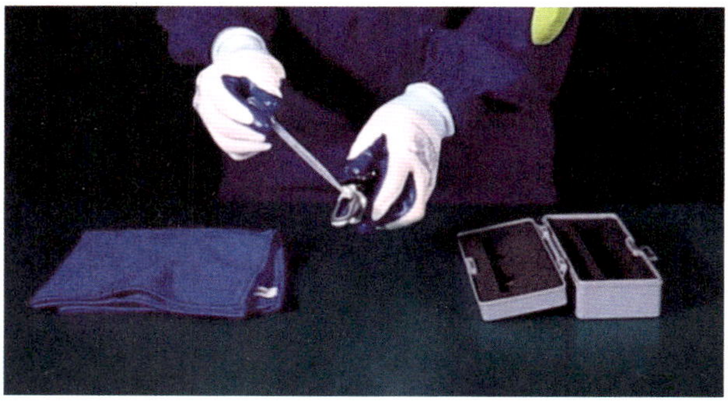

图4-2-12 用吸管吸取少量纯净水

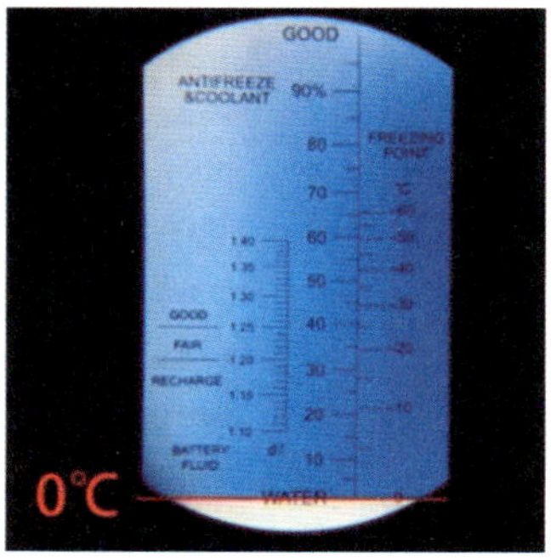

图4-2-13 观察纯净水的冰点为0℃

④ 用眼睛在观测口直接观察纯净水的冰点，看其是否正常。水的冰点为0℃，如图4-2-13所示。

注意事项

观测口内部有明显的蓝白分界线，上部为蓝色，下部为白色，冰点的测量结果为分界线对应的刻度。

⑤ 若观察口显示的水的冰点与标准值不一致，则需要更换新的冰点检测仪。

⑥ 用棉布清洁冰点测试仪折光棱镜上的水，并放回原位。

（2）冷却液冰点检测。

① 打开冷却液壶盖，如图4-2-14所示。

注意事项

在开启冷却液壶盖前，请确保冷却系统已冷却。

② 取出冰点测试仪，用棉布清洁冰点测试仪折光棱镜，如图4-2-15所示。

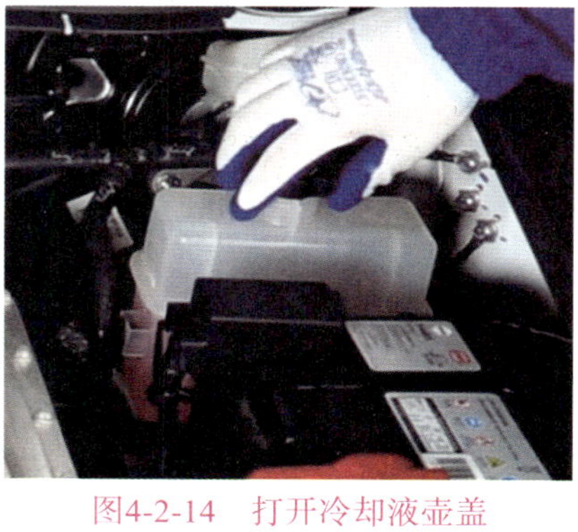

图4-2-14 打开冷却液壶盖

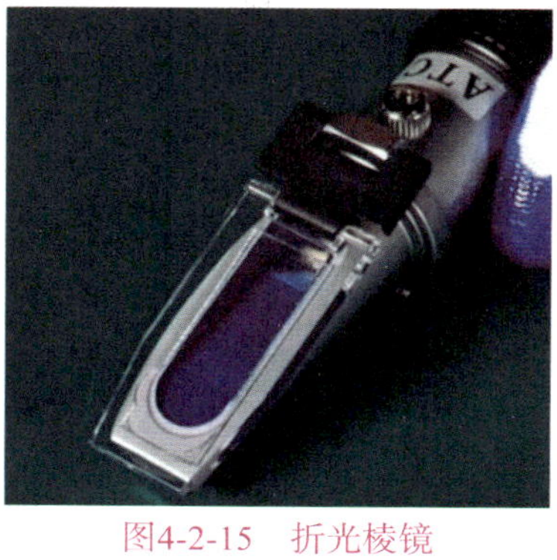

图4-2-15 折光棱镜

③ 用吸管吸取少量冷却液，滴于折光棱镜上，盖上盖板并轻轻压平，确保没有气泡。

④ 用眼睛在观测口直接观察冷却液的冰点，看其是否正常。冷却液的冰点为−25℃。

注意事项

观测口内部蓝白分界线对应刻度，即为冷却液冰点值。

⑤ 若冷却液的冰点不能满足使用要求，则需要及时更换新冷却液。

⑥ 用棉布清洁冰点测试仪，并将其妥善放置。

⑦ 安装冷却液壶盖。

5. 冷却循环系统压力测试

（1）保压检验。

① 取出手压泵。

② 将手压泵打压至1bar，对压力测试系统进行保压检验，观察指针是否回落。若指针回落，则需更换手压泵，如图4-2-16所示。

图4-2-16　将手压泵打压至1bar并观察保压情况

12 电池热管理系统检测-04 冷却循环系统压力测试

（2）冷却循环系统压力测试。

① 打开冷却液壶盖。

注意事项

在开启冷却液壶盖前，请确保冷却系统已冷却。

② 选择合适的冷却液壶盖转换接头。

③ 拧紧转换接头，同时检查橡胶圈是否完全符合。

④ 将快速接头连接至冷却液壶盖转换接头，如图4-2-17所示。

⑤ 取出手压泵，将手压泵打压至1bar，并保压10分钟。

⑥ 若压力表指针能维持数分钟不变，则表示系统正常无渗漏。

⑦ 若压力表指针下降，则表示系统存在渗漏，需对电池热管理系统进行检修。

⑧ 检测完成，按下泄压阀进行泄压至压力表归零，如图4-2-18所示。

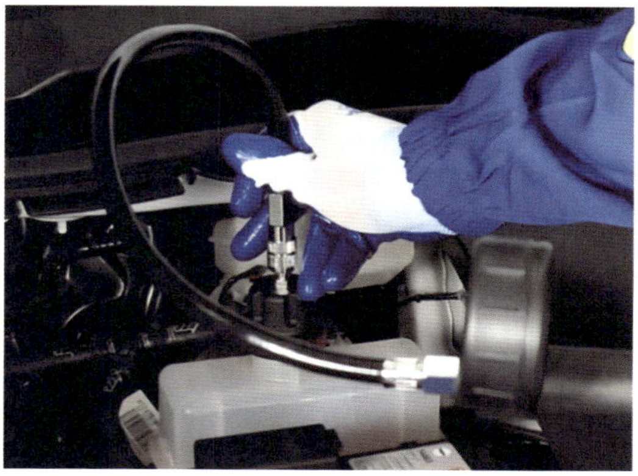

图4-2-17 快速接头连接

图4-2-18 压力表归零

⑨ 使用完毕，拆卸手压泵快速接头，拆卸冷却液壶盖转换接头，安装冷却液壶盖，并将水箱测漏仪套装放回原位。

注意事项

在拆卸冷却液壶盖转换接头前，需将手压泵加压两到三次，排除手压泵内残留水汽。

6. 整理清洁

按照7S管理标准，整理工具、场地和设备。

任务4.3 动力电池管理系统故障的检测与维修

一、任务导入

李女士近期购买了一辆比亚迪秦**EV**作为日常出行工具。然而，在使用过程中，她发现车辆在某些情况下无法上高压电或无法充电。

恰好，她的侄子小王在一所中职学校学习新能源汽车专业。于是，李女士找到小王，希望他能帮忙分析一下动力电池管理系统可能存在的故障。作为新能源汽车专业的学生，在学习了本任务后，能否运用所学知识，帮助李女士解决实际问题呢？让我们一同揭开这个问题的答案。

二、任务目标

知识目标：

1\. 了解动力电池管理系统的故障类型。

2．掌握动力电池管理系统（不上电、不充电）的故障原因分析方法。

3．掌握动力电池管理系统的故障检测流程。

4．理解动力电池管理系统故障诊断与检测的方法和步骤。

技能目标：

1．能验证动力电池管理系统故障（不上电、不充电）的故障现象。

2．能够根据故障代码和现象，分析故障，列举故障出现的可能原因。

3．能够运用故障诊断设备对动力电池管理系统进行检测和故障定位。

素质目标：

1．通过制定工作计划和团队协作操作，培养学生团队协作的工作精神，并锻炼学生的沟通协调、组织管理能力。

2．通过进行电池管理系统故障诊断与检测，提高学生的动手操作能力，帮助其树立崇尚劳动的意识，进而培养学生的工匠精神。

3．通过进行电池管理系统故障诊断与检测，培养学生求真务实、精益求精；爱岗敬业、认真严谨；安全第一、生命至上的岗位精神。

三、知识链接

动力电池管理系统是新能源汽车中负责监控、诊断和保护动力电池的关键系统。动力电池管理系统故障分析与诊断的作用主要体现在以下几个方面：确保电池性能稳定，提高车辆的可靠性；保证电池安全，避免因故障导致的事故；及时发现和定位故障，降低维修时间和成本；延长电池使用寿命，提高资源利用效率。

本任务将重点关注动力电池管理系统故障的类型，以及故障诊断与检测的方法和步骤。通过学习本任务，学生将能够掌握动力电池管理系统的常见故障类型、故障代码，运用故障诊断设备进行检测和故障定位，为将来从事新能源汽车维修工作奠定坚实的基础。

（一）动力电池管理系统故障分析

动力电池管理系统常见故障介绍

1．常见故障类型

动力电池管理系统的故障类型如图4-3-1所示。

（1）电池监测单元故障：电池监测单元包括电压传感器、电流传感器和温度传感器。这些传感器用于监测电池组的状态，如电压、电流和温度。传感器故障可能导致BMS无法准确监测电池状态，从而影响系统性能。可能的原因包括传感器损坏、线束损伤、连接器故障等。

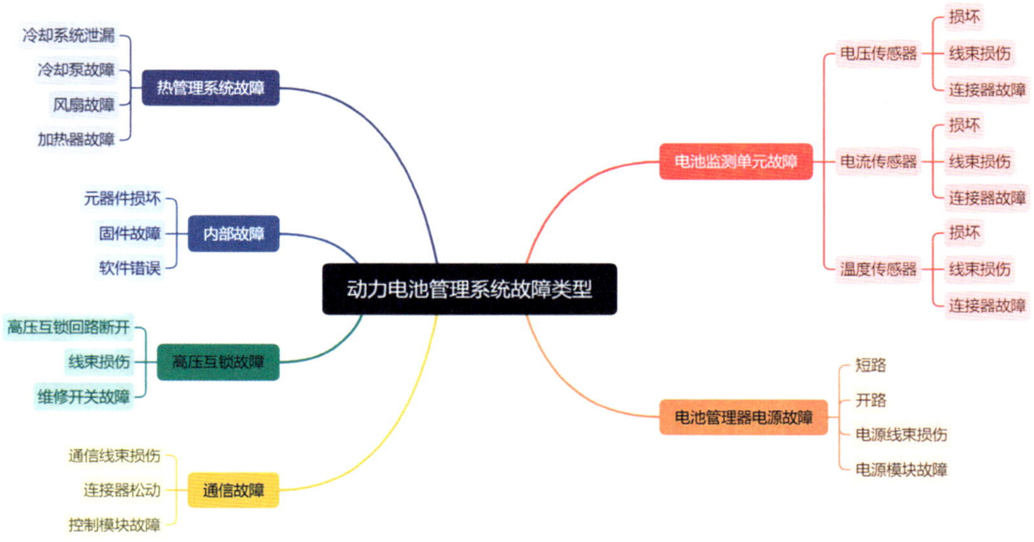

图4-3-1　常见的动力电池管理系统的故障类型

（2）电池管理器电源故障：当BMS无法正常接收供电时，可能导致系统无法正常工作。这类故障可能由短路、开路、电源线束损伤或电源模块故障引起。

（3）通信故障：BMS与其他车辆控制模块（如动力控制器、车载充电器）之间的通信故障可能导致系统无法正常工作。可能的原因包括通信线束损伤、连接器松动、控制模块故障等。

（4）高压互锁故障：高压互锁系统的故障会导致车辆无法启动或充电。高压互锁回路如图4-3-2所示，若导致互锁回路不连续或BMS检测不到高压互锁信号，则发生高压互锁故障。可能的原因包括以下几方面。

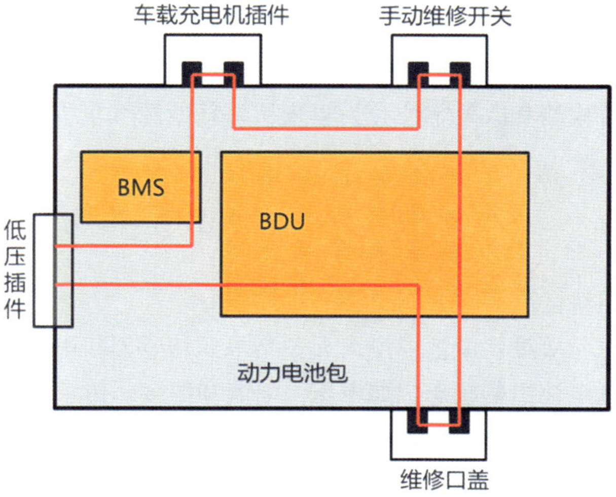

图4-3-2　某款电动车高压互锁回路

高压互锁回路断开：由于高压连接器未正确连接、高压线束损伤或高压元器件故障，导致高压互锁回路未形成闭合状态。

维修开关故障：高压互锁开关是系统中用于检测高压回路是否正常闭合的开关。若开关损坏或未正确操作，则可能导致高压互锁故障。

线束故障：高压互锁系统中的线束可能因为损伤、老化或接触不良而导致故障。

（5）内部故障：BMS本身的硬件或软件故障可能导致系统无法正常工作。可能的原因包括元器件损坏、固件故障、软件错误等。

（6）热管理系统故障：热管理系统的故障可能导致电池过热或过冷，从而影响电池性能和寿命。可能的原因包括冷却系统泄漏、冷却泵故障、风扇故障、加热器故障等。

2．不上电故障原因分析

不上电故障通常是由于动力电池管理系统存在问题，导致车辆无法上高压电。为了排除不上电故障，需要从如图4-3-3所示的5个方面进行分析。

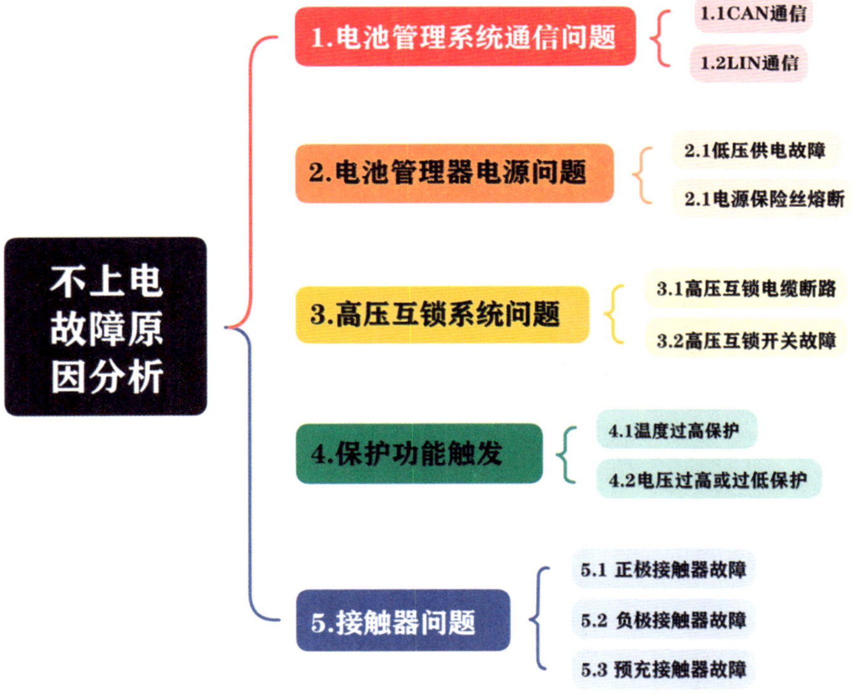

图4-3-3　不上电故障原因

（1）检查电池管理系统（BMS）与其他车载控制器之间的通信：确保通信线路无故障，硬件和软件正常工作，以便控制器可以接收到BMS的相关信号，从而启动高压系统。

（2）确保电池管理器电源正常：电池管理器负责监控电池的工作状态，如果其供电异常，则可能导致整个动力电池管理系统无法正常工作，进而影响车辆的上电。检查电源线路和相关部件，以排除电源故障。

（3）检查高压互锁系统：高压互锁系统是为了确保车辆在维修或者发生事故时切断高压电路，防止触电事故发生。如果高压互锁系统出现故障，则可能导致车辆无法上高压电。检查高压互锁系统的完整性，确保其正常工作。

（4）检查保护功能是否触发：动力电池管理系统具有多种保护功能，如过充保护、过放保护、过热保护等。当这些保护功能被触发时，为了保护电池安全，系统会切断高压电路，导致车辆无法上电。检查电池状态，确保无异常情况触发保护功能。

（5）检查正极继电器、负极继电器、预充继电器：这些继电器在动力电池管理系统中起到关键作用，负责将高压电池与车辆驱动系统连接或断开。其中任何一个继电器故障，都可能导致车辆无法上高压电。检查继电器的状态，以及其控制线路和信号，确保其正常工作。

3. 不充电故障原因分析

对于电动汽车的“不充电”故障，可能的原因如图4-3-4所示。

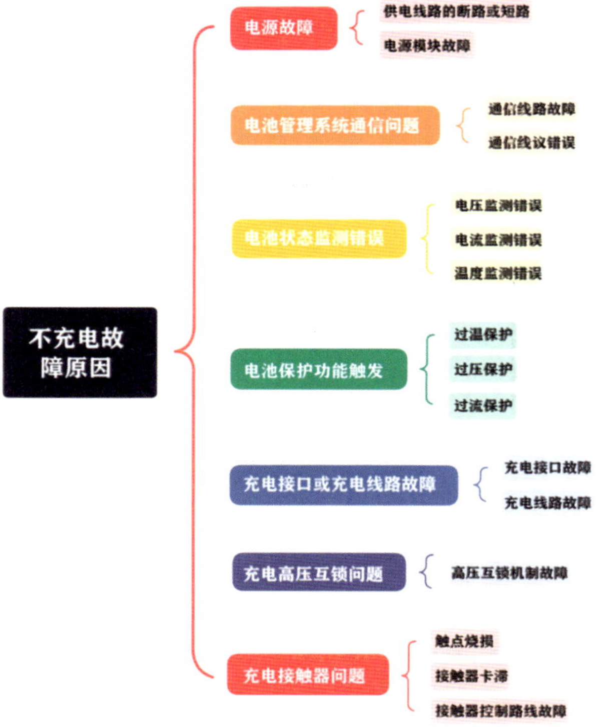

图4-3-4　不充电的故障原因

（1）电源故障：电源故障可能导致电池管理器和车载充电机等模块无法正常工作，进而影响充电过程。电源供应可能由于供电线路的断路或短路，或电源模块本身的故障而中断。

（2）电池管理系统通信问题：电池管理系统需要通过通信线路与其他系统（如车载充电机、车载控制系统等）进行信息交换。如果通信线路出现故障，或者通信协议发生错误，则可能会导致信息交换失败，从而影响充电过程。

（3）电池状态监测错误：电池管理系统需要对电池的状态（如电压、电流、温度等）进行实时监测，以保证电池的安全运行。如果电池状态监测出现错误，则电池管理系统可能会误判电池状态，从而影响充电过程。

（4）电池保护功能触发：当电池出现过温、过压、过流等异常情况时，电池管理系统的保护功能会被触发，以保护电池不受损伤。在保护模式下，电池可能无法进行充电。

（5）充电接口或充电线路故障：充电接口和充电线路是电流传输的通道，如果这些部件出现故障，则可能会导致电流无法正常通过，从而影响充电过程。

（6）充电高压互锁问题：如果高压互锁机制出现故障，则车辆可能无法正常进入充电状态，从而导致无法充电。

（7）充电继电器问题：充电继电器是连接电池和充电设备的关键部件，如果继电器出现故障（触点烧损、卡滞等），或者继电器的控制线路出现故障（断线、接触不良等），则电流无法正常通过，从而导致无法充电。

（二）动力电池管理系统的故障检测与诊断流程

如图4-3-5所示，动力电池管理系统的故障诊断流程如下。

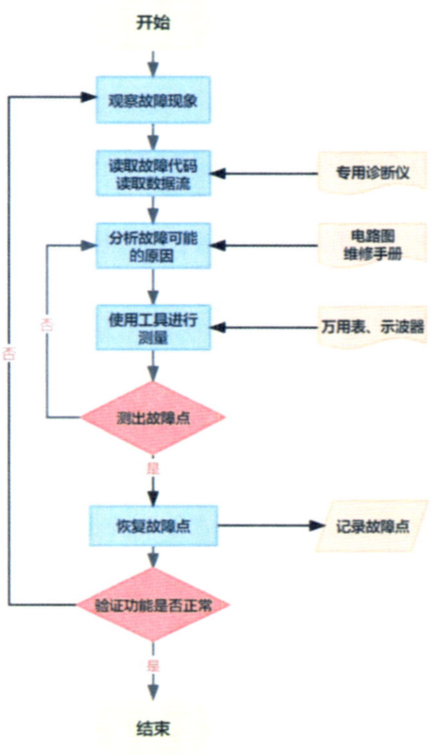

图4-3-5　动力电池管理系统的故障诊断流程

（1）观察故障现象：根据用户描述的问题和自己观察到的车辆表现，确定当前的故障现象。例如，车辆无法上高压电、无法充电等。

（2）读取故障代码：使用专用的诊断仪，连接到车辆的OBD接口，读取整车故障代码，故障代码能够提供关于故障位置和性质的重要信息。根据故障代码，可以初步了解可能的故障类型。若故障代码无法读取，则问题可能在于控制模块无电或通信故障。

（3）读取数据流：通过诊断仪读取和分析电池管理系统的实时数据流，可以获取到电池的状态信息，如电压、电流、温度等。这些数据有助于了解故障发生时电池的运行状态，以及故障与其他系统之间的关联。

（4）分析故障可能原因：结合故障现象、故障代码和数据流信息，以及对电池管理系统工作原理和结构的理解，进行故障原因的初步分析。根据故障类型和相关信息，缩小故障范围，并做出初步的假设和推断。

（5）查阅资料：在需要更深入地分析和测量时，需查阅和车型相对应的电路图和维修手册。这些资料通常提供了详细的系统结构图、电路图和故障排除流程等信息。根据故障特征和已有的分析结果，进一步查找相关的故障可能的位置、线束等，根据需要，查找测量端子位置。

（6）使用工具进行测量：根据分析的结果，选择适当的工具，如万用表或示波器，对疑似故障的部位进行测量。例如，通过万用表测量电池的电压，或者通过示波器查看通信线路的信号波形等。通过测量数据，确认故障点的具体特征和状态。在此需要注意，测量时一定要满足测量条件。

（7）故障点：结合测量结果和之前的分析，确定具体的故障点。根据测量数据和相关知识，定位到故障的具体部件或部位。如果没有定位故障，说明前期分析出现纰漏，则需要回到第4步，继续进行故障分析。

（8）恢复故障点：根据故障点的类型，进行适当的维修或更换故障部件，以恢复系统的正常运行。遵循相关的维修流程和操作规范，确保操作安全和正确。

（9）验证功能是否正常：完成维修后，再次使用诊断仪读取故障代码和数据流，确认故障已被修复，并通过实车测试验证系统的功能。如果故障仍然存在，或者出现新的故障代码，则说明故障点不止一个，需要回到第1步，观察新的故障现象，并继续进行故障诊断流程。

（三）比亚迪秦EV动力电池管理系统实例分析与案例讲解

1. 故障实例一（电源故障）

（1）实验准备：为了进行故障诊断，需要准备一系列能正常工作的测试工具，包括万用表、示波仪、诊断仪、故障设置板等。测试工具需要自检，保证测量和分析数据的准确性。

（2）实验对象：本次实验针对的是电池管理控制器BK45（B）/8号线路故障，虚接1000Ω。

（3）实验目的：通过本实验，旨在学习电池管理控制系统的构造原理，并对特定故障进行诊断与解决。

（4）实验现象：按下启动开关，车辆整车电源可以打开，仪表盘上显示EV功能受限，且插枪无法充电，如图4-3-6所示。连接专用诊断仪读取电池管理系统的故障代码，系统报出预充失败故障代码P1A3400。

（5）故障分析：踩下制动踏板并按下启动按钮，整车电源可以打开，但高压电无法上电。为了进一步了解故障原因，连接专用诊断仪读取电池管理系统故障，系统报告故障代码为P1A3400（预充失败故障），如图4-3-7所示。

图4-3-6　仪表盘上显示EV功能受限

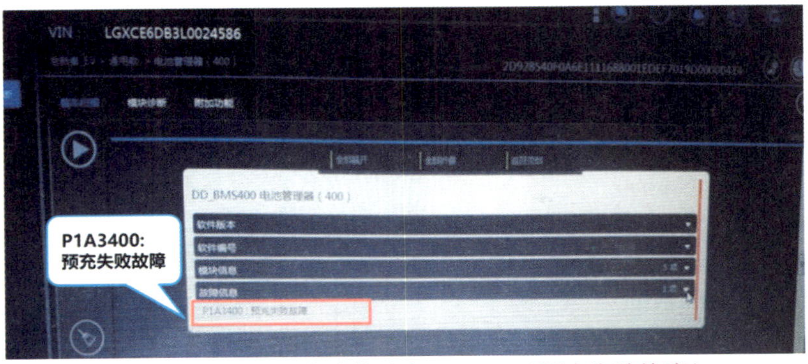

图4-3-7　系统报告故障代码为P1A3400（预充失败故障）

① 读取电池管理控制器系统数据流。数据流显示不允许放电、负极继电器断开、主继电器断开等数据现象，如图4-3-8所示。通过数据流分析，确认高压互锁功能正常。

② 根据读取的故障码和数据分析，对电池管理器双路电线路进行测量，并查阅维修电路图，如图4-3-9所示。这些步骤有助于进一步定位故障位置和排除其他可能性。

③ 在此基础上，打开启动按钮，使用万用表直流电压挡测量电池管理器模块端BK45（B）/8号管脚电压，测量结果为11.5V，如图4-3-10所示。

④ 进一步查阅维修电路图，找到电池管理器双路电保险丝F1/34的上下游，并在前舱配电盒进行测量。测量结果显示保险丝供电正常，均为12.2V。然而，由于F1/34至电池管

理器BK45（B）/8线路存在压降，到达模块BK45（B）/8号管脚的电压为11.5V，表明此段线路存在虚接故障，如图4-3-11和图4-3-12所示。

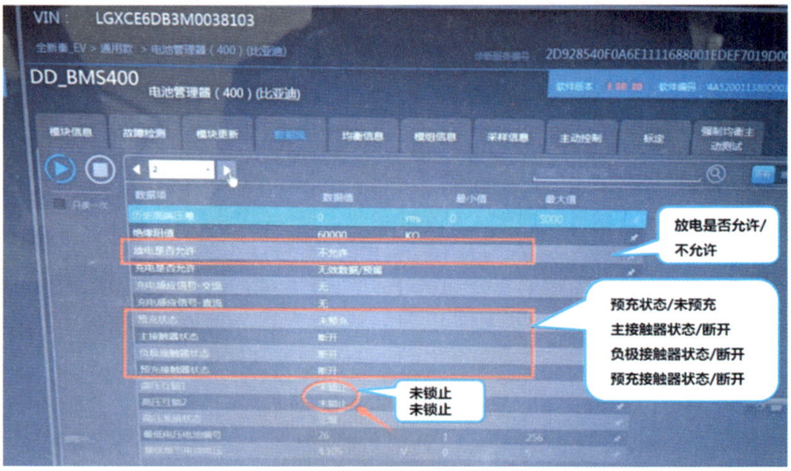

图4-3-8 读取数据流

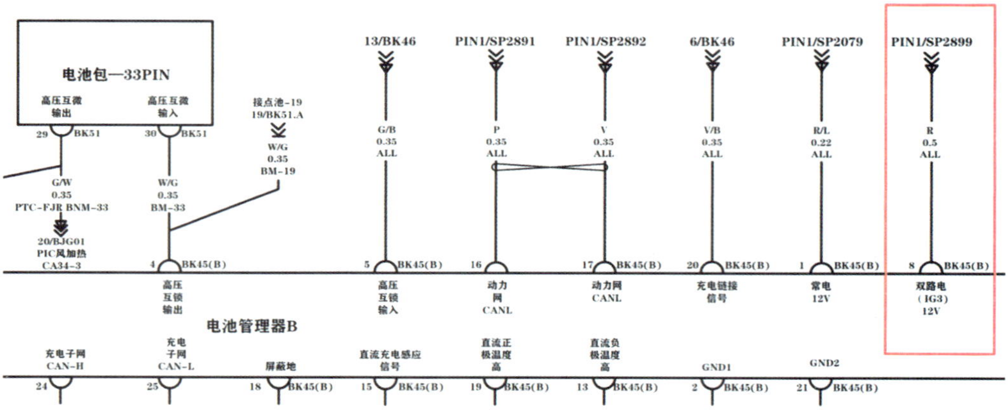

图4-3-9 查询电路图

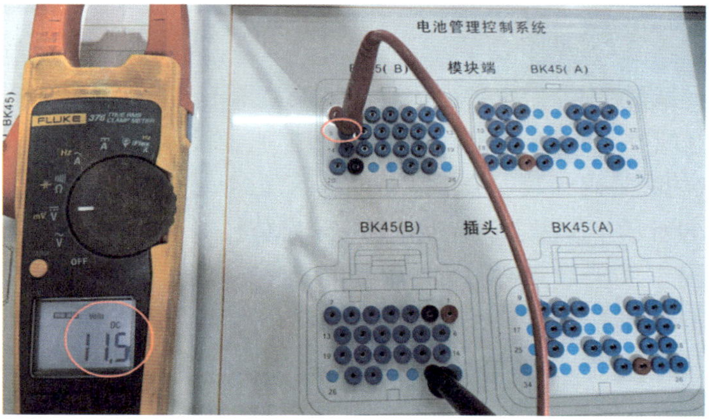

图4-3-10 测量电池管理器模块端BK45（B）/8号管脚电压

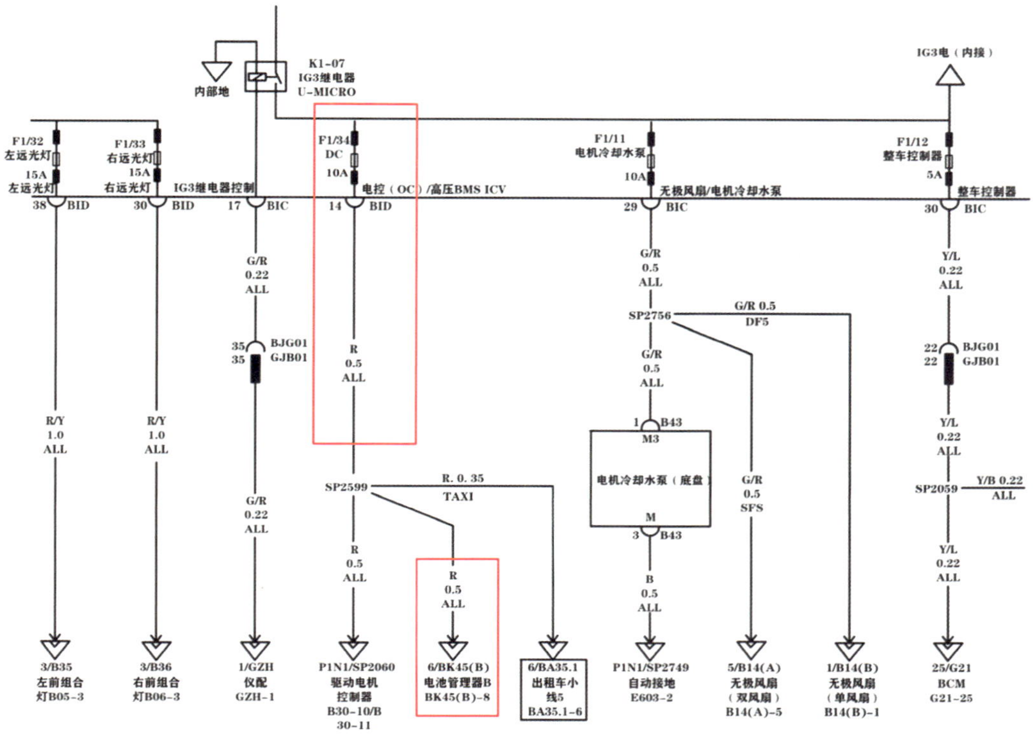

图4-3-11　故障点电路图

图4-3-12　故障点上游电压

⑤ 经过以上的排除过程，决定测量电池管理器BK45（B）/8模块端到电池管理器BK45（B）/8号管脚插头端导线的通断情况，测量结果显示电阻为1022Ω，证实了此段线路存在虚接故障，如图4-3-13所示。

（6）故障排除：由于电池管理器BK45（B）/8模块端到插头端线路存在虚接1000Ω故障，导致双路电分压，供到电池管理器的双路电为虚电，导致无法正常唤醒电池管理器工作，而导致预充故障失败故障，修复故障线路，故障排除。

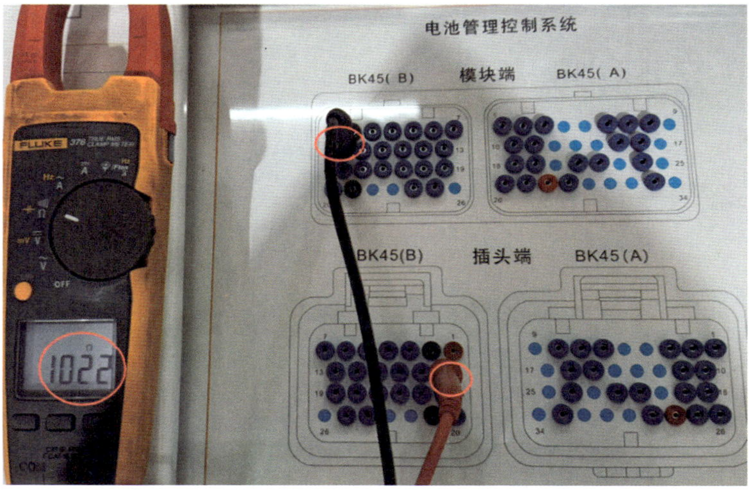

图4-3-13　电池管理器BK45（B）/8模块端到插头端线路存在虚接1000Ω故障

（7）实验结果：电池管理器BK45（B）/8模块端到电池管理器BK45（B）/8号管脚插头端线路虚接（1000Ω），导致BMS供电异常，无法工作，整车无法上高压电，且无法充电。

测量条件	测量部位	测量值	标准值	分析结果
上电	BK45（B）/8号管脚电压	11.5V	12.2～12.6V	有压降
上电	双路电保险丝F1/34上游	12.2V	12.2～12.6V	正常
上电	双路电保险丝F1/34下游	12.2V	12.2～12.6V	正常
下电，断负极	BK45（B）/8模块端到电池管理器BK45（B）/8号管脚插头端导线	1Ω	1022Ω	线路虚接

2．故障实例二（高压互锁故障）

（1）准备：在进行故障诊断之前，需要确保准备的工具和设备有能正常工作的万用表、示波仪、诊断仪、故障设置平板以及其他相关设备。

（2）实验对象：本次实验的对象是电池管理控制器BK45（B）/4号线路断路故障。

（3）实验目的：通过本次实验，学习电池管理系统的构造原理。了解高压互锁的工作原理和系统结构，掌握高压互锁在电池管理系统中发挥的作用和故障机理。

（4）实验现象：在启动时，车辆无法上高压电，仪表盘上显示EV功能受限且插枪无法充电，如图4-3-14所示。此故障现象是诊断的起点，需通过一系列的步骤和分析，找出导致该现象的具体原因，并进行修复。

（5）故障分析：踩下制动踏板，按下启动按钮，整车电源可以打开，但高压电上不了，连接专用诊断仪读取电池管理系统故障代码，系统报：P1A6000高压互锁1故障，如图4-3-15所示。

① 读取电池管理控制器系统数据流，数据流显示：不允许放电，负极继电器断开，正极继电器断开，高压互锁1锁止故障等数据现象，如图4-3-16所示。

图4-3-14　故障现象：仪表盘上板显示“EV功能受限”

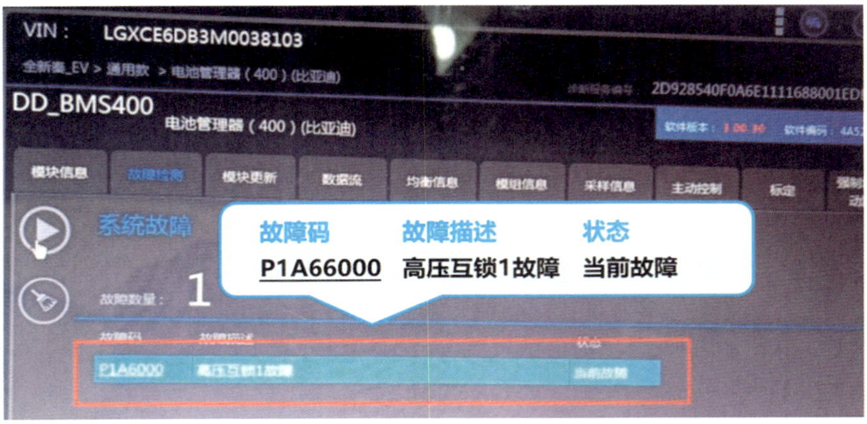

图4-3-15　诊断仪报高压互锁1故障

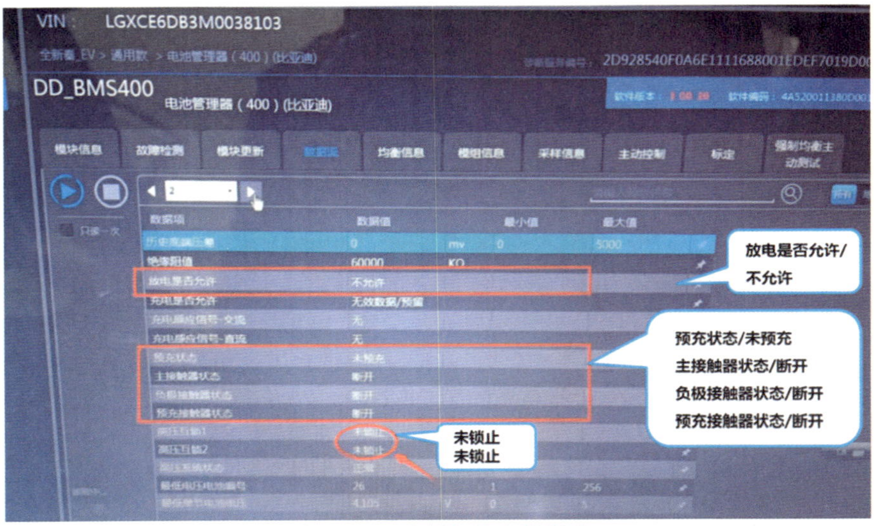

图4-3-16　诊断仪读取数据流

② 根据读取的故障码和数据分析，进行检测高压互锁1回路线路，查阅电路图，如图4-3-17所示。

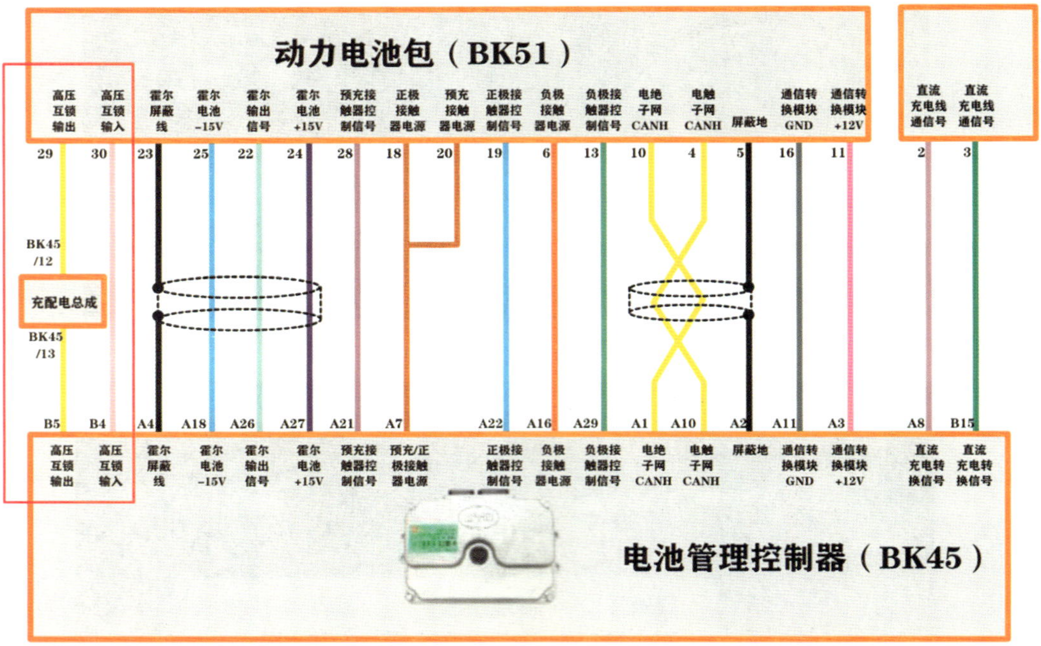

图4-3-17　高压互锁电路图

③ 查阅维修手册得知互锁输出信号为5V方波信号，使用示波仪测量高压互锁1输出管脚BMS-BK45（B）/4模块端，波形如图4-3-18所示，输出正常波形数据。

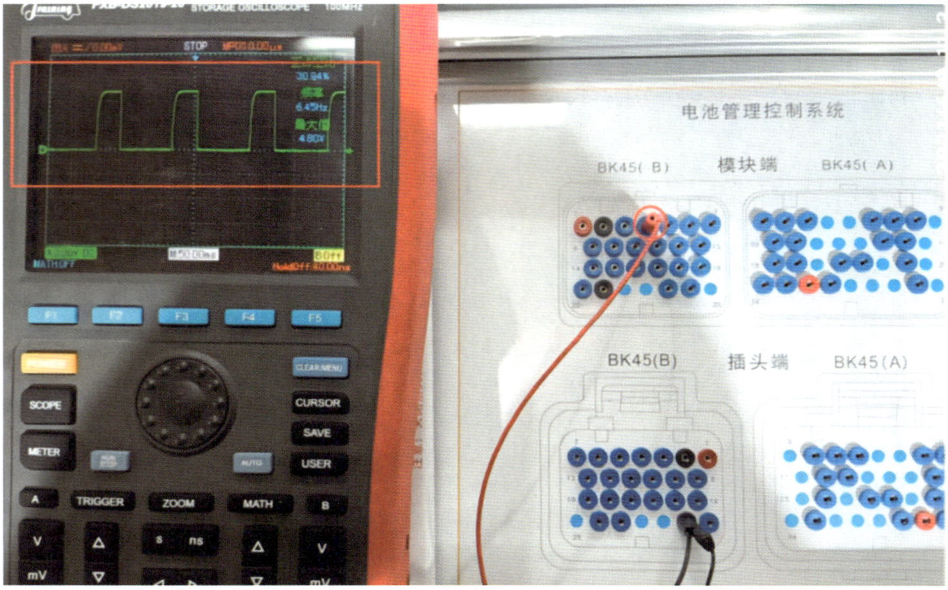

图4-3-18　高压互锁正常波形

④ 使用示波仪测量高压互锁1环路输入管脚BMS-BK45（B）/5模块端，波形如图4-3-19所示，5V直线波，异常，说明高压互锁1回路线路存在故障，如图4-3-19所示。

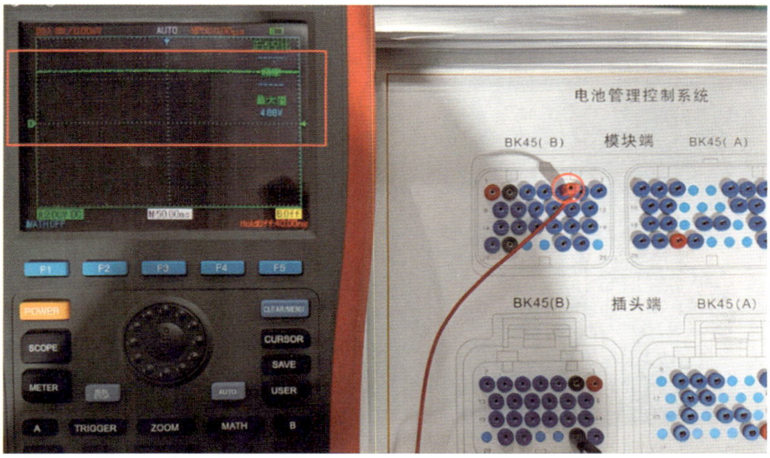

图4-3-19　BMS-BK45（B）/5模块端波形

⑤ 使用示波仪测量高压互锁1环路输出管脚BMS-BK45（B）/4插头端，波形如图4-3-20所示，5V直线波，异常，说明断点在BMS-BK45（B）/4模块端至BMS-BK45（B）/4插头端线束，如图4-3-20所示。

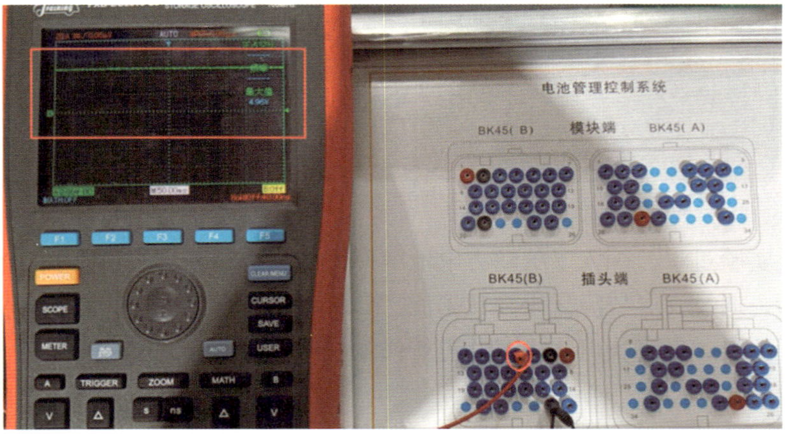

图4-3-20　BMS-BK45（B）/4插头端波形

⑥ 使用万用表欧姆挡测量电池管理器BK45（B）/4管脚模块端至插头端线路，测量结果为无穷大，说明高压互锁1环路在此段线路存在断路故障，如图4-3-21所示。

（6）故障排除：由于电池管理器BK45（B）/4管脚模块端至电池管理器BK45（B）/4管脚插头端线路存在断路故障导致高压互锁1回路接收不到互锁反馈信号，而导致上不了高压电，修复故障线路，验证功能，整车可以上高压电，且可以充电，故障排除。正常的互锁回路输出和输入波形如图4-3-22所示。

（7）实验结果：电池管理器BK45（B）/4管脚模块端至电池管理器BK45（B）/4管脚插头端线路断路。导致高压互锁回路故障，使整车无法上高压电，且无法充电。

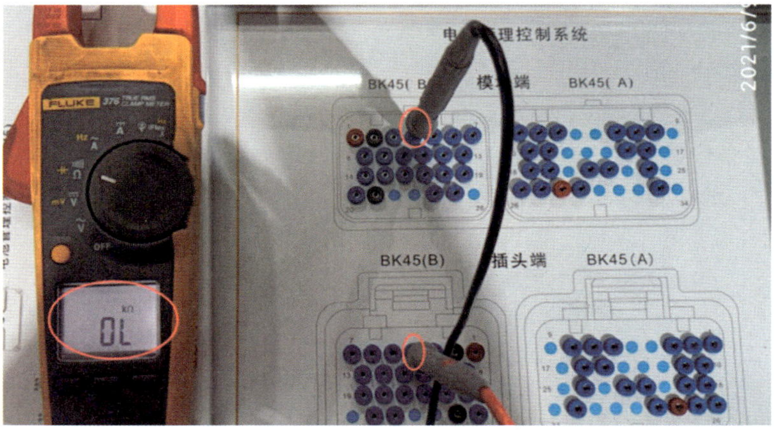

图4-3-21　BK45（B）/4管脚模块端至插头端线路阻值

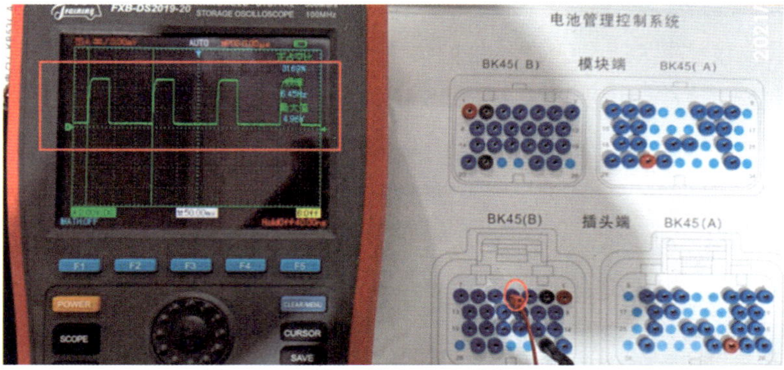

图4-3-22　故障排除后波形恢复正常

通过以上实验过程，深入了解动力电池管理系统故障诊断的具体步骤和方法。从观察故障现象开始，通过读取故障代码和数据流，分析故障可能的原因，查阅相关资料，使用专用工具进行测量，最终找出故障点并进行修复。

四、任务实施

实训 1　交流充电互锁电路故障诊断（比亚迪秦 EV）

（一）任务准备

1. 操作规范

操作人员按要求佩戴个人防护用品，规范操作。

2. 工具准备

（1）仪器：T-BOX新能源汽车故障考训盒、专用诊断仪、万用表、示波器等。

（2）工具：常用拆装工具套装、绝缘工具套装等。

（3）安全防护用品：绝缘手套、护目镜、安全帽、绝缘鞋、绝缘胶带等。

（4）设备：举升机、废液回收器等。

3. 台架车辆

实训用到的车辆为比亚迪秦EV，相对应的故障设置台。

电池管理系统故障诊断与检测（比亚迪秦 EV）

4. 辅助资料

比亚迪秦EV电路图、秦EV维修手册。

（二）任务实施

1. 故障现象确认

（1）查看车辆基本信息，如图4-3-23所示。

13 交流充电互锁电路故障诊断-01 故障现象确认

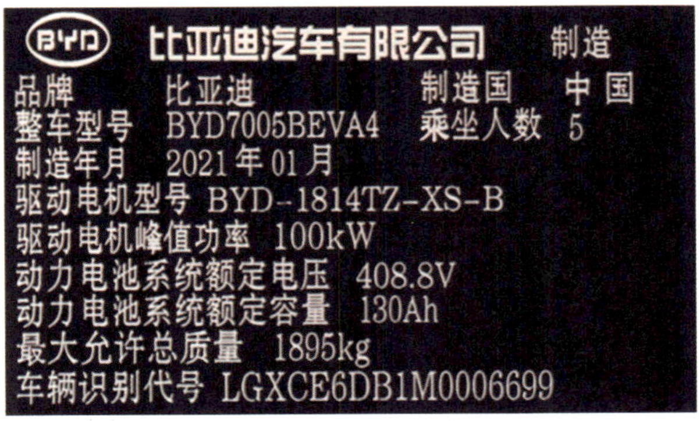

图4-3-23　车辆基本信息

（2）打开车辆上的启动开关。

（3）仪表盘上显示OK灯不亮，主警告灯点亮，车辆不能正常上电，动力系统故障警告灯点亮，并提示EV功能受阻，如图4-3-24和图4-3-25所示。

图4-3-24　主警告灯点亮

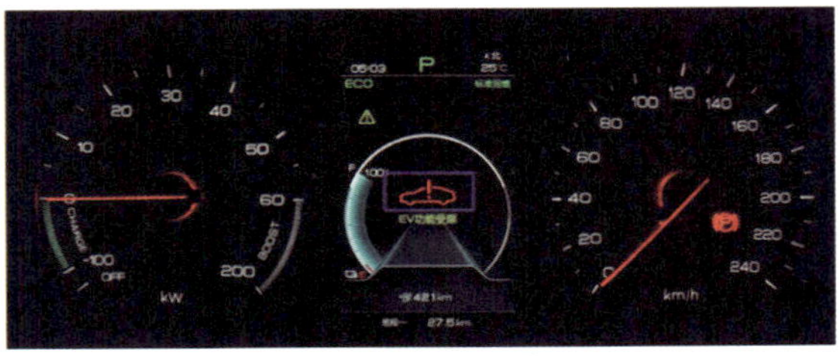

图4-3-25　EV功能受阻

（3）进一步检查，发现车辆能挂入N挡，不能行驶，插上交流充电枪检查，仪表盘上提示检查车载充电系统，如图4-3-26和图4-3-27所示。

（4）关闭车辆启动开关。

图4-3-26　插上交流充电枪

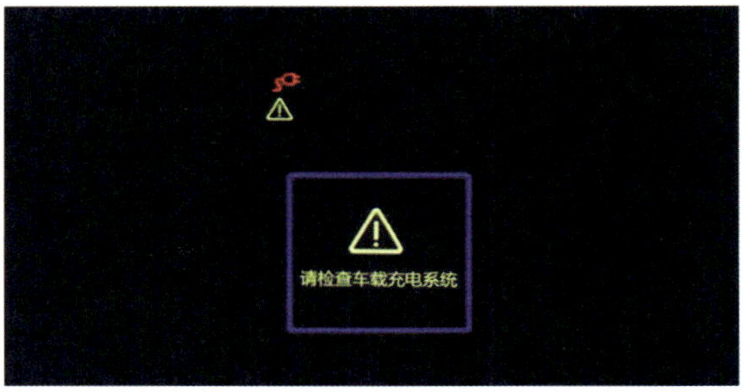

图4-3-27　车载充电系统提示界面

2. 初步判定故障范围

（1）使用故障诊断仪读取故障码。

（2）查阅维修手册，确认故障码定义，如图4-3-28所示。

（3）读取相关数据流，如图4-3-29所示。

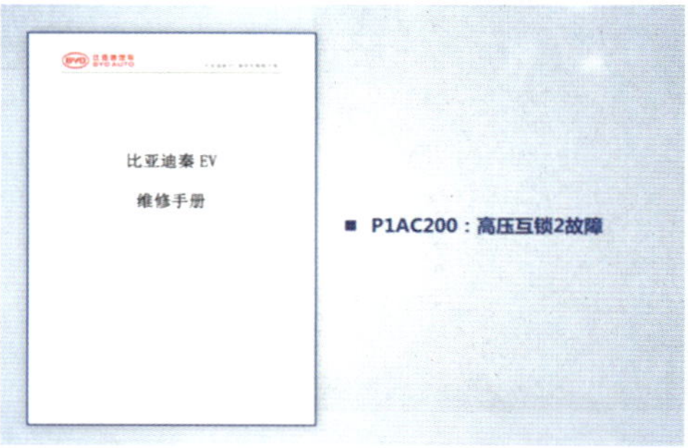

图4-3-28　故障码定义

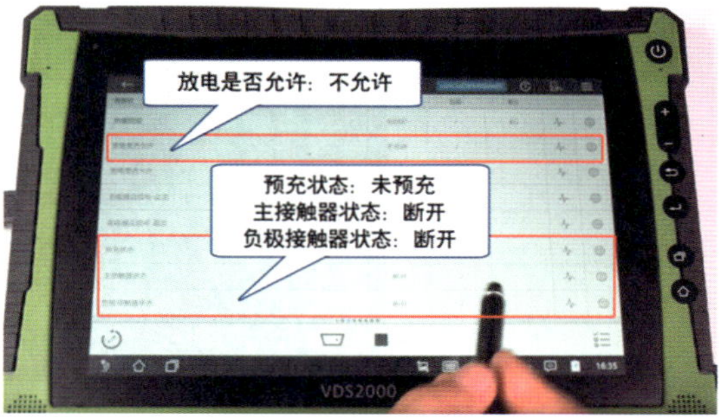

图4-3-29　读取相关数据流（a）

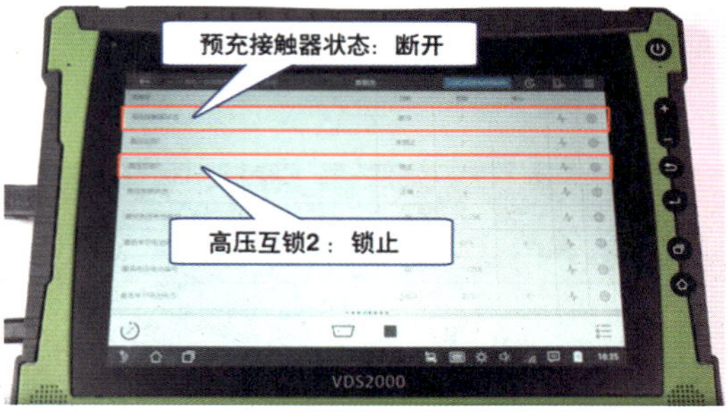

图4-3-29　读取相关数据流（b）

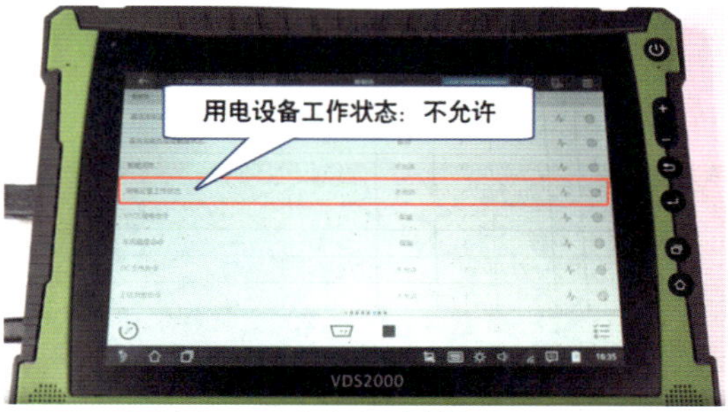

图4-3-29　读取相关数据流（c）

（4）结合故障现象和检查结果，初步判断交流充电互锁电路可能存在故障。

注意事项

若读取到故障码，则为确保读取的为当前故障码，需清除故障码后再次读取。

3．故障分析

（1）电路分析。

查找交流充电互锁电路图，如图4-3-30所示，可知，交流充电互锁回路从电池管理器BK45（B）/10输出，经充配电总成BK46/15输入充配电总成连接到充配电总成与交流充电高压线束的继电器上，监测交流充电高压线束继电器的连接情况，之后到充配电总成BK46/14输出，最终从电池管理器BK45（B）/11回到电池管理器交流充电互锁回路，从电池管理器发布PWM互锁信号经过相关高压线束继电器内互锁端子和低压电路回到电池管理器，电池管理器根据输出与输入的互锁信号是否一致来判定交流充电互锁中充配电总成与交流充电高压线束继电器及导线的连接情况，当交流充电互锁回路中任何位置存在断路时，电池管理器都不能接收到交流互锁的反馈信号，车辆高压系统就不能正常上电，若电池管理器或相关交流充电互锁线路损坏，车辆无法上电。若充配电总成或相关交流充电互锁线路损坏，则车辆无法上电。

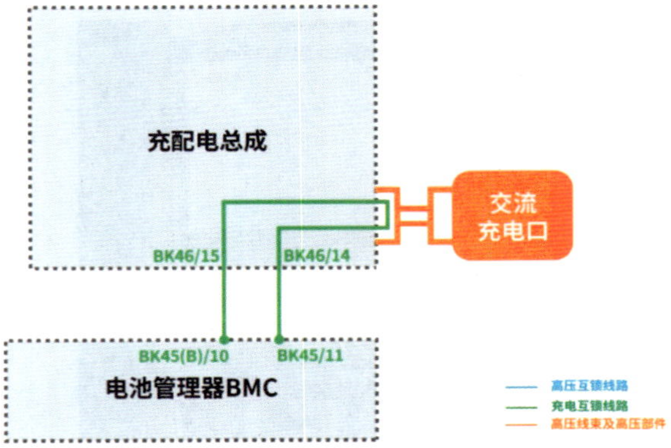

图4-3-30　交流充电互锁电路图

因此，导致该车辆故障的原因有以下两种。

① 电池管理器或相关交流充电互锁线路故障。

② 充配电总成或相关交流充电互锁线路故障。

（2）故障诊断与排除的流程如图4-3-31所示。

4．故障诊断

1）检测电池管理器BMC及相关交流充电互锁线路。

（1）打开车辆启动开关。

（2）取出示波器，检查并确认示波器正常可用，如图4-3-32所示。

（3）将示波器搭铁线连接蓄电池负极，如图4-3-33所示，通道1连接至电池管理器BK45（B）/10，如图4-3-34所示，按下示波器上的自动采样按钮，读取电池管理器，输出的交流充电互锁信号波形，调整示波器波形，截取部分波形并进行观察。

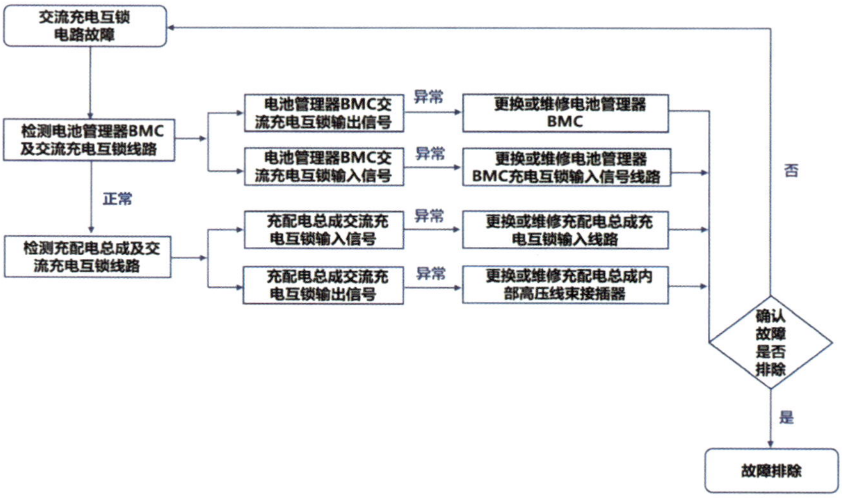

图4-3-31　交流充电互锁电路故障排故流程图

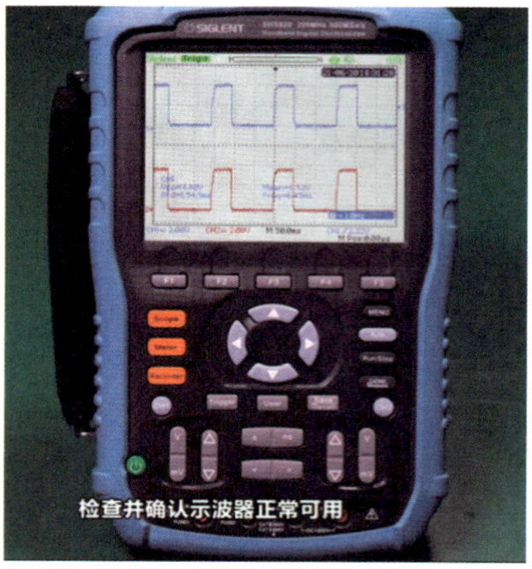

图4-3-32　调试示波器

13 交流充电互锁电路故障诊断-04 故障诊断

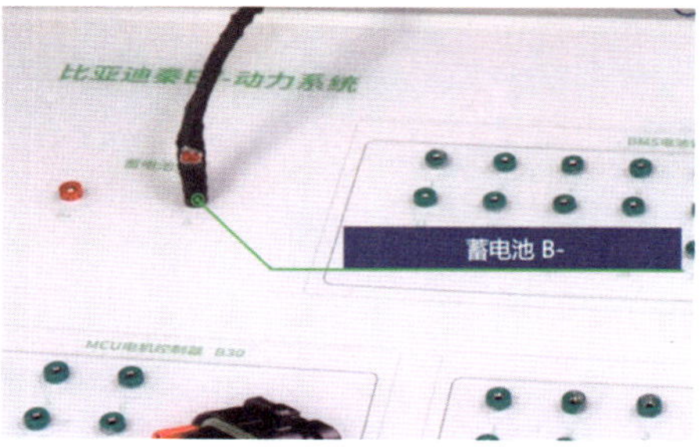

图4-3-33　连接蓄电池B-

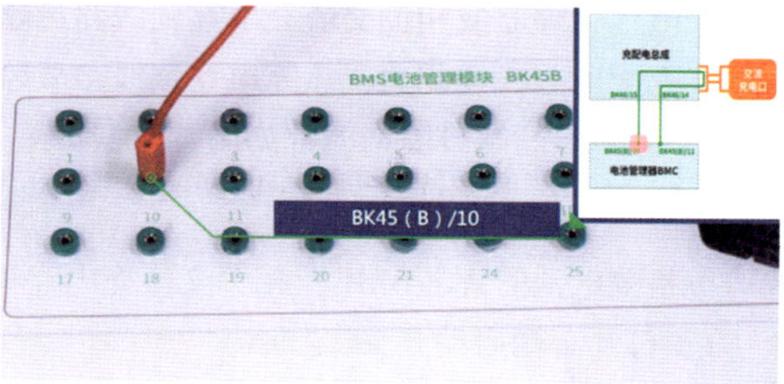

图4-3-34　通道1连接至电池管理器BK45(B)/10

注意事项

正常交流充电互锁信号波形为PWM信号，波形应平整无明显毛刺。若波形存在干扰，则需排除干扰后重新进行检测。

（4）若测量的交流互锁波形与正常波形不一致，则说明电池管理器不能正常发出交流充电互锁信号波形，需及时维修，如图4-3-35所示。

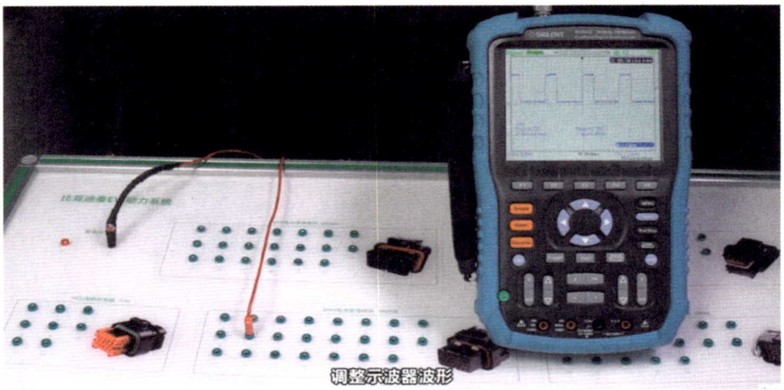

图4-3-35　截取的示波器波形

（5）将示波器搭铁线连接蓄电池负极，通道1连接至电池管理器BK45（B）/11，按下示波器的自动采样按钮，读取电池管理器，输出的交流充电互锁信号波形，调整示波器波形，截取部分波形并进行观察，如图4-3-36所示。

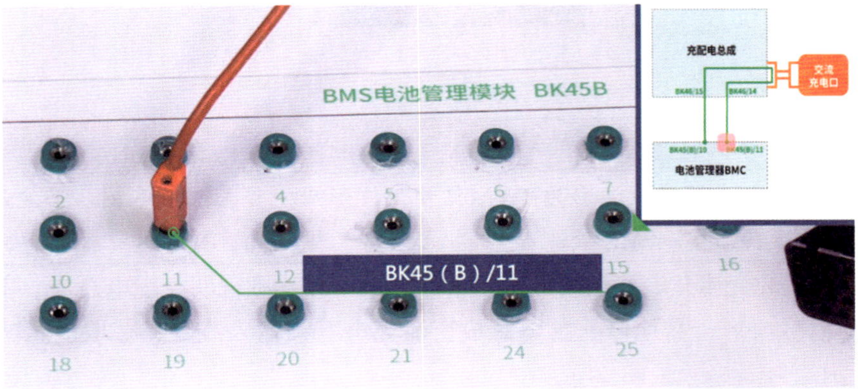

图4-3-36　通道1连接至电池管理器BK45（B）/11

注意事项

正常交流充电互锁信号波形为PWM信号，波形应平整无明显毛刺。若波形存在干扰，则需排除干扰后重新进行检测。

（6）若测量的交流互锁波形与正常波形不一致，则说明电池管理器不能正常接收交流充电互锁信号波形，需检修高压互锁电路，如图4-3-37所示。

2）检测充配电总成及相关交流充电互锁线路。

（1）将示波器搭铁线连接蓄电池负极，通道1连接至电池管理器BK46/15，如图4-3-38所示。按下示波器上的自动采样按钮，读取充配电总成输入的交流充电互锁信号波形，调整示波器波形，截取部分波形并进行观察。

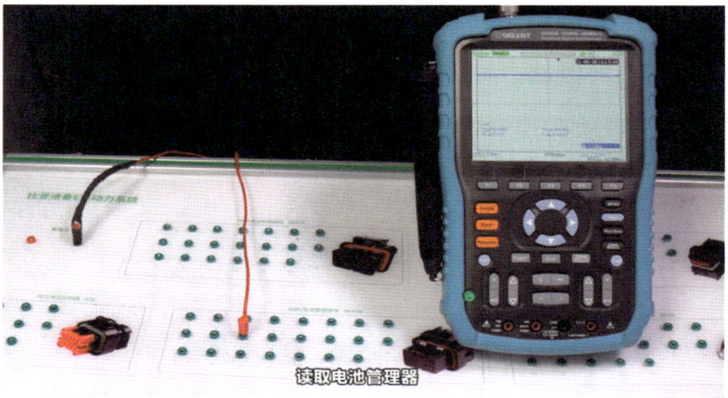

图4-3-37　截取的示波器波形

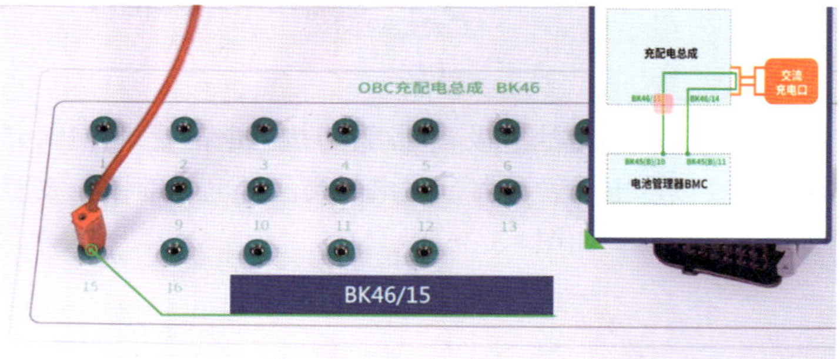

图4-3-38　通道1连接至电池管理器BK46/15

注意事项

正常交流充电互锁信号波形为PWM信号，波形应平整无明显毛刺。若波形存在干扰，则需排除干扰后重新进行检测。

（2）若测量的交流充电互锁波形与正常波形不一致，则说明充配电总成，不能输入交流充电互锁信号波形，需检修充配电总成交流充电互锁输入线路，截取的示波器波形如图4-3-39所示。

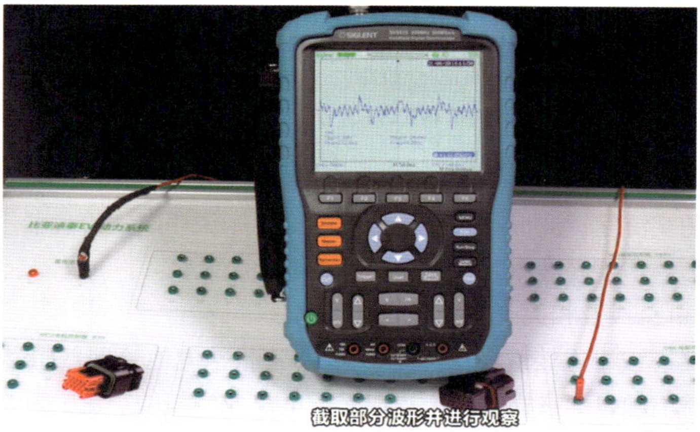

图4-3-39　截取的示波器波形

（3）将示波器搭铁线连接蓄电池负极，通道1连接至电池管理器BK46/15，如图4-3-40所示。按下示波器上的自动采样按钮，读取充配电总成输出的交流充电互锁信号波形，调整示波器波形，截取部分波形并进行观察。

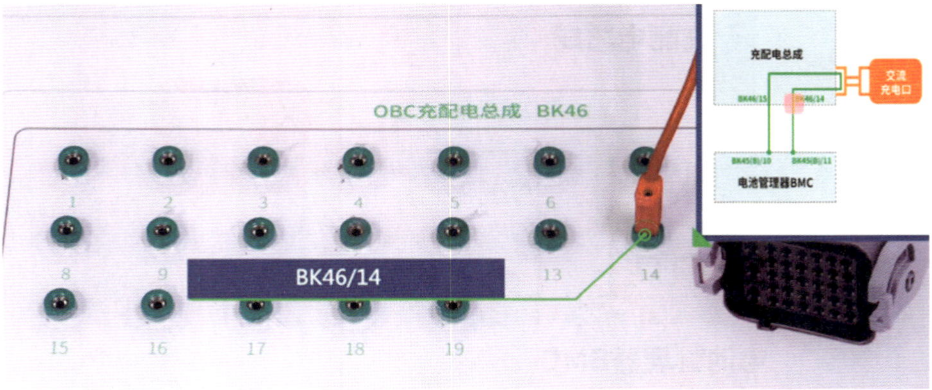

图4-3-40　通道1连接至电池管理器BK46/15

注意事项

正常交流充电互锁信号波形为PWM信号，波形应平整无明显毛刺。若波形存在干扰，则需排除干扰后重新进行检测。

（4）若测量的交流充电互锁波形与正常波形不一致，则说明充配电总成，不能输出交流充电互锁信号波形，需检修充配电总成内部交流充电互锁线路，如图4-3-41所示。

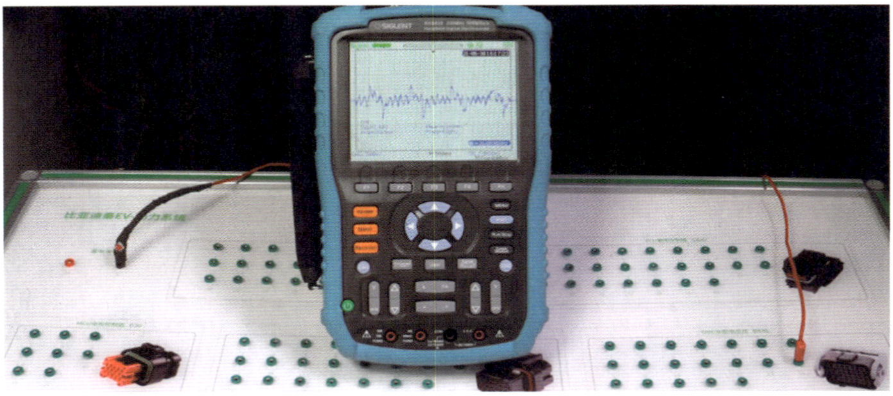

图4-3-41　截取的示波器波形

（5）将电池管理器BK45(B)/10输出的互锁信号波形与电池管理器BK45(B)/11输入的信号波形；充配电总成BK46/15输入互锁信号波形和充配电总成BK46/14输入互锁信号波形进行比对，发现只有电池管理器BK45(B)/10输出的互锁信号波形正常，其他三处都异常，如图4-3-42所示。BK45(B)/10–BK46/15、BK45(B)/15–BK46/14、BK46)/14–BK45（B）/11三根线路之间可能都存在故障，需要进一步检测。

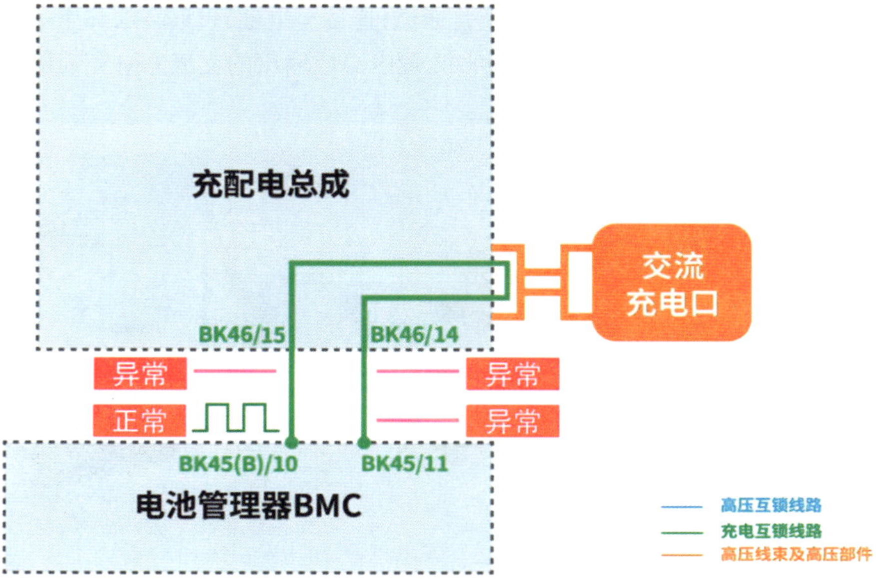

图4-3-42　互锁信号波形对比

3）检测电池管理器BMC及相关交流充电互锁线路电阻。

（1）关闭车辆启动开关。

（2）断开蓄电池负极电缆。

（3）取出万用表，校表确认万用表正常可用。

（4）将万用表的红表笔连接电池管理器BK45（B）/10，黑表笔连接充配电总成BK46/15，检测电池管理器到充配电总成之间的交流充电互锁线路电阻，测量值与标准值（<1Ω）不符，说明电池管理器BK45（B）/10～BK46/15之间的线路断路，如图4-3-43所示。

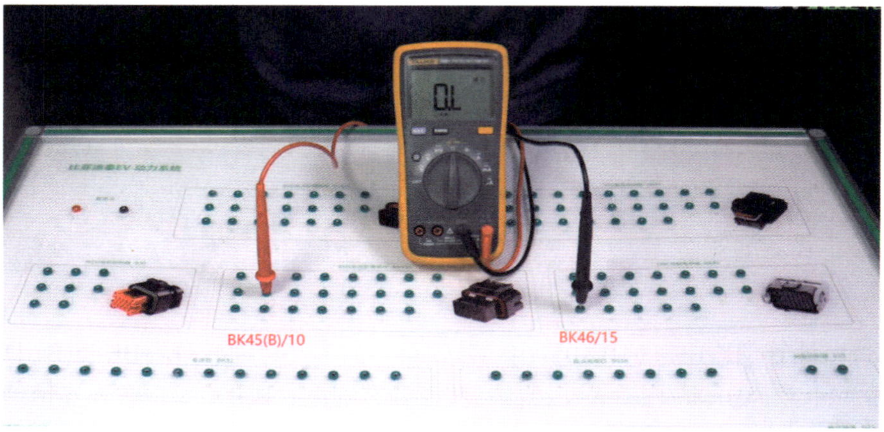

图4-3-43　红、黑表笔连接位置

（5）将万用表的红表笔连接充配电总成BK46/15，黑表笔连接电池管理器BK46/14，检测充配电总成内部高压线束继电器及低压线路电阻，如图4-3-44所示。若测量值与标准值

（<1Ω）不同，则说明充配电总成充配电内部低压电路故障或交流充电总成高压线束继电器连接异常总成BK46/14至电池管理器BK45（B）/11之间的线路存在断路。

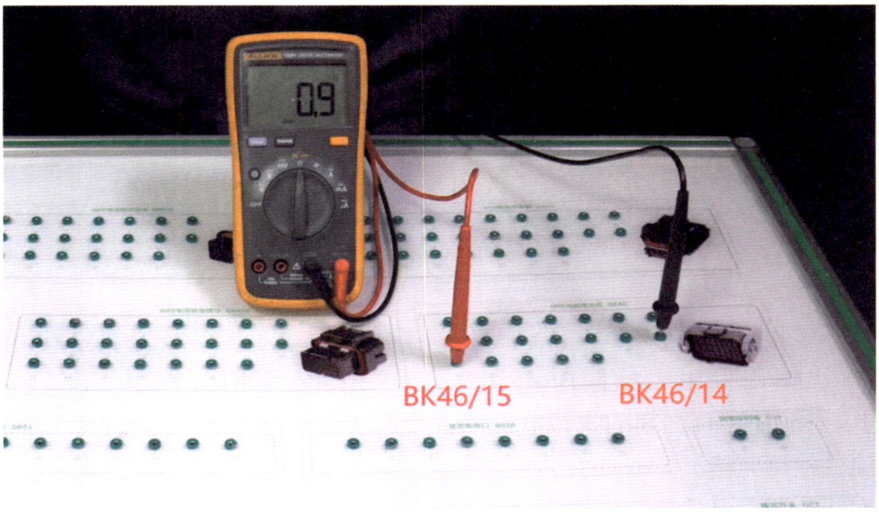

图4-3-44　红、黑表笔连接位置

（6）将万用表的红表笔连接充配电总成BK46/14，黑表笔连接电池管理器BK45（B）/11，检测充配电总成到电池管理器之间的交流充电互锁低压线路电阻，如图4-3-45所示。测量值与标准值（<1Ω）不符，说明充配电总成BK46/14至电池管理器BK45（B）/11之间的线路存在断路。

图4-3-45　红、黑表笔连接位置

4．故障排除

（1）通过检测确认BK45（B）/10–BK46/15和BK46/14–BK45（B）/11之间的线路存在断路需进行故障维修或更换故障线路，如图4-3-46所示。

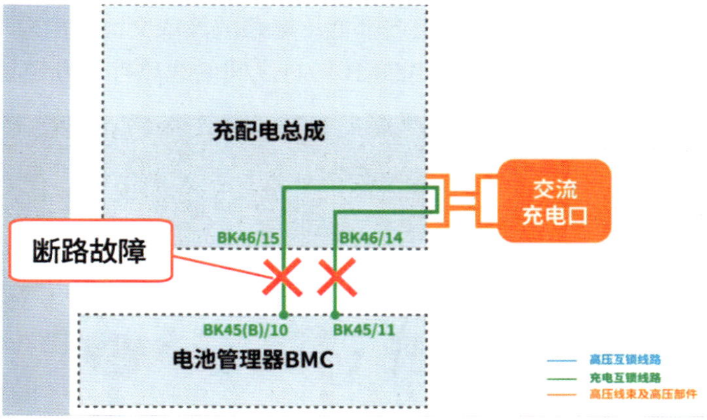

图4-3-46　断路位置

（2）再次使用万用表检测BK45（B）/10–BK46/15和BK46/14–BK45（B）/11及BK46/14–BK45（B）/11之间的线路电阻。若测量结果符合标准值（<1Ω），则确认线路故障已排除，检测完毕。

（3）安装低压蓄电池负极电缆。

5. 整车复检

（1）使用故障诊断仪清除历史故障码，并确认当前车辆无故障码存在。

（2）试车检验，打开车辆启动开关，车辆能正常上电，且插上充电枪之后能正常充电，确认车辆故障已排除。

6. 整理归位

整理工具，清洁场地，设备。

13 交流充电互
锁电路故障诊断
-05 故障排除